PSAT는 상상

2022 대비
최 신 판

실전 최적화
PSAT

Public
Service
Atitude
Test

상황판단

최고운 저

 온라인 강의 ≫ 상상공무원 sangsanggong.com

 PSAT 입문자를 위한 '친절한' 기본서

 '선지 분석 방법'과 '유형별 문제 풀이 전략' 소개

 '생각하는 과정'을 익힐 수 있는 해설 수록

 '스스로 작성해보는 해설'을 통한 확실한 복습

 상상공무원

도서
출판 오스틴북스

# 머리말

코로나로 답답한 상황에서도 정진하고 있는 수험생 여러분께 커다란 존경과 응원을 보냅니다. 상황판단은 분석력, 추론능력, 계산능력 등을 복합적으로 평가하는 영역으로 처음 접근하기는 쉽지 않은 과목입니다. 그러나 꾸준한 연습과 유형에 맞는 문제 풀이 전략 학습을 통해 **누구든 상위권으로 도약할 수 있는 영역**이기도 합니다.

5급 공채나 외교관 후보자 선발, 민간경력자 일괄채용 등 기존 PSAT 문제들은 비교적 일관된 난이도로 출제되고 있습니다. 반면에, 올해 처음 실시된 7급 PSAT 문제는 상대적으로 수월하게 출제되었기 때문에 향후 정답률이 상향평준화 되면서 난이도가 높아질 것으로 예상되며, 그만큼 효율적인 시간 관리와 문제풀이 전략 수립이 더욱 중요합니다.

본서는 PSAT 입문자들이 상황판단 영역의 탄탄한 기본기를 쌓을 수 있도록, 시간관리 전략부터 선지분석 방법론, 실전에서 필요한 문제 풀이 전략과 스킬들을 소개하고 있습니다. 각 단원 연습문제와 실전연습은 주로 5급 기출문제로 이루어져 있고, 단순히 정오만 확인하는 것이 아닌, '**생각하는 과정을 익힐 수 있는 해설**'을 작성하였기 때문에 이를 꼼꼼하게 읽는 것만으로도 성적 향상에 많은 도움이 될 것입니다. 마지막에는 7급 PSAT 모의평가와 1회 기출문제를 수록하여 '**5급을 준비하는 수험생들은 하프 모의고사**'로, '**7급을 준비하는 수험생들은 실전 연습**'으로 활용할 수 있도록 구성하였습니다.

'**스스로 작성해보는 해설**'은 제가 특히 강조하는 공부 방법으로, 이 과정에서 문제 풀이 전략과 스킬들이 상당 부분 체화되며, 사고과정도 교정됩니다. 틀렸거나, 어렵다고 느꼈던 문제가 있다면 반드시 직접 해설을 작성해보기 바랍니다.

이 책을 통해 공부하시는 수험생 모두가 합격의 기쁨을 누리시길 진심으로 기원합니다.
아울러 졸저가 나오기까지 고생해주신 많은 분들에게 감사의 말씀을 드립니다.

| PSAT 문항 수, 시간 및 배점 안내 |

| 주관 | 시험 | 영역 | 문항 수 (영역별) | 시간 (영역별) | 배점 | |
|---|---|---|---|---|---|---|
| | | | | | 영역별 | 문항별 |
| 인사 혁신처 | • 5급 공무원 공개경쟁채용 제1차 시험<br>• 외교관 후보자 선발 제1차 시험<br>• 지역인재 7급 수습직원 선발필기시험<br>• 5급, 7급 국가공무원 민경채<br>• 7급 공무원 공개경쟁채용 제1차 시험 | 언어논리 | 40문항 | 90분 | 100점 | 2.5점 |
| | | 자료해석 | 25문항 | 60분 | 100점 | 4점 |
| 국회 사무처 | • 입법고시 제1차 시험 | 상황판단 | 40문항 | 90분 | 100점 | 2.5점 |

# 목차

# PSAT 알아보기

## 공직적격성평가(PSAT)란?

PSAT(공직 적격성 평가, Public Service Atitude Test)는 지식 기반 사회에서 정치, 경제, 사회 문화의 급속한 변화에 신속히 적응하고 공직과 관련된 상황에서 발생하는 새로운 문제에 대처할 수 있는 문제 해결의 잠재력을 가진 사람을 선발하기 위해 도입된 시험이다.

PSAT는 특정 과목에 대한 전문 지식의 성취도 검사를 지양하고 신임 관리자로서 필요한 기본적인 소양과 자질을 측정하는 시험으로 이를 위해 논리적·비판적 사고 능력·자료의 분석 및 정보 추론 능력, 판단 및 의사 결정 능력 등 종합적 사고력을 평가한다.

## 1. PSAT영역

| 언어논리 | 글의 이해, 표현, 추론, 비판과 논리적 사고 등의 능력을 검정 |
|---|---|
| 자료해석 | 수치 자료의 정리와 이해, 처리와 응용계산, 분석과 정보 추출 등의 능력을 검정 |
| 상황판단 | 상황의 이해, 추론 및 분석, 문제해결, 판단과 의사결정 등의 능력을 검정 |

### 1) 언어논리영역

① 정의

글을 논리적으로 이해하고 표현하고 비판하는 능력을 검정한다.

② 평가항목

| 이해 | • 글의 주요 부분을 파악하고 전체적인 내용을 이해할 수 있는가?<br>• 다양한 지문을 사용하여 폭넓은 독서를 유도하는 문제를 출제한다. 처세술이나 제태크 관련 글은 피하고 대신 공직자가 읽어야 할 만한 고전을 활용한다. 문학작품의 감상능력은 평가하지 않는다. |
|---|---|
| 표현 | • 글의 재료를 수집하여 개요를 구성하고 문단을 조직화하며 고쳐쓰기를 통해 글을 완성할 수 있는가?<br>• 맞춤법, 띄어쓰기 등 문법적 지식을 직접 묻는 문제는 출제하지 않는다. |
| 추론 | • 주어진 글을 바탕으로 새로운 정보를 이끌어낼 수 있는가?<br>• 기호논리학을 알아야만 풀 수 있는 문제는 출제하지 않는다. 논리학의 전문용어를 묻는 문제는 출제하지 않는다. 지나치게 복잡한 과정을 거쳐야만 풀 수 있는 문제는 출제하지 않는다. |
| 비판 | • 글에 들어있는 논증 구조를 분석하여 타당성, 일관성, 관련성 등의 기준에 의해 논증의 설득력을 비판적으로 평가할 수 있는가?<br>• 추론능력 이외의 모든 논리적 사고능력은 모두 이 범주에 속한다. |

③ 언어논리 지문의 소재

• 특정 학문의 전공자에게 유리하지 않도록 지문의 소재를 인문과학, 사회과학, 자연과학 등에서 골고루 사용한다.

• 공직자에게 권할만한 좋은 책이나 다양한 분야의 고전뿐만 아니라 서신, 설명, 홍보, 연설, 대화 등 실용적인 글도 지문으로 이용할 수 있다. 문학지문은 가급적 사용하지 않는다.

• 문제를 푸는데 필요한 지식은 대학의 교양수준을 넘지 않는 수준에서 구성하였으며, 대학교양 수준을 넘는 전문용어가 포함될 경우 비전공자도 충분히 이해할 수 있도록 용어의 의미를 주석으로 달아준다.

## 2) 자료해석영역

### ① 정의

수치자료의 정리와 이해, 처리와 응용계산, 분석과 정보 추출 등의 능력을 측정한다. 자료해석 능력은 일반적 학습능력에 속하는 것으로 수치, 도표, 또는 그림으로 되어 있는 자료를 정리할 수 있는 기초통계능력, 수 처리능력, 수학적 추리력 등이 포함되며 수치 자료의 정리 및 분석 등의 업무수행에 필수적인 능력이다.

### ② 평가항목

| | |
|---|---|
| 이해 | • 제시된 표 또는 그래프가 가진 의미를 다른 별도의 내용과 관련짓지 않고 직접 읽어낼 수 있는 능력을 말한다.<br>• 예를 들어 표 또는 그래프를 보고 이것의 의미를 말로 바꾸어 표현할 수 있는 능력을 말한다.<br>• 공직상황에서 표나 그래프의 형태로 주어지는 자료를 해석하는 능력 |
| 적용 | • 주어진 개념이나 방법, 절차, 원리, 법칙 그리고 일반화된 방법 등을 주어진 장면이나 구체적 장면에 맞추어 사용할 수 있는 능력을 말한다.<br>• 법칙과 원리를 적용하는 문제, 도표나 그래프를 작성하는 문제, 자료 수집의 방법과 절차를 바르게 사용하는 문제 등이 여기에 속한다.<br>• 다른 상황에서 적용된 통계자료를 자신의 상황에 맞게 적용하는 능력 |
| 분석 | • 주어진 자료를 구성요소로 분해하고 그 구성요소 간의 관계와 그것이 조직되어 있는 원리를 발견하는 능력을 말한다. 또한 자료에 나타난 외적 현상 밑에 잠재되어 있는 아이디어 혹은 조직원리 등을 찾아내는 능력이다.<br>• 자료에서 가설과 증거사이의 관계, 부분과 부분 사이의 관계, 결론을 지지하는 증거를 찾아내는 능력, 관계있는 자료와 관계없는 자료를 식별하는 능력 등이 분석력에 해당된다.<br>• 주어진 복잡한 자료를 정리하여 자료 속에 숨어 있는 아이디어를 찾아내고 주어지지 않은 정보를 찾는 능력 |
| 종합<br>평가 | • 여러 개의 요소나 부분을 결합하여 하나의 새로운 전체를 구성하는 능력 및 주어진 결론을 도출하기 위한 절차를 판단하고 자료를 통합하여 주장하는 바를 검증하는 능력이 여기에 포함된다.<br>• 주어진 기준에 비추어 자료에서 얻어진 주장이나 결론 자체를 평가할 뿐만 아니라 그러한 주장이나 결론이 도출되는 과정 역시 평가하게 된다.<br>• 공직 상황에서 주어진 여러 가지 자료를 이용하여 가장 합리적인 판단을 내리는 데 요구되는 능력 |

### ③ 자료해석 자료의 소재

자료해석 영역에서 출제될 수 있는 문항의 소재는 분야가 제한되어 있지 않다. 따라서 모든 분야에서 사용되는 자료들이 출제의 대상이 될 수 있다. 이러한 분야는 경제, 경영, 심리, 교육학과 같은 사회과학으로부터 물리, 화학, 생물, 천문학과 같은 자연과학의 분야뿐만 아니라 한국사 그리고 시사적 자료까지 다양한 소재가 사용될 수 있다.

자료해석 영역에서는 다양한 분야의 지표(GDP, 기업재고, 실업급여 청구율, 시청률 등) 또는 지수(주가지수, 지능지수, 소비자 평가지수 등)을 이용하여 문제가 출제될 수 있으며 통계치(빈도, 백분율, 상관계수 등)을 이용한 문제역시 출제될 수 있다. 그러나 지수나 지표 혹은 통계치, 그 자체의 개념이나 정의를 직접 묻는 문제나 혹은 그 개념을 미리 알고 있어야만 답을 할 수 있는 문제는 출제되지 않는다.

### 3) 상황판단영역

① 정의

상황판단영역은 구체적으로 주어진 상황을 이해·적용하여 문제를 발견하는 능력 및 이러한 문제 점을 해결하기 위하여 다양한 가능성(대안)을 제시하고, 일정한 기준에 의해서 최선의 대안을 선 택하는 능력을 측정하는 영역

② 평가항목

| 이해 | • 제시된 상황의 주요 쟁점 및 문제점을 이해할 수 있는 능력<br>• 주어지 개념/원리들을 새로운 상황이나 구체적인 사례에 적용할 수 있는 능력<br>• 복잡한 상황 속에 숨어 있는 해결해야 할 문제와 그 문제의 본질을 찾아내는 능력 |
|---|---|
| 적용 | • 상황을 대안으로 설정하기 위한 주요 요인을 추론하는 능력<br>• 여러 형태의 대안을 비교·분석하는 능력<br>• 복잡한 상황 속에서 해결해야 할 문제의 대안을 추론하고 분석하는 능력 |
| 분석 | • 문제해결을 위한 대안을 설정하고, 그 대안의 실행전략을 유추하며, 그에 따른 결과를 예측하는 능력<br>• 복잡한 상황 속에서 해결해야 할 문제의 대안들을 찾아나가는 능력 |
| 종합<br>평가 | • 문제해결을 위한 다양한 형태의 대안을 평가하는 기준을 설정하고 비교 평가하여, 합리적 대안을 선택하는 능력<br>• 복잡한 상황 속에서 해결해야할 문제의 여러 대안들을 비교·평가하여 최적(최선)의 대안을 도출해 내는 능력 |

③ 상황판단영역에 출제되는 소재

상황판단영역에서 출제되는 문항(지문)의 소재는 특정분야에 치우치지 않고 인문과학, 사회과 학, 자연과학 등 다양한 분야에서 공직자들이 접하게 될 실제적인 상황, 구체적인 사회적 이슈, 공공정책 등을 사용한다.

문항(지문)의 소재를 다양화한 것은 수험자들의 학습 부담을 늘리기 위한 것이 아니라 다양한 상황에 접근할 수 있는 논리적·비판적 사고능력과 문제해결능력 등을 함양하여 그 능력을 새롭 고 다양한 분야에 적용할 수 있도록 하기 위해서이다.

다양한 독서를 통해 넓고 깊은 교양을 쌓은 수험자가 유리하도록 종합적이고 심도 있는 사고를 요하는 문제를 중심으로 출제한다.

문제를 푸는 데 필요한 지식은 대학의 교양 수준을 넘지 않는 수준에서 구성한다. 단, 교양 수준 을 넘는 전문적인 용어가 사용되었을 경우에는 각주 등을 사용하여 그 용어를 이해할 수 있게 설명한다.

# 상황판단 공부방법론

## 1. PSAT 상황판단에 필요한 3가지 요소

### (1) 속도(Speed)

몰라서 풀지 못하는 고난도 문제는 없다. 시간부족으로 못 푸는 것이다. 7급 PSAT기준, 60분에 25문제를 풀어야 하므로 한 문제를 풀고 OMR 마킹까지 하는데 주어진 시간은 2분 30초이다. 이해와 암기를 요하는 것이 아닌, 효율적이고 정확한 독해와 계산을 요구하는 시험이므로, 읽고 계산하는 속도를 높이는 데에 집중해야 한다. 또한 앞으로 시험이 시행될수록 정답률이 상향평준화 되면서 합격선 근처에 많은 수험생들이 몰리게 될 것이므로 다른 수험생보다 빠르게 풀어서 1문제라도 더 맞추는 것이 중요하다.

### (2) 기술(Skill)

적성시험은 접근방법과 풀이전략을 체화하여 자신만의 기술로 만들어야 합격점수를 득점할 수 있다. 예를 들어 ① 어떤 문제를 Skip하고 나중에 풀 것인가? ② 문제를 풀 때 선지와 제시문 중에 무엇을 먼저 분석할 것인가? ③ 어떤 조건을 먼저 적용할 것인가? ④ 어떤 방법으로 시간을 절약할 것인가? ⑤ 시간이 모자라는 경우에는 어떻게 대처할 것인가? 이런 부분들에 대해서 고민해보고 문제를 푸는 기술을 익힐 필요가 있다.

### (3) 감각(Sense)

제시문을 완전히 이해하지 못하였더라도 감각적으로 맞출 수 있는 문제들이 출제된다. 본서에서 함께 학습해 볼 합리적 예단이나, 극단적 사고 등도 이러한 감각을 극대화하여 문제를 효율적으로 풀기 위한 훈련이다. 타고나지 않았더라도 누구나 꾸준한 연습을 통해 감각을 날카롭게 다듬을 수 있다. 실전에서 문제를 보는 안목에도 수험적 감각이 적용 되는데, 감각을 키우면 문제를 마주하고 15초 이내에 이 문제를 풀 수 있는지, 풀 수 있지만 시간이 많이 걸리므로 Skip하고 나중에 풀 것인지, 고난도 문제이므로 풀지 않고 마지막에 시간이 남으면 풀어보거나 찍을 것인지를 감각적으로 결정할 수 있게 된다.

## 2. PSAT상황판단 점수를 향상시킬 수 있는 공부법

### (1) 양보다는 질로 승부하라

적성시험은 암기하고 정리하여 쌓아나가는 공부가 아니다. 왜 오답을 선택했는지에 대한 고민 없이 단지 문제만 많이 푸는 것은, 운동선수가 잘못된 자세로 계속 연습을 하는 것과 같다. 부상이나 성적부진으로 이어지는 지름길이다. 따라서 틀린 문제를 유형별로 모아놓고 어떤 과정으로 오답을 골랐는지, 어떻게 문제를 분석하면 함정에 빠지지 않고 정답을 고를 수 있는지를 고민하는 복습을 해야 한다.

## PSAT 알아보기

**(2) 사고과정의 교정 – 스스로 작성해보는 해설의 중요성**

적성시험에는 똑같은 문제가 아닌 비슷한 유형의 다른 문제가 출제되기 때문에, 잘못된 사고과정은 그대로 둔 채 단순히 문제만 많이 푼다고 해서 점수가 오르지 않는다. 잘못된 독해와 잘못된 습관으로 제시문과 선지를 분석하면, 자주 틀리는 유형을 만났을 때 똑같은 실수를 하며 오답을 고르게 된다. 1주일에 2~3문제를 가지고 고민해도 좋다. 오답노트를 만들 때 스스로 해설을 써보고, 왜 잘못 읽었는지, 어느 부분에서 실수 했는지를 꼼꼼하게 체크하면 다음에는 같은 실수를 반복하지 않을 수 있다.

**(3) 항상 시간에 쫓기는 연습을 하자**

PSAT는 시간싸움이다. 긴장하고 급하면 평소에 쉽게 하던 것도 실수하기 마련이므로, 늘 스탑워치를 옆에 두고 시간을 재면서 문제를 푸는 연습을 해야 한다. 특히 상황판단은 체력과 집중력이 떨어진 마지막 시간에 시험을 치르므로, 체력이 떨어졌을 것이고 두뇌도 지쳐있다. 따라서 평소 25문제 1세트를 풀 때도 60분을 모두 사용하는 것이 아니라, 50~55분으로 제한시간을 두고 시간에 쫓기는 연습을 하는 것을 추천한다.

## 이 책의 활용 방법

### 1. 문제 풀이 과정을 보여주는 상세한 해설

본서는 진도별로 문제 풀이 전략을 익힘에 따라 이를 단계적으로 적용한 해설을 작성하였다. 필자는 선지를 먼저 본 후 제시문을 보는 순서로 문제를 풀도록 지도하고 있는데, 그에 맞추어 해설도 선지 분석 후 제시문 분석을 하는 방식으로 작성하고, 문제를 푸는 과정을 그대로 보여주고자 노력했다. 상세한 해설을 작성한 이유는 다른 사람의 풀이과정을 보는 것은 적성시험 실력 향상에 상당한 도움이 된다고 생각하기 때문이다. 따라서 입문자라면 더더욱 해설을 꼼꼼하게 읽어보기 바란다.

### 2. 스스로 작성해보는 해설

#### (1) 왜 해설을 작성해보아야 하는가?

앞에서 언급했듯이 PSAT에는 어려워서 못 푸는 문제는 없다. 틀린 문제도 해설을 읽고나면, 왜 이런 실수를 했는지 어이가 없을 때도 있을 것이다. 그러나 해설지를 읽는 것은 다른 사람이 운전하는 차를 타고 초행길을 가는 것과 같다. 해설을 읽을 때는 다 이해한 것 같고, 다음에는 맞출 수 있을 것 같지만, 다음에 비슷한 유형의 문제를 같은 실수를 하여 틀리는 경우가 분명히 발생한다. 따라서 직접 틀린 이유를 손으로 써보아야 동일한 실수를 방지할 수 있다.

#### (2) 정답을 맞춘 경우

정답을 맞춘 문제의 경우에는 오답노트를 작성할 필요는 없지만, 해설을 읽으면서 필자의 사고과정과 얼마나 일치하는지 살펴보고, 혹시나 놓쳤거나 실수하기 쉬운 부분은 없었는지, 본서를 통해 익힌 문제 풀이 전략을 제대로 적용했는지 체크해보자.

#### (3) 시간이 많이 걸린 경우

이 경우에는 정답을 찾았다 하더라도 틀린 문제로 간주한다. 먼저 해설을 꼼꼼하게 읽어보고 스스로 해설을 작성해보자. 어떤 부분에서 시간을 지체 하였는지, 왜 제시문과 선지를 오가며 2~3번 읽게 되었는지를 직접 손으로 써보면서 같은 실수를 반복하지 않도록 해야 한다.

#### (4) 오답을 고른 경우

해설을 꼼꼼하게 읽고 자기의 사고과정과 다른 부분을 체크한 다음, 스스로 해설을 작성해보면서 틀린 이유를 정리하자. 그리고 그 문제의 풀이과정을 다른 사람에게 막힘없이 설명할 수 있다면, 완벽한 복습이 될 것이다.

# PSAT 알아보기

## 2021년도 국가공무원 7급 공채 PSAT 상황판단 출제 경향

### 1. 총평

예상했던 것보다 쉽게 출제되었다. 민간경력자 일괄채용(민경채), 2020년 공개된 모의평가와 비교하였을 때는 유사한 난이도였고, 5급 공채 PSAT보다는 다소 수월했다.

문제 유형은 민경채, 모의평가와 유사했다. 규정의 이해 및 적용, 수리추론, 논리퀴즈가 고르게 출제되었고, 정보의 이해 및 적용 유형은 1문항 출제 되었다. 이러한 문항 배분은 유지될 것으로 보인다.

### 2. 유형별 출제 경향 분석

#### (1) 규정의 이해 및 적용 유형 (7문항)

단순하게 출제되었다. 선지가 복잡하지 않았고, 단서가 없거나, 간단하게 제시되었다. 제시된 상황이 단순하여 상대적으로 복잡한 상황이 주어지는 5급 문제에 비해 수월한 난이도로 보인다. 실무적성을 직접적으로 평가할 수 있는 유형이므로 향후 출제 문항 수도 늘어날 수 있고, 좀 더 어려운 문제들이 출제될 것이라고 예상한다.

#### (2) 수리추론 유형 (9문항)

특별히 어려운 문제가 없었다는 것이 오히려 함정이었다. 난이도는 어렵지 않지만 계산에 시간이 필요한 문제들을 다 풀다가 시간 관리에 실패한 수험생들이 있었을 것으로 보인다.

#### (3) 논리퀴즈 유형 (8문항)

제시된 조건들을 잘 적용하면 충분히 답을 구할 수 있는 문제로 구성되었다. 따라서 2분 이내에 빠르고 정확하게 해결하는 것이 중요했다. 고려할 경우의 수가 많지 않아 대입하는 방법으로도 답을 구할 수 있었지만, 시간 관리에 어려웠을 것이다.

#### (4) 정보의 이해 및 적용 유형 (1문항)

한 문항 출제되었다. 앞으로도 1제시문 2문제의 한 문항을 정보의 이해 및 적용 유형으로 출제할 것으로 보인다. 5급 공채 PSAT 상황판단에서도 마찬가지로 정보의 이해 및 적용 유형의 문제는 출제비중이 낮아지고 있으므로, 향후 시험에서도 1~2문제 정도의 비중을 차지할 것이라고 생각한다.

# 국가직 공무원 7급 공개경쟁 채용시험

## ✻ 시험의 목적

공무원 신규채용시 불특정 다수인을 대상으로 경쟁시험을 실시하여 공무원으로 채용하는 제도로서 균등한 기회보장과 보다 우수한 인력의 공무원 선발에 있음

## ✻ 7급 시험실시 기관

- 인사혁신처장: 교정·보호·검찰·마약수사·출입국관리·행정·세무·관세·사회복지·감사·공업(일반기계·전기·화공직류)·농업(일반농업직류)·시설(도시계획·일반토목·건축·교통시설·도시교통설계직류)·전산직렬 공채시험
- 소속장관: 인사혁신처장이 실시하는 시험을 제외한 기타 채용시험

## ✻ 채용절차

## ✻ 채용시험절차

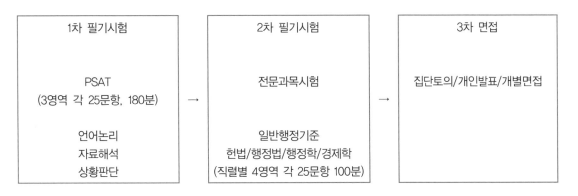

# 2021년 국가직 7급 시험통계

## ✽1차 필기시험

### 2021년도 국가공무원 7급 공채 제1차시험 합격선 및 합격인원 현황

| 모집단위 | 선발 예정 인원 | 출원 인원 | 응시 인원 | 2021년도 | | 비 고 |
|---|---|---|---|---|---|---|
| | | | | 합격선 | 합격인원 | |
| 전 모집단위 합계 | 815 | 38,947 | 24,723 | – | 5,758 | – |
| 일반 모집 계 | 757 | 38,533 | 24,470 | – | 5,638 | – |
| 행정(일반행정:일반) | 215 | 14,810 | 9,537 | 70.33 | 1,586 | |
| 세무(세무:일반) | 136 | 3,371 | 2,245 | 53.33 | 1,046 | |
| 공업(일반기계:일반) | 42 | 1,092 | 672 | 57.33 | 308 | |
| 외무영사(외무영사:일반) | 41 | 3,354 | 2,673 | 67.66 | 294 | |

### 2021년도 국가공무원 7급 공채 제2차시험 점수 분포 현황

| | 계 | 95 이상 | 90 이상 95 미만 | 85 이상 90 미만 | 80 이상 85 미만 | 75 이상 80 미만 | 70 이상 75 미만 | 65 이상 70 미만 | 60 이상 65 미만 | 55 이상 60 미만 | 50 이상 55 미만 | 50 미만 | 비고 (과락) |
|---|---|---|---|---|---|---|---|---|---|---|---|---|---|
| 총 계 | 24,723 | 1 | 22 | 111 | 421 | 710 | 1,450 | 2,239 | 2,791 | 2,391 | 3,189 | 2,614 | 8,784 |
| 행정(일반행정 전국:일반) | 9,537 | | 12 | 68 | 257 | 406 | 762 | 995 | 1,149 | 886 | 1,152 | 880 | 2,970 |
| 세무(세무:일반) | 2,245 | 1 | 4 | 15 | 40 | 92 | 177 | 254 | 238 | 345 | 263 | 816 | |
| 공업(일반기계:일반) | 672 | | 5 | 10 | 17 | 37 | 85 | 84 | 87 | 86 | 70 | 191 | |
| 외무영사(외무영사:일반) | 2,673 | 1 | 1 | 23 | 44 | 113 | 215 | 284 | 251 | 343 | 320 | 1,078 | |

## ✽2차 필기시험

### 2021년도 국가공무원 7급 공채 제2차시험 합격선 및 합격인원 현황

| 모집단위 | 선발 예정 인원 | 출원 인원 | 응시 인원 | 2021년도 | | 비 고 |
|---|---|---|---|---|---|---|
| | | | | 합격선 | 합격인원 | |
| 전 모집단위 합계 | 815 | 38,947 | 5,171 | – | 984 | – |
| 일반 모집 계 | 757 | 38,533 | 5,056 | – | 929 | – |
| 행정(일반행정:일반) | 215 | 14,810 | 1,411 | 89.00 | 254 | |
| 세무(세무:일반) | 136 | 3,371 | 947 | 78.00 | 166 | |
| 공업(일반기계:일반) | 42 | 1,092 | 326 | 80.00 | 51 | |
| 외무영사(외무영사:일반) | 41 | 3,354 | 260 | 86.00 | 52 | |

### 2021년도 국가공무원 7급 공채 제2차시험 점수 분포 현황

| | 계 | 95 이상 | 90 이상 95 미만 | 85 이상 90 미만 | 80 이상 85 미만 | 75 이상 80 미만 | 70 이상 75 미만 | 65 이상 70 미만 | 60 이상 65 미만 | 55 이상 60 미만 | 50 이상 55 미만 | 50 미만 | 비고 (과락) |
|---|---|---|---|---|---|---|---|---|---|---|---|---|---|
| 총 계 | 5,171 | 105 | 320 | 437 | 514 | 458 | 431 | 441 | 424 | 321 | 180 | 92 | 1,448 |
| 행정(일반행정 전국:일반) | 1,411 | 65 | 152 | 178 | 160 | 118 | 104 | 116 | 126 | 89 | 53 | 24 | 226 |
| 세무(세무:일반) | 947 | 3 | 27 | 36 | 66 | 81 | 71 | 74 | 75 | 45 | 28 | 17 | 424 |
| 공업(일반기계:일반) | 267 | | 10 | 12 | 23 | 29 | 19 | 16 | 19 | 13 | 5 | 1 | 120 |
| 외무영사(외무영사:일반) | 260 | 7 | 22 | 29 | 40 | 25 | 30 | 20 | 23 | 18 | 6 | | 40 |

실전 최적화

# PSAT

상황판단의 비결

CHAPTER 01

# 자가진단

## 1 자가진단 Test - 아래 5문제를 '제한시간 10분' 내에 해결해보자.

**문 1. 다음 글을 근거로 판단할 때 옳은 것은?**  `16년 5급 공채`

제00조(중재합의의 방식) ① 중재합의는 독립된 합의의 형식으로 또는 계약에 중재조항을 포함하는 형식으로 할 수 있다.

② 중재합의는 서면으로 하여야 한다.

③ 다음 각 호의 어느 하나에 해당하는 경우는 서면에 의한 중재합의로 본다.

    1. 당사자들이 서명한 문서에 중재합의가 포함된 경우

    2. 편지, 전보, 전신, 팩스 또는 그 밖의 통신수단에 의하여 교환된 문서에 중재합의가 포함된 경우

    3. 어느 한쪽 당사자가 당사자간에 교환된 문서의 내용에 중재합의가 있는 것을 주장하고 상대방 당사자가 이에 대하여 다투지 아니하는 경우

④ 계약이 중재조항을 포함한 문서를 인용하고 있는 경우에는 중재합의가 있는 것으로 본다. 다만, 그 계약이 서면으로 작성되고 중재조항을 그 계약의 일부로 하고 있는 경우로 한정한다.

제00조(중재합의와 법원에의 제소) ① 중재합의의 대상인 분쟁에 관하여 소(訴)가 제기된 경우에 피고가 중재합의가 있다는 항변(抗辯)을 하였을 때에는 법원은 그 소를 각하(却下)하여야 한다. 다만, 중재합의가 없거나 무효이거나 효력을 상실하였거나 그 이행이 불가능한 경우에는 그러하지 아니하다.

② 제1항의 소가 법원에 계속 중인 경우에도 중재판정부는 중재절차를 개시 또는 진행하거나 중재판정을 내릴 수 있다.

※ 중재: 당사자 간 합의로 선출된 중재인의 판정에 따른 당사자 간의 분쟁해결절차

※ 각하: 적법하지 않은 소가 제기된 경우 이를 배척하는 것

① 甲과 乙이 계약을 말로 체결하면서 중재조항을 포함한 문서를 인용한 경우, 중재합의가 있는 것으로 본다.

② 甲과 乙이 계약을 체결하면서 중재합의를 하고자 하는 경우, 계약에 중재조항을 포함시키지 않으면 안 된다.

③ 甲과 乙 사이에 교환된 문서의 내용에 중재합의가 있는 것을 甲이 주장하고 乙이 이에 대하여 다투지 아니하는 경우, 서면에 의한 중재합의로 본다.

④ 甲과 乙이 계약을 체결하면서 중재합의를 하였지만 중재합의의 대상인 계약에 관하여 소가 제기되어 법원에 계속 중인 경우, 중재판정부는 중재절차를 개시할 수 없다.

⑤ 甲과 乙이 계약을 체결하면서 중재합의를 하였으나 중재합의의 효력이 상실된 경우, 해당 계약에 관한 소가 제기되어 피고가 중재합의기 있다는 항변을 하면 법원은 그 소를 각하하여야 한다.

문 2. 다음 글과 〈○○시 지도〉를 근거로 판단할 때, ㉠에 들어갈 수 있는 것만을 〈보기〉에서 모두 고르면?

19년 7급 예시문제

○○시는 지진이 발생하면 발생지점으로부터 일정 거리 이내의 시민들에게 지진발생문자를 즉시 발송하고 있다. X등급 지진의 경우에는 발생지점으로부터 반경 1km, Y등급 지진의 경우에는 발생지점으로부터 반경 2km 이내의 시민들에게 지진발생문자를 발송한다. 단, 수신차단을 해둔 시민에게는 지진발생문자를 보내지 않는다.

8월 26일 14시 정각 '가'지점에서 Y등급 지진이 일어났을 때 A~E 중 2명만 지진발생문자를 받았다. 5분 후 '나'지점에서 X등급 지진이 일어났을 때에는 C와 D만 지진발생문자를 받았다. 다시 5분 후 '나'지점에서 정서 쪽으로 2km 떨어진 지점에서 Y등급 지진이 일어났을 때에는 ( ㉠ )만 지진발생문자를 받았다. A~E 중에서 지진발생문자 수신차단을 해둔 시민은 1명뿐이다.

〈○○시 지도〉

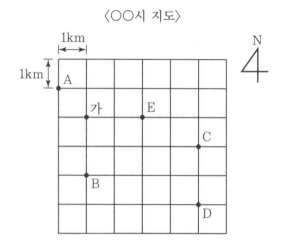

| 보 기 | | |
|---|---|---|
| ㄱ. A | ㄴ. B | ㄷ. E |
| ㄹ. A와 E | ㅁ. B와 E | ㅂ. C와 E |

① ㄱ, ㄷ

② ㄱ, ㄹ

③ ㄹ, ㅂ

④ ㄴ, ㄷ, ㅁ

⑤ ㄴ, ㅁ

문 3. 다음 글과 〈상황〉에 근거할 때, 〈보기〉에서 옳은 것만을 모두 고르면?  14년 5급 공채

A시에서는 친환경 건축물 인증제도를 시행하고 있다. 이는 건축물의 설계, 시공 등의 건설과정이 쾌적한 거주환경과 자연환경에 미치는 영향을 점수로 평가하여 인증하는 제도로, 건축물에 다음 〈표〉와 같이 인증등급을 부여한다.

〈표〉 평가점수별 인증등급

| 평가점수 | 인증등급 |
| --- | --- |
| 80점 이상 | 최우수 |
| 70점~80점 미만 | 우수 |
| 60점~70점 미만 | 우량 |
| 50점~60점 미만 | 일반 |

또한 친환경 건축물 최우수, 우수 등급이면서 건축물 에너지효율 1등급 또는 2등급을 추가로 취득한 경우, 다음 〈표〉와 같은 취·등록세액 감면 혜택을 얻게 된다.

〈표〉 취·등록세액 감면 비율

| | 최우수 등급 | 우수 등급 |
| --- | --- | --- |
| 에너지효율 1등급 | 12% | 8% |
| 에너지효율 2등급 | 8% | 4% |

― 상 황 ―

- 甲은 A시에 건물을 신축하고 있다. 현재 이 건물의 예상되는 친환경 건축물 평가점수는 63점이고 에너지효율은 3등급이다.
- 친환경 건축물 평가점수를 1점 높이기 위해서는 1,000만원, 에너지효율 등급을 한 등급 높이기 위해서는 2,000만원의 추가 투자비용이 든다.
- 甲이 신축하고 있는 건물의 감면 전 취·등록세 예상액은 총 20억원이다.
- 甲은 경제적 이익을 극대화하고자 한다.

※ 경제적 이익 또는 손실 = 취·등록세 감면액 − 추가 투자액
※ 기타 비용과 이익은 고려하지 않는다.

― 보 기 ―

ㄱ. 추가 투자함으로써 경제적 이익을 얻을 수 있는 최소투자금액은 1억 1,000만원이다.
ㄴ. 친환경 건축물 우수 등급, 에너지효율 1등급을 받기위해 추가 투자할 경우 경제적 이익이 가장 크다.
ㄷ. 에너지효율 2등급을 받기 위해 추가 투자하는 것이 3등급을 받는 것보다 甲에게 경제적으로 더 이익이다.

① ㄱ  ② ㄷ
③ ㄱ, ㄴ  ④ ㄴ, ㄷ
⑤ ㄱ, ㄴ, ㄷ

판옥선은 조선 수군의 주력 군선(軍船)으로 왜구를 제압하기 위해 1555년(명종 10년) 새로 개발된 것이다. 종전의 군선은 갑판이 1층뿐인 평선인 데 비하여 판옥선은 선체의상부에 상장(上粧)을 가설하여 2층 구조로 만든 배이다. 이 같은 구조로 되어 있기 때문에, 노를 젓는 요원인 격군(格軍)은 1층 갑판에서 안전하게 노를 저을 수 있고, 전투요원들은 2층 갑판에서 적을 내려다보면서 유리하게 전투를 수행할 수 있었다.

전근대 해전에서는 상대방 군선으로 건너가 마치 지상에서처럼 칼과 창으로 싸우는 경우가 흔했다. 조선 수군은 기본적으로 활과 화약무기 같은 원거리 무기를 능숙하게 사용했지만, 칼과 창 같은 단병무기를 운용하는 데는 상대적으로 서툴렀다. 이 같은 약점을 극복하고 조선 수군이 해전에서 승리하기 위해서는, 적이 승선하여 전투를 벌이는 전술을 막으면서 조선 수군의 장기인 활과 대구경(大口徑) 화약무기로 전투를 수행할 수 있도록 선체가 높은 군선이 필요했다.

선체 길이가 20~30m 정도였던 판옥선은 임진왜란 해전에 참전한 조선, 명, 일본의 군선 중 크기가 큰 편에 속한데다가 선체도 높았다. 이 때문에 임진왜란 당시 도승지였던 이항복은 "판옥선은 마치 성곽과 같다"라고 그 성능을 격찬했다. 판옥선은 1592년 발발한 임진왜란에서 일본의 수군을 격파하여 조선 수군이 완승할 수 있는 원동력이 되었다. 옥포해전, 당포해전, 한산해전 등 주요 해전에 동원된 군선 중에서 3척의 거북선을 제외하고는 모두가 판옥선이었다.

판옥선의 승선인원은 시대와 크기에 따라 달랐던 것으로 보인다. 명종실록에는 50여 명이 탑승했다고 기록되어 있는 반면, 선조실록에 따르면 거북선 운용에 필요한 사수(射手)와 격군을 합친 숫자가 판옥선의 125명보다 많다고 되어 있어 판옥선의 규모가 이전보다 커진 것을 알 수 있다.

① 판옥선은 갑판 구조가 2층인 군선으로, 선체 길이와 높이가 20~30m에 달하였다.
② 판옥선의 구조는 적군의 승선전투전술 활용을 어렵게 하여 조선 수군이 전투를 수행하는 데 유리하였을 것이다.
③ 명종실록과 선조실록에 따르면 거북선의 승선인원은 125명 이상이었다.
④ 판옥선은 조선 수군의 주력 군선으로 임진왜란 때 일본 수군을 격파하기 위해 새로 개발되었다.
⑤ 판옥선은 임진왜란의 각 해전에서 주력 군선인 거북선으로 대체되었다.

## 문 5. 다음 글을 읽고 〈보기〉에서 옳은 것만을 모두 고르면?

10년 5급 공채

동산에 관한 소유권의 이전(양도)은 그 동산을 인도하여야 효력이 생긴다. 그러나 첫째, 양수인이 이미 동산을 점유한 때에는 당사자 사이에 의사표시의 합치만 있으면 그 효력이 생긴다. 둘째, 당사자 사이의 계약으로 양도인이 그 동산을 계속 점유하기로 한 때에는 양수인이 인도받은 것으로 본다. 셋째, 제3자가 점유하고 있는 동산에 관한 소유권을 이전하는 경우에는 양도인이 그 제3자에 대한 반환청구권을 양수인에게 양도함으로써 동산을 인도한 것으로 본다.

※ 인도(引渡) : 물건에 대한 점유의 이전, 즉 사실상 지배의 이전

─── 보 기 ───

ㄱ. 乙이 甲소유의 동산을 증여받아 소유하기 위해서는 원칙적으로 甲이 乙에게 그 동산에 대한 사실상 지배를 이전하여야 한다.

ㄴ. 乙이 甲소유의 동산을 빌려서 사용하고 있는 경우, 甲과 乙 사이에 그 동산에 대한 매매을 합의하더라도 甲이 현실적으로 인도하지 않으면 乙은 동산의 소유권을 취득할 수 없다.

ㄷ. 甲이 자신의 동산을 乙에게 양도하기로 하면서 乙과의 계약으로 자신이 그 동산을 계속 점유하고 있으면, 乙은 그 동산의 소유권을 취득할 수 없다.

ㄹ. 甲이 乙에게 맡겨 둔 자신의 동산을 丙에게 현실적으로 인도하지 않더라도 甲이 乙에 대한 반환청구권을 丙에게 양도함으로써 소유권을 丙에게 이전할 수 있다.

① ㄱ  
② ㄱ, ㄴ  
③ ㄱ, ㄹ  
④ ㄴ, ㄷ  
⑤ ㄱ, ㄷ, ㄹ

**문 1** 정답 ③　　　　　　　　　　　　　　　　　　　　　　　　　　　　　　　　　　　　　　　　》규정의 이해 및 적용

① 첫 번째 조 제4항 단서에 따르면 중재합의가 있는 것으로 보려면 서면으로 작성되어야 한다.
② 첫 번째 조 제1항 본문에 따르면 중재합의는 독립된 합의의 형식으로도 가능하다.
③ 첫 번째 조 제3항 제3호에 해당되므로 서면에 의한 중재 합의가 있는 것으로 본다.
④ 두 번째 조 제2항에 따르면 동조 제1항 소제기 시에도 중재판정부가 중재절차 개시할 수 있다.
⑤ 두 번째 조 제1항 단서에 따르면 효력 상실된 경우 제1항 본문이 적용되지 않는다.


**문 2** 정답 ④　　　　　　　　　　　　　　　　　　　　　　　　　　　　　　　　　　　　　　　　　　》논리퀴즈

8월 26일 14시 정각 '가' 지점에서 Y등급 지진이 일어났을 때 '가' 지점으로부터 반경 2km 이내의 시민들에게 지진발생문자를 발송하였으므로 아래 그림처럼 A, B, E가 문자발송 대상이다. 그러나 이들 중 2명만 지진발생문자를 받았으므로 수신차단을 한 시민은 A, B, E 중 한 명이다.

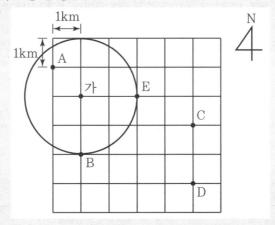

지도상에 '나' 지점이 표시되어 있지 않은데, '가' 지점에서 지진이 일어나고 5분 후 '나' 지점에서 X등급 지진이 일어났을 때 C와 D만 지진발생문자를 받았다고 하였으므로 이를 근거로 '나'지점을 파악할 수 있다. X등급 지진의 경우 발생 지점으로부터 반경 1km 이내 시민들에게 지진발생문자를 발송한다. C와 D가 동시에 반경 1km 이내의 지점은 아래 그림에 표시한 곳 뿐 이다.

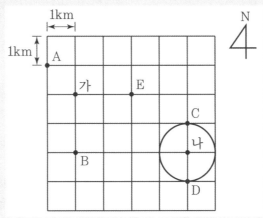

다시 5분 후 '나' 지점에서 정서쪽으로 2km 떨어진 지점에서 Y등급 지진이 발생했을 때 지진발생문자를 받게 되는 반경 2km의 영역을 지도에 표시하면 아래와 같다. 지진발생문자를 받을 수 있는 시민은 B와 E이다.

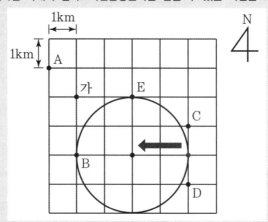

A, B, E 중 수신차단을 해둔 시민이 누구인지에 따라 ㉠에 들어갈 수 있는 시민이 달라진다. 만약 수신차단을 해둔 시민이 A라면, B와 E가 지진발생문자를 받았을 것이다. 수신차단을 해둔 시민이 B라면, E만 지진발생문자를 받았을 것이고, 수신차단을 해둔 시민이 E라면, B만 지진발생문자를 받았을 것이다. 따라서 정답은 ④ ㄴ, ㄷ, ㅁ이다.

문 3  정답 ③                                                    》》 수리추론

甲이 취·등록세를 감면받으려면 최소한 에너지효율을 한 등급 이상 높이면서 평가점수도 7점 이상 높여야 한다. 각 경우의 추가 투자 비용과 취·등록세 감면액을 정리하면 아래와 같다.

|  | 최우수 등급(1억 7천만원) | 우수 등급(7천만원) |
|---|---|---|
| 에너지효율 1등급(4천만원) | 20억 × 0.12 = 2억 4천만원 | 20억 × 0.08 = 1억 6천만원 |
| 에너지효율 2등급(2천만원) | 20억 × 0.08 = 1억 6천만원 | 20억 × 0.04 = 8천만원 |

위 정리한 결과를 토대로 각 경우를 계산해보면,
친환경 건축물 최우수 등급, 에너지효율 1등급을 받기 위해 추가 투자할 경우 경제적 이익은
2억 4천만 − 1억 7천만 − 4천만 = 3천만원이다.
친환경 건축물 우수 등급, 에너지효율 1등급을 받기 위해 추가 투자할 경우의 경제적 이익은
1억 6천만 − 7천만 − 4천만 = 5천만원이다.
친환경 건축물 최우수 등급, 에너지효율 2등급을 받기 위해 추가 투자할 경우 경제적 이익은
1억 6천만 − 1억 7천만 − 2천만 = −3천만원이다.
친환경 건축물 우수 등급, 에너지효율 2등급을 받기 위해 추가 투자할 경우 경제적 이익은
8천만 − 7천만 − 2천만 = −1천만원이다.

ㄱ. 추가 투자함으로써 경제적 이익을 얻을 수 있는 최소 투자금액은 친환경 건축물 우수 등급, 에너지 효율 1등급을 받기 위해 투자하는 1억 1,000만원이다.
ㄴ. 친환경 건축물 우수 등급, 에너지효율 1등급을 받기 위해 추가로 투자하는 경우 이익이 5천만원으로 가장 크다.
ㄷ. 에너지효율 2등급을 받기 위해 추가로 투자하면 경제적 손실이 생기므로 3등급을 받는 것이 甲에게 이익이다.

문 4 정답 ②

① 첫 번째 문단과 세 번째 문단에 따르면 판옥선은 2층 구조이며 선체 높이는 제시문을 통하여 확인할 수 없다. 선체의 길이만 20~30m라는 것을 확인할 수 있다.

② 세 번째 문단에 따르면 판옥선은 크기가 크고 선체의 높이도 높았기 때문에 일본군의 승선전투 전술 활용이 어려웠을 것이다.

③ 마지막 문단에서 명종실록이 아닌 선조실록에 따를 때 거북선의 승선인원이 125명보다 많다는 것을 알 수 있다.

④ 첫 번째 문단에 따르면 명종 10년인 1555년에 새로 개발되었다. 임진왜란은 1592년의 일이다.

⑤ 세 번째 문단에 따르면 주요 해전에 동원된 군선은 거북선 3척을 제외하고는 모두 판옥선이었다.

문 5 정답 ②

ㄱ. 동산에 관한 소유권의 이전은 동산을 인도하여 사실상 지배의 이전이 있어야 효력이 생긴다. 따라서 甲이 乙에게 동산을 인도하여 사실상 지배를 이전하여야 소유권 이전의 효력이 발생한다.

ㄴ. 양수인 乙이 이미 동산을 점유하고 있다면 甲과 乙 사이의 합의만 있으면 소유권 이전의 효력이 발생한다. 그러므로 소유권 취득에 있어 현실적 인도가 요구되지 않는다.

ㄷ. 甲과 乙 사이의 계약으로 양도인인 甲이 계속 동산을 점유하기로 한 경우에는 양수인인 乙이 인도받은 것으로 보아 乙에게 소유권이 이전된다.

ㄹ. 제3자인 乙이 점유하고 있는 동산에 대해 양도인 甲이 乙에 대한 반환청구권을 양수인 丙에게 양도하면 동산을 인도한 것으로 丙에게 소유권이 이전된다.

## 2 자가진단 설문 - 나는 PSAT형 인간인가?

| 항목 | 설문 | 점수 | | |
|---|---|---|---|---|
| | | 그렇다 | 조금 그렇다 | 아니다 |
| | | 0점 | 1점 | 2점 |
| 시간 관리 | 문제를 1번부터 5번까지 순서대로 풀었다 | | | |
| | 시간이 모자라다고 느꼈다 | | | |
| | 풀지 못한 문제의 수<br>(2개 이상 = 그렇다, 1개 = 조금 그렇다,<br>0개 = 아니다) | | | |
| 문제 풀이 | 제시문 먼저 다 읽고 보기/상황을 보았다 | | | |
| | 문제를 푸는 과정에서 2~3회 다시 읽었다 | | | |
| 점수 합계 | | 0~3점 / 4~7점 / 8~10점 | | |

## 3 진단에 따른 수험 전략

### (1) 0~3점을 획득한 경우

PSAT형 사고를 하고 있다고 보기는 어렵다. 그러나 실망할 필요도 없다. 상황판단은 다른 영역과 달리 꾸준한 연습과 문제풀이 전략 학습을 통해 누구나 상위권으로 도약할 수 있다. 주의할 점은 '양으로 승부하겠다.'는 생각을 절대로 해서는 안 된다는 것이다. 적성시험에는 정형화된 지식을 묻는 문제가 나오지 않기 때문이다. 따라서 기출문제를 그저 많이 풀어보는 방법으로는 점수를 올릴 수 없다. '문제를 대하는 방식과 사고과정'을 바꿔야 한다. 하루에 몇 문제라도 틀린 문제에 대한 해설을 스스로 작성해보고, 어떤 부분을 잘못 읽었는지 깊이 있게 고민해보는 것이 점수를 올리는 가장 빠르고 좋은 방법이다.

### (2) 4~7점을 획득한 경우

합격할 수 있는 자질을 갖추었다. 다만 안정권으로 가기 위해서는 취약한 유형을 반드시 정복하고, 몇 가지 잘못된 습관을 교정해야 한다. 본서를 통해 효율적인 시간관리 전략과 문제풀이 전략을 습득하고, 취약유형 오답노트를 작성한다면 합격에 충분한 점수를 얻는데 무리가 없을 것이다. 이 경우에도 '문제를 많이 풀어보면 성적이 오르겠지.'하는 생각은 금물이다. 틀린 문제를 꼼꼼하게 분석하여 오답을 선택한 과정과 이유를 정확하게 알아내는 것이 성적향상의 첫 걸음이다.

### (3) 8~10점을 획득한 경우

문제를 해결하는 방법을 본능적으로 잘 알고 있다. 적성시험에 특화된 사람들은 특별히 공부하지 않아도 높은 점수를 받는 경우가 많은데, 그렇더라도 안심해서는 안 된다. 감각에 의존하여 문제를 풀다보면 컨디션에 따라 성적이 들쭉날쭉하기도 한다. 본서에는 좋은 감각을 뒷받침해줄 전략을 정리해두었다. 감각이 무딘 날에도 안정적으로 득점할 수 있도록 준비하자.

MEMO

실전 최적화

# PSAT

상황판단의 비결

# CHAPTER 02

# 시간관리전략

# 2 시간관리전략

## ① 3011 & Skip

### (1) 시간을 '30분'씩 나누어 사용할 것

상황판단을 처음 접한 수험생들이 주로 범하는 실수가 시간을 생각하지 않고 문제를 푸는 것이다. 상황판단 영역 한 문제를 해결하는데 짧게는 1분, 길게는 3분의 시간이 소요된다. 평균 2분이라고 계산하면 30문제를 풀 수 있는 시간이지만, 실제로 시간을 측정해보면 60분에 25문제를 다 해결하고 답안지 작성까지 완료한다는 것이 쉽지 않다. 따라서 시간 관리를 의식적으로 하지 않으면 몇 문제는 손도 대지 못하고 시험을 마치는 경우가 발생할 수 있다. 25문제를 13문제, 12문제로 나누어 '30분'씩 시간을 배정하고 문제를 풀어보자.

### (2) 30분에 '11문제'는 확실하게 풀 것

우리의 목표는 22문제를 확실하게 풀고, 높은 난이도로 출제되는 3문제 정도는 Skip하면서 25문제에 모두 손을 대는 것이다. 25번까지 완주하고 시간이 남으면, 그 때 Skip한 문제를 풀면 된다. 시간이 남지 않아도 괜찮다. 30분에 11문제씩 22문제를 확실하게 풀고 18~19문제를 맞추면 넉넉히 합격할 수 있다.

### (3) 과감하게 'Skip' 할 것

시간 관리에 가장 큰 걸림돌은 '풀 수 있을 것 같다.'는 느낌이다. 7급 PSAT에 출제된 문제들은 시간을 투자하면 누구나 해결할 수 있는 난이도의 문제가 대부분이기 때문에, 시간을 투자하면 문제는 풀 수 있겠지만, 제한시간인 3분을 훌쩍 넘기게 된다. 그래서 우리에게 필요한 것이 과감한 'Skip'이다. 문제 해결에 시간이 많이 필요할 것 같을 때, 혹은 문제를 푸는 중간에도 계산이 복잡하거나, 제시문을 잘못 읽어 답이 보이지 않을 경우에는 과감하게 넘어가야 한다.

### (4) 3011 & Skip 전략의 적용

먼저 Skip에 대한 안목을 기르자. Skip 할 문제는 수험생마다 다르기 때문에 자신이 약한 유형, 계산이 복잡할 것 같은 유형 등을 미리 파악해두고 보자마자 넘겨야 한다. 문제를 두고 넘어가는 것이 얼마나 꺼림칙하고 마음 불편한 일인지 잘 안다. 그래도 우리에게 시간은 곧 점수다. 여기서 시간을 써버리면 다른 문제는 읽어보지도 못하고 찍는 최악의 상황이 발생할 수 있다. 이렇게 1~2문제를 Skip하면서 30분 동안 13문제를 보고 그 중 11문제는 확실하게 풀 수 있도록 연습하는 것이 상황판단 고득점 전략이다.

## 2 Skip의 기준

### (1) 수리추론과 논리퀴즈 유형의 고난도 문제

Skip의 기준은 주관적이지만, 주로 수리추론, 논리퀴즈의 고난도 문제가 Skip의 대상이다. 긴 시간이 필요하고 계산과정에서 실수하면 시간을 투자하고도 틀리는 경우가 많기 때문이다. 2019년에 공개된 7급 PSAT 예시문제를 보자.

19년 7급 예시

**문 3.** 다음 글과 〈상황〉을 근거로 판단할 때, 과거에 급제한 이들이 분재 받은 밭의 총 마지기 수는?

조선시대의 분재(分財)는 시기가 재주(財主) 생전인지 사후인지에 따라 구분할 수 있다. 별급(別給)은 재주 생전에 과거급제, 생일, 혼인, 출산, 감사표시 등 특별한 사유로 인해 이루어지는 분재였으며, 깃급(衿給)은 특별한 사유 없이 재주가 임종이 가까울 무렵에 하는 일반적인 분재였다.

재주가 재산을 분배하지 못하고 죽는 경우 재주 사후에 그 자녀들이 모여 재산을 분배하게 되는데, 이를 화회(和會)라고 했다. 화회는 재주의 3년 상(喪)을 마친 후에 이루어졌다. 자녀들이 재산을 나눌 때 재주의 유서나 유언이 남아 있으면 이에 근거하여 분재가 되었으나, 그렇지 못한 경우에는 합의하여 재산을 나누어 가졌다. 조선 전기에는 「경국대전」의 규정에 따랐는데, 친자녀 간 균분 분재를 원칙으로 하나 제사를 모실 자녀에게는 다른 친자녀 한 사람 몫의 5분의 1이 더 분재되었다. 그러나 이때에도 양자녀에게는 차별을 두도록 되어 있었다. 조선 중기 이후에는 「경국대전」의 규정이 그대로 지켜지지 못하고 장남에게 많은 재산이 우선적으로 분재되었다. 깃급과 화회 대상 재산에는 별급으로 받은 재산이 포함되지 않았다.

※ 분재: 재산을 나누어 줌
※ 재주: 분재되는 재산의 주인

┤ 상 황 ├

• 유서와 유언 없이 사망한 재주 甲의 분재 대상자는 아들 2명과 딸 2명이며, 이 중 딸 1명은 양녀이고 나머지 3명은 친자녀이다.
• 甲이 별급한 재산은 과거에 급제한 아들 1명에게 밭 20마지기를 준 것과 두 딸이 시집갈 때 각각 밭 10마지기씩을 준 것이 전부였다.
• 화회 대상 재산은 밭 100마지기이며 화회는 「경국대전」의 규정에 따라 이루어졌다.
• 과거에 급제한 아들이 제사를 모시기로 하였으며, 양녀는 제사를 모시지 않는 친자녀 한 사람이 화회로 받은 몫의 5분의 4를 받았다.

① 30            ② 35
③ 40            ④ 45
⑤ 50

**문 4.** 다음 글을 근거로 판단할 때, 〈보기〉에서 옳은 것만을 모두 고르면?

여행을 좋아하는 甲은 ○○항공의 마일리지를 최대한 많이 적립하기 위해, 신용카드 이용금액에 따라 ○○항공의 마일리지를 제공해주는 A, B 두 신용카드 중 하나의 카드를 발급받기로 하였다. 각 신용카드의 ○○항공 마일리지 제공 기준은 다음과 같다.

〈A신용카드의 ○○항공 마일리지 제공 기준〉

1) 이용금액이 월 50만원 이상 100만원 이하일 경우
   - 이용금액 1,000원당 1마일리지를 제공함
2) 이용금액이 월 100만원 초과 200만원 이하일 경우
   - 100만원 이하 이용금액은 1,000원당 1마일리지를 100만원 초과 이용금액은 1,000원당 2마일리지를 제공함
3) 이용금액이 월 200만원을 초과할 경우
   - 100만원 이하 이용금액은 1,000원당 1마일리지를 100만원 초과 200만원 이하 이용금액은 1,000원당 2마일리지를 200만원 초과 이용금액은 1,000원당 3마일리지를 제공함

〈B신용카드의 ○○항공 마일리지 제공 기준〉

1) 이용금액이 월 50만원 이상 100만원 이하일 경우
   - 이용금액 1,000원당 1마일리지를 제공함
2) 이용금액이 월 100만원 초과 200만원 이하일 경우
   - 100만원 이하 이용금액은 1,000원당 2마일리지를 100만원 초과 이용금액은 1,000원당 1마일리지를 제공함
3) 이용금액이 월 200만원을 초과할 경우
   - 70만원 이하 이용금액은 1,000원당 3마일리지를 70만원 초과 이용금액은 1,000원당 1마일리지를 제공함

※ 마일리지 제공 시 이용금액 1,000원 미만은 버림

① ㄱ        ② ㄴ
③ ㄷ        ④ ㄱ, ㄴ
⑤ ㄴ, ㄷ

3번은 수리추론 연산형, 4번은 연산 후 비교하는 비교형 문제로 두 문제 모두 어렵지 않지만 이런 유형에 익숙하지 않다면, 제시된 조건을 취합하여 계산하는 과정에서 시간이 많이 소요되거나, 잘못한 계산을 바로잡는 과정에서 시간이 지체된다. 따라서 문제를 풀기 전에 과감하게 Skip하고 비교적 수월한 유형들을 먼저 해결한 후 마지막에 돌아와서 풀거나, 문제를 푸는 중에도 시간이 많이 지체되었다면 다음문제로 신속히 넘어가야 한다.

그렇다고 수리추론이나 논리게임 유형을 공부하지 않아도 된다는 의미가 아니다. 2021년 실시된 국가공무원 7급 공채 PSAT 상황판단 영역에 출제된 수리추론 유형은 9문항, 논리퀴즈 유형은 8문항이므로 합격을 위해서 반드시 정복해야 하는 유형이다. 실제 시험장에서는 어려운 문제 2~3개를 맞추고 쉬운 문제 4~5개를 놓치는 것보다, 쉬운 문제 4~5개를 먼저 맞추고, 어려운 문제 1~2개를 추가로 푸는 것이 훨씬 효율적인 방법이라는 의미이다.

## (2) 그 밖의 유형 - 주관적인 기준의 설정

정보의 이해 및 적용, 규정의 이해 및 적용 유형의 경우에도 글이 안 읽히거나, 중요한 단서를 놓치고 독해하여 정답을 찾는데 시간이 걸리는 경우가 있다. 이렇게 수험생마다 Skip의 기준이 다르게 설정될 수 있다.

문제를 풀 때 늘 시간을 체크하자. 문제 해결에 3분이 넘어가는 경우, 그 문제가 바로 자신이 취약한 유형이다. 또한 스스로 해설을 작성해보자. 문제는 풀었는데 해설을 작성하기 어렵거나, 자신이 왜 틀렸는지 이해가 안 되는 문제들을 파악할 수 있다. 이러한 유형을 미리 파악해야 시험장에서 Skip할 수 있다. 다시 돌아와서 보면 신기하게 해결되는 경우도 많으니, 망설이지 말자.

## 3 실전 연습 ///

⏱ 10분

### 문 1. 다음 글을 근거로 판단할 때 옳지 않은 것은?

14년 5급 공채

> 제00조(보증의 방식) ① 보증은 그 의사가 보증인의 기명날인 또는 서명이 있는 서면으로 표시되어야 효력이 발생한다.
> ② 보증인의 채무를 불리하게 변경하는 경우에도 제1항과 같다.
> 제00조(채권자의 통지의무 등) ① 채권자는 주채무자가 원본, 이자 그 밖의 채무를 3개월 이상 이행하지 아니하는 경우 또는 주채무자가 이행기에 이행할 수 없음을 미리 안 경우에는 지체없이 보증인에게 그 사실을 알려야 한다.
> ② 제1항에도 불구하고 채권자가 금융기관인 경우에는 주채무자가 원본, 이자 그 밖의 채무를 1개월 이상 이행하지 아니할 때에는 지체없이 그 사실을 보증인에게 알려야 한다.
> ③ 채권자는 보증인의 청구가 있으면 주채무의 내용 및 그 이행 여부를 보증인에게 알려야 한다.
> ④ 채권자가 제1항부터 제3항까지의 규정에 따른 의무를 위반한 경우에는 보증인은 그로 인하여 손해를 입은 한도에서 채무를 면한다.
> 제00조(보증기간 등) ① 보증기간의 약정이 없는 때에는 그 기간을 3년으로 본다.
> ② 보증기간은 갱신할 수 있다. 이 경우 보증기간의 약정이 없는 때에는 계약체결 시의 보증기간을 그 기간으로 본다.
> ③ 제1항 및 제2항에서 간주되는 보증기간은 계약을 체결하거나 갱신하는 때에 채권자가 보증인에게 고지하여야 한다.

※ 보증계약은 채무자(乙)가 채권자(甲)에 대한 금전채무를 이행하지 아니하는 경우에 보증인(丙)이 그 채무를 이행하기로 하는 채권자와 보증인 사이의 계약을 말하며, 이때 乙을 주채무자라 한다.

① 보증인 丙이 주채무자 乙의 甲에 대한 금전채무를 보증하기 위해 채권자 甲과 보증계약을 서면으로 체결하지 않으면 그 계약은 무효이다.
② 보증인 丙이 주채무자 乙의 甲에 대한 금전채무를 보증하기 위해 채권자 甲과 보증계약을 체결하면서 보증기간을 약정하지 않으면 그 기간은 3년이다.
③ 주채무자 乙이 원본, 이자 그 밖의 채무를 2개월 이상 이행하지 아니하는 경우, 금융기관이 아닌 채권자 甲은 지체없이 보증인 丙에게 그 사실을 알려야 한다.
④ 보증인 丙의 청구가 있는데도 채권자 甲이 주채무의 내용 및 그 이행 여부를 丙에게 알려주지 않으면, 丙은 그로 인하여 손해를 입은 한도에서 채무를 면하게 된다.
⑤ 보증인 丙이 주채무자 乙의 甲에 대한 금전채무를 보증하기 위해 채권자 甲과 기간을 2년으로 약정한 보증계약을 체결한 다음, 그 계약을 갱신하면서 기간을 약정하지 않으면 그 기간은 2년이다.

### [ 스스로 작성해보는 해설 ]👉

①

②

③

④

⑤

문 2. 우주센터는 화성 탐사 로봇(JK3)으로부터 다음의 〈수신 신호〉를 왼쪽부터 순서대로 받았다. 〈조건〉을 근거로 판단할 때, JK3의 이동경로로 옳은 것은?

15년 5급 공채

─ 수신 신호 ─

010111, 000001, 111001, 100000

─ 조 건 ─

JK3은 출발 위치를 중심으로 주변을 격자 모양 평면으로 파악하고 있으며, 격자 모양의 경계를 넘어 한 칸 이동할 때마다 이동 방향을 나타내는 6자리 신호를 우주센터에 전송한다. 그 신호의 각 자리는 0 또는 1로 이루어진다. 전송신호는 4개뿐이며, 각 전송 신호가 의미하는 이동 방향은 아래와 같다.

| 전송 신호 | 이동 방향 |
| --- | --- |
| 000000 | 북 |
| 000111 | 동 |
| 111000 | 서 |
| 111111 | 남 |

JK3이 보낸 6자리의 신호 중 한 자리는 우주잡음에 의해 오염된다. 이 경우 오염된 자리의 숫자 0은 1로, 1은 0으로 바뀐다.

※ JK3은 동서남북을 인식하고, 이 네 방향으로만 이동한다.

①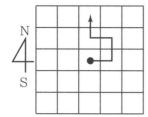

②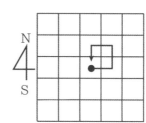

③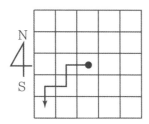

④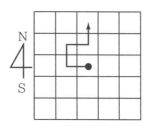

⑤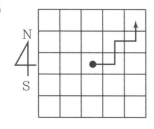

**［ 스스로 작성해보는 해설 ］**

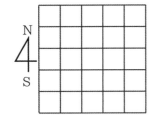

문 3. 다음 〈지원계획〉과 〈연구모임 현황 및 평가결과〉를 근거로 판단할 때, 연구모임 A~E 중 두 번째로 많은 총지원금을 받는 모임은?

17년 5급 공채

─────────── 지원계획 ───────────

- 지원을 받기 위해서는 한 모임 당 6명 이상 9명 미만으로 구성되어야 한다.
- 기본지원금 한 모임당 1,500천원을 기본으로 지원한다. 단, 상품 개발을 위한 모임의 경우는 2,000천원을 지원한다.
- 추가지원금

  연구 계획 사전평가결과에 따라,

  '상' 등급을 받은 모임에는 구성원 1인당 120천원을

  '중' 등급을 받은 모임에는 구성원 1인당 100천원을

  '하' 등급을 받은 모임에는 구성원 1인당 70천원을 추가로 지원한다.
- 협업 장려를 위해 협업이 인정되는 모임에는 위의 두 지원금을 합한 금액의 30%를 별도로 지원한다.

〈연구모임 현황 및 평가결과〉

| 모임 | 상품개발 여부 | 구성원 수 | 연구 계획 사전평가결과 | 협업 인정 여부 |
|------|------------|---------|-------------------|-------------|
| A | ○ | 5 | 상 | ○ |
| B | × | 6 | 중 | × |
| C | × | 8 | 상 | ○ |
| D | ○ | 7 | 중 | × |
| E | × | 9 | 하 | × |

① A

② B

③ C

④ D

⑤ E

[ 스스로 작성해보는 해설 ]

## 문 4. 다음 글을 근거로 판단할 때 옳은 것은?

13년 외교원

디자인은 쉽게 모방할 수 있기 때문에 이를 방지하고 디자인을 창작한 자의 권리를 보호하기 위해, 우리나라는 디자인보호법을 두고 있다. 디자인보호법상 디자인이란 물품이나 물품의 부분 및 글자체의 형상·모양·색채 또는 이들을 결합한 것으로서 시각을 통하여 미감(아름답다든가 멋있다는 등의 느낌)을 일으키게 하는 것을 말한다. 따라서 이에 해당되지 않는 것은 디자인보호법을 통해 보호받을 수 없다.

한편 디자인을 보호하는 방법에는 특허권적 방법과 저작권적 방법이 있다. 특허권적 보호방법이란 법적으로 보호받기 위한 일정한 요건을 갖춘 디자인만을 특허청에 등록할 수 있고, 등록된 디자인에 대해서만 디자인권이라는 독점·배타적인 효력을 인정하는 방법을 말한다. 이 경우 디자인을 독자적으로 창작한 사람이라도 그 디자인에 대해서 타인이 이미 등록을 하였다면, 그는 특허청에 등록할 수 없을 뿐만 아니라 자신이 창작한 디자인을 사용하더라도 타인의 디자인권을 침해하는 것이 된다. 이와 달리 저작권적 보호방법이란 등록과 같은 방식을 갖추지 않더라도 법적으로 보호하는 방법을 말한다. 이 경우 타인이 이미 창작한 디자인과 동일한 디자인을 고안한 사람이라도 타인의 디자인을 모방하지 않은 경우라면, 자신이 고안한 디자인을 사용할 수 있으며 타인의 디자인권을 침해하는 것이 아니다.

우리나라 디자인보호법은 특허권적 보호방법을 취하며, 일본·미국 등도 마찬가지이다. 따라서 이들 국가에서 독점·배타적인 디자인권을 취득하고자 하는 사람은 해당 국가의 특허청에 디자인을 등록하여야 한다.

─ 보 기 ─

ㄱ. A가 자신이 창작한 디자인을 일본에서 독점·배타적으로 보호받기 위해서는 일본 특허청에 디자인 등록을 하여야 한다.

ㄴ. B가 아름다운 노래를 창작한 경우, 그 노래는 우리나라 디자인보호법에 따라 보호받을 수 있다.

ㄷ. C가 미국 특허청에 등록된 D의 디자인과 동일한 디자인을 독자적으로 창작하였더라도, 이를 미국에서 사용하면 D의 디자인권을 침해하는 것이 된다.

ㄹ. 독일인 E가 고안한 디자인과 동일한 디자인이 우리나라 특허청에 이미 등록되어 있더라도, E의 창작성이 인정되면 우리나라 특허청에 등록할 수 있다.

① ㄱ, ㄴ                ② ㄱ, ㄷ

③ ㄴ, ㄹ                ④ ㄱ, ㄷ, ㄹ

⑤ ㄴ, ㄷ, ㄹ

[ 스스로 작성해보는 해설 ]

ㄱ.

ㄴ.

ㄷ.

ㄹ.

**다음 글과 〈상황〉을 근거로 판단할 때, 甲이 A대학을 졸업하기 위해 추가로 필요한 최소 취득학점은?**

19년 5급 공채

△△법 제◇◇조(학점의 인정 등) ① 전문학사학위과정 또는 학사학위과정을 운영하는 대학(이하 '대학'이라 한다)은 학생이 다음 각 호의 어느 하나에 해당하는 경우에 학칙으로 정하는 바에 따라 이를 해당 대학에서 학점을 취득한 것으로 인정할 수 있다.

1. 국내외의 다른 전문학사학위과정 또는 학사학위과정에서 학점을 취득한 경우
2. 전문학사학위과정 또는 학사학위과정과 동등한 학력·학위가 인정되는 평생교육시설에서 학점을 취득한 경우
3. 병역법에 따른 입영 또는 복무로 인하여 휴학 중인 사람이 원격수업을 수강하여 학점을 취득한 경우

② 제1항에 따라 인정되는 학점의 범위와 기준은 다음 각 호와 같다.

1. 제1항 제1호에 해당하는 경우: 취득한 학점의 전부
2. 제1항 제2호에 해당하는 경우: 대학 졸업에 필요한 학점의 2분의 1 이내
3. 제1항 제3호에 해당하는 경우: 연(年) 12학점 이내

제□□조(편입학 등) 학사학위과정을 운영하는 대학은 다음 각 호에 해당하는 학생을 편입학 전형을 통해 선발할 수 있다.

1. 전문학사학위를 취득한 자
2. 학사학위과정의 제2학년을 수료한 자

─ 상 황 ─

• A대학은 학칙을 통해 학점인정의 범위를 △△법에서 허용하는 최대 수준으로 정하고 있다.
• 졸업에 필요한 최소 취득학점은 A대학 120학점, B전문대학 63학점이다.
• 甲은 B전문대학에서 졸업에 필요한 최소 취득학점만으로 전문학사학위를 취득하였다.
• 甲은 B전문대학 졸업 후 A대학 3학년에 편입하였고 군복무로 인한 휴학 기간에 원격수업을 수강하여 총 6학점을 취득하였다.
• 甲은 A대학에 복학한 이후 총 30학점을 취득하였고, 1년 동안 미국의 C대학에 교환학생으로 파견되어 총 12학점을 취득하였다.

① 9학점
② 12학점
③ 15학점
④ 22학점
⑤ 24학점

**[ 스스로 작성해보는 해설 ]**

## 정답 및 해설

**문 1** 정답 ③ >> 규정의 이해 및 적용

① (O) 보증의 방식 규정에 따르면 보증계약은 서면으로 해야 효력이 발생한다. 따라서 서면이 없으면 무효가 된다.

② (O) 보증기간 규정에 의하면 보증기간의 약정이 있으면 그 기간이 약정기간이 되나 약정기간이 없으면 3년이라고 하고 있다.

③ (X) 채권자의 통지의무 규정을 보면 채권자가 금융기관인 경우는 채무자가 1개월만 채무이행을 지체해도 보증인에게 알려야 하나 금융기관이 아닌 채권자의 경우는 채무자 3개월 이상 지체하면 알려야한다. 따라서 2개월 이행 지체일 경우는 의무적으로 알릴 필요는 없다.

④ (O) 채권자의 통지의무 규정 제3항을 보면 보증인의 청구가 있을 때 채권자는 보증인에게 주채무의 내용 등을 알려야 하고 제4조에 의하면 그 의무를 위반 시 보증인은 그로 인해 손해를 입은 한도에서 채무를 면한다고 서술되어 있다.

⑤ (O) 보증기간 규정을 보면 약정기간의 갱신은 계약체결 시의 보증기간으로 한다고 나와 있다.

**문 2** 정답 ① >> 논리퀴즈

수신신호 6자리 중에서 한자리만 0과 1이 뒤바뀌므로 오염된 수신신호를 수정해보면 다음과 같다.

010111 → 000111: 동

000001 → 000000: 북

111001 → 111000: 서

100000 → 000000: 북

동 - 북 - 서 - 북 순서로 이동한 경로를 표시한 것은 ①이다.

**문 3** 정답 ④ >> 수리추론

지원을 받기 위해서는 한 모임 당 6명 이상 9명 미만으로 구성되어야 하므로, 구성원 수가 5명인 A모임과 9명인 E모임을 제외한다.

B모임: 구성원 6 × 100천원(사전평가결과 중) → 기본 1500천원 + 추가 600천원 = 2,100천원

C모임: 구성원 8 × 120천원(사전평가결과 상) → 기본 1500천원 + 추가 960천원 + 30%(협업장려)
= 3,198천원

D모임: 구성원 7 × 100천원(사전평가결과 중) → 기본 2000천원(상품개발) + 추가 700천원
= 2700천원

따라서 두 번째로 많은 총 지원금을 받는 모임은 D이다.

**문 4** 정답 ② >> 정보의 이해 및 적용

ㄱ. (O) 일본은 디자인의 특허권적 보호방법을 취하는 국가이므로 A가 자신이 창작한 디자인을 일본에서 독점적, 배타적으로 보호받기 위해서는 일본 특허청에 디자인 등록을 하여야 한다.

ㄴ. (X) 노래는 '시각을 통하여 미감을 일으키는 것'이 아니므로 디자인에 해당하지 않는다. 따라서 B가 노래를 창작한 경우 그 노래는 우리나라 디자인보호법에 따라 보호받을 수 있다.

ㄷ. (O) 미국은 디자인의 특허권적 보호방법을 취하는 나라이므로 독자적으로 창작한 디자인을 창작한 경우라도 동일한 디자인이 특허청에 이미 등록되어 있다면 그 디자인을 임으로 사용할 수 없다. 따라서 C가 미국 특허청에 이미 등록된 D의 디자인과 동일한 디자인을 독자적으로 창작하였더라도 이를 미국에서 사용하면 D의 디자인권을 침해하는 것이 된다.

ㄹ. (X) 우리나라는 디자인의 특허권적 보호방법을 취하는 국가이므로 타인이 이미 등록한 디자인과 동일한 디자인을 특허청에 등록할 수 있다. 독일인 E가 고안한 디자인과 동일한 디자인이 우리나라 특허청에 이미 등록되어 있더라도 E의 창작성이 인정되면 우리나라 특허청에 등록할 수 있다.

문 5 정답 ①                                                                          ≫ 규정의 이해 및 적용

A대학 졸업에 필요한 학점은 120학점이다.

甲은 B전문대학에서 63학점을 취득하였고, 제◇◇조 제1항 제1호, 동조 제2항 제1호에 따라서 취득한 63학점이 전부 인정된다. 또한 군복무로 인한 휴학기간에 원격수업을 수강하여 총 6학점을 취득하였는데, 이는 제◇◇조 제1항 제3호, 동조 제2항 제3호에 의하여 6학점이 모두 인정되며, 복학한 이후 취득한 30학점과 미국 C대학에 교환학생으로 파견되어 취득한 12학점도 제◇◇조 제1항 제1호, 동조 제2항 제1호에 따라 전부 인정된다.

따라서 120 - 63 - 6 - 30 - 12 = 9학점이 추가로 필요한 학점이 된다.

실전 최적화

# PSAT

상황판단의 비결

# CHAPTER 03

# 선지분석방법론

# 선지분석방법론

## 1 선지의 구성 원리

### (1) 정선지 구성 원리 - 제시문의 표현과 일치하거나 의미가 같은 선지

제시문의 표현을 그대로 사용하기도 하지만, 제시문의 정보를 요약하거나 의미가 동일한 다른 표현으로 바꾸어 선지를 구성하는 경우가 더 많다. 정선지는 핵심 단어와 서술어의 비교를 통해 신속하게 정오를 판단하여야 한다. 예제를 통해 살펴보자.

예제 | 다음 글을 근거로 판단할 때 옳은 것은?                                13년 5급 공채

> (전략)
>
> 요컨대 벌집의 실질적인 운영은 일벌에 의하여 집단적으로 이루어진다. 일벌은 꽃가루와 꿀 그리고 입에서 나오는 로열젤리를 유충에게 먹여서 키운다. 일벌은 꽃가루를 모으고, 파수병의 역할을 하며, 벌집을 새로 만들거나 청소하는 등 다양한 역할을 수행한다. 일벌은 또한 새로운 여왕벌의 출현을 최대한 억제하는 역할도 수행한다. <u>여왕벌에서 '**여왕 물질**'이라는 선분비물이 나오고 여왕벌과 접촉하는 일벌은 이 물질을 더듬이에 묻혀 벌집 곳곳에 퍼뜨린다. 이 물질의 전달을 통해서 여왕벌의 건재함이 알려져서 **새로운 여왕벌을 키울 필요가 없다**</u>는 사실이 집단에게 알려지는 것이다.

① 사람이 꿀벌에 쏘였다면 그는 일벌이나 수벌에 쏘였을 것이다.
② 일벌은 암컷과 수컷으로 나누어지고 성별에 따라 역할이 나누어진다.
③ 수벌은 꿀벌 집단을 다른 집단으로부터 보호하는 파수병 역할을 한다.
④ 일벌이 낳은 알에서 부화된 유충이 로열젤리를 계속해서 먹으면 여왕벌이 된다.
⑤ 여왕 물질이라는 선분비물을 통하여 새로운 여왕벌의 출현이 억제된다.

'여왕물질의 전달을 통해서 새로운 여왕벌을 키울 필요가 없다는 사실이 집단에 알려진다.'는 것이 제시문의 내용이며, 5번 선지는 제시문의 단어와 유사한 표현을 사용하여 같은 의미로 구성된 정선지이다.

### (2) 오선지 구성 원리

오선지는 일정한 원리로 구성된다. 분류방식은 다양하나 필자는 크게 세 가지로 분류하였다. 오선지 구성 원리를 모르면 선지를 읽어도 무엇이 키워드인지 찾기 어려울 뿐 아니라, 어떤 부분을 제시문과 비교해야 하는지 정확하게 알기 어렵기 때문에, 자기의 감에 의존하여 문제를 풀고 함정에 빠질 확률도 높아진다. 오선지 구성 원리를 염두에 두고 선지를 분석하면 키워드를 탐색하고 제시문과 비교하여 문제를 해결하는데 많은 도움이 된다. 아래 오선지의 구성 원리와 그에 부합하는 예제를 함께 보면서 어떻게 선지 분석에 적용할 수 있을지 알아보자.

## 1) 제시문과 일치하지 않는 선지

- 단순 불일치: 주체, 대상, 기간, 수량 등의 정보를 제시문과 다르게 서술한 선지

예제 **다음 글을 근거로 판단할 때 옳은 것은?** 18년 5급 공채

> (전략)
>
> 그 뒤 산업혁명기에 발명된 고무타이어가 바퀴에 사용되면서 바퀴의 성능은 한층 개선되었다. 1885년 다임러와 벤츠가 최초로 가솔린 자동차를 발명했다. 자동차용 공기압 타이어는 그로부터 10년 후 프랑스의 미쉘린 형제에 의해 처음으로 개발되었다. 1931년 미국 듀퐁사가 개발한 합성고무가 재료로 사용되면서 타이어의 성능은 더욱 발전하고 종류도 다양해졌다.

② 19세기 초반부터 이미 자동차에 공기압 타이어가 사용되었다.
　→ 공기압 타이어는 19세기 후반인 1895년에 처음으로 개발되었다.

- 반대 서술: 제시문의 정보와 반대의 내용을 서술한 선지

예제 **다음 글을 근거로 판단할 때 옳은 것은?** 19년 5급 공채

> 제00조(연구실적평가)
>
> (중략)
>
> ③ 연구실적평가위원회는 위원장을 포함한 5명의 위원으로 구성한다. 위원장과 2명의 위원은 소속기관 내부 연구관 중에서, 위원 2명은 대학교수나 외부 연구기관, 단체의 연구관 중에서 연구실적 평가위원회를 구성할 때마다 임용권자가 임명하거나 위촉한다. 이 경우 위원중에는 대학교수인 위원이 1명 이상 포함되어야 한다.
>
> (후략)

④ 연구실적평가위원회 위원으로 위촉된 경력이 있는 사람을 새위촉하는 경우 별도의 위촉절차를 거치지 않아도 된다.
　→ 제3항 2문에 따르면 위원회를 구성할 때마다 위촉하여야 한다.

- 제시되지 않은 정보를 삽입한 선지: 제시문에 없는 정보를 삽입하여 그럴듯한 선지를 구성

예제 **다음 글을 근거로 판단할 때 옳지 않은 것은?** 17년 5급 공채

> (전략)
>
> @키는 1885년 미국에서 언더우드 타자기에 등장하였고, 20세기까지 자판에서 자리를 지키고 있었지만 사용빈도는 점차 줄어들었다. 그런데 1971년 미국의 한 프로그래머가 잊혀지다시피 하였던 @키를 살려낸다.
>
> (후략)

① 1960년대 말 @키는 타자기 자판에서 사라지면서 사용빈도가 점차 줄어들었다.
　→ 사용빈도가 줄어들긴 했지만, @키가 타자기 자판에서 사라졌다는 정보는 제시문에 없다.

## 2) 정보의 관계를 뒤바꾼 선지

- 잘못된 정보의 연결: 제시문에 나온 정보들로 선지를 구성하면 서로 무관함에도 혼동을 준다.

---

예제 **다음 글과 〈상황〉을 근거로 판단할 때 옳은 것은?**  15년 5급 공채

> 형사소송절차에서 화해는 형사사건의 심리 도중 피고인과 피해자 사이에 민사상 다툼에 관하여 합의가 성립한 경우, 신청에 의하여 그 합의내용을 공판조서에 기재하면 민사소송상 확정판결과 동일한 효력을 부여하는 제도이다. 예컨대 사기를 당한 피해자는 사기범이 형사처벌을 받더라도 사기로 인한 피해를 배상받으려면 그를 피고로 하여 민사소송절차를 밟아야 하는 것이 원칙이다. 이는 민사소송절차와 형사소송절차가 분리되어 있기 때문이다.
>
> (중략)
>
> 합의가 피고인의 피해자에 대한 금전 지급을 내용으로 하는 경우에는 피고인 외의 재(이하 '보증인'이라 한다.)가 피해자에 대하여 그 지급을 보증할 수 있다. 이때에는 위 신청과 함께 보증인은 그 취지를 공판조서에 기재하여 줄 것을 신청할 수 있다. 이와 같은 합의가 기재된 공판조서는 확정판결과 같은 효력이 있으므로, 피해자는 그 공판조서에 근거하여 강제집행을 할 수 있다.

④ 공판조서에 기재된 합의금에 대해 甲이 강제집행을 하기 위해서는 별도의 민사소송상 확정판결이 있어야 한다.

→ 합의가 기재된 공판조서는 민사소송상 확정판결과 동일한 효력이 있으므로 피해자는 별도로 민사소송을 거치지 않고 공판조서에 근거하여 강제집행 가능함에도, 첫 문단에서 제시된 원칙을 언급하며 무관한 정보를 관련이 있는 것처럼 연결한 오선지이다.

- 선후관계 변경

---

예제 **다음 글을 근거로 판단할 때 옳은 것은?**  18년 5급 공채

> 오늘날에는 매우 다양한 모양의 바퀴가 사용되고 있는데, 통나무를 잘라 만든 원판 모양의 나무바퀴는 기원전 5000년경부터 사용된 것으로 추정된다. 이후 나무바퀴는 세조각의 판자를 맞춘 형태로 진화했다. 현존하는 유물로는 기원전 3500년경에 제작된 것으로 추정되는 메소포타미아의 전차(戰車)용 나무바퀴가 가장 오래된 것이다.
>
> (중략)
>
> 바퀴가 수레에만 사용된 것은 아니다. 도자기를 만드는 데 사용하는 돌림판인 물레는 바퀴의 일종으로 우리나라에서는 4000년 전부터 사용했다. 메소포타미아에서도 바퀴는 그릇을 빚는 물레로 쓰였다.
>
> (후략)

① 바퀴를 처음 만들고 사용한 사람은 기원전 3500년경 메소포타미아인이다.

→ 바퀴가 사용된 것은 기원전 5000년경으로 추정되므로 선후관계를 바꾼 오선지이다.

⑤ 바퀴가 수레를 움직이는 것 외에 다른 용도로 사용되기 시작한 것은 산업혁명기 이후였다.

→ 우리나라와 메소포타미아에서 산업혁명 이전에 바퀴를 물레로 사용하였으므로 선후관계를 바꾼 오선지이다.

- 인과관계 변경

**예제** **다음 글을 근거로 판단할 때 옳지 않은 것은?**    18년 5급 공채

> (전략)
>
> 정도전의 정치사상에서 가장 인상적인 것은 정치권력의 사유화에 대한 강렬한 비판의식과 아울러 정치권력을 철저하게 공공성의 영역 안에 묶어두려는 의지이다. 또 그가 이를 위한 제도적 장치의 마련을 끊임없이 고민하였다는 사실도 확인되고 있다. 정도전은 정치공동체에서 나타나는 문제의 근저에 '자기 중심성'이 있고, 고려의 정치적 경험에서 <u>자기 중심성이 특히 '사욕(私慾)'의 정치로 나타났다</u>고 생각했다. 그리고 이로 인해 독선적인 정치와 폭정이 야기되었다고 보았다. 정도전은 이러한 고려의 정치를 소유 지향적 정치로 보았고, 이에 대한 대안으로 '공론'과 '공의'의 정치를 제시하였는데 이를 '문덕(文德)'의 정치라 불렀다.
>
> 공공성과 관련하여 고려와 조선의 국가 운영 차이를 가장 선명히 드러내는 것은 체계적인 법전의 유무이다. <u>고려의 경우는 각 행정부처들이 독자적인 관례나 규정에 따라서 통치</u>를 하였을 뿐, 일관되고 체계적인 법전을 갖추고 있지 못하였다. 그래서 조선의 건국 주체는 중앙집권적인 국가운영체제를 확립하기 위해서 법체계를 갖추려고 했다.
>
> (후략)

③ 고려시대에는 각 행정부처의 관례나 규정이 존재하지 않아 '사욕'의 정치가 나타났다.

→ 고려 정치공동체의 자기 중심성이 사욕의 정치의 원인이며, 관례나 규정의 존재 여부와는 무관하다. 또한 고려의 각 행정부처들은 독자적인 관례나 규정에 따라서 통치를 하였다.

위 선지는 무관한 정보를 연결하여 인과관계를 변경하였을 뿐 아니라, 반대서술을 통하여 오선지를 구성하였다.

- 대소/포함관계 변경

**예제** **다음 글을 근거로 판단할 때 옳지 않은 것은?**    20년 5급 공채

> (전략)
>
> 부채는 변동성이 크다는 단점이 지적되고 있다. 특히 은행 융자는 변동성이 큰 것으로 유명하다. 예컨대 <u>1998년 개발도상국에 대하여 이루어진 은행 융자 총액은 500억 달러였다.</u> 하지만 1998년 러시아와 브라질, 2002년 아르헨티나에서 일어난 일련의 금융 위기가 개발도상국을 강타하여 1999~2002년의 4개년 동안에는 은행 융자 총액이 연평균 −65억 달러가 되었다가, <u>2005년에는 670억 달러가 되었다.</u>
>
> (후략)

④ 개발도상국에 대한 2005년의 은행 융자 총액은 1998년의 수준을 회복하지 못하였다.

→ 1998년에는 500억 달러였고, 2005년에는 670억 달러였다. 대소관계를 변경한 오선지다.

## 3) 단정적 선지 - '모든, 모두, 항상' 등 단정적인 표현이 사용된 선지

예제 | **다음 규정에 근거할 때, 옳은 것은?** `12년 5급 공채`

---
(전략)

제00조(통합방위상태의 선포) ① 통합방위상태는 갑종사태, 을종사태 또는 병종사태로 구분하여 선포한다.

② 제1항의 사태에 해당하는 상황이 발생하면 다음 각 호의 구분에 따라 해당하는 사람은 즉시 국무총리를 거쳐 대통령에게 통합방위상태의 선포를 건의하여야 한다.

(중략)

2. 둘 이상의 시·도에 걸쳐 <u>병종사태에 해당하는 상황이 발생하였을 때</u>: 행정안전부장관 또는 국방부장관

(후략)
---

② 행정안전부장관은 <u>모든</u> 유형의 통합방위사태에 대하여 대통령에게 통합방위사태의 선포를 건의할 수 있다.

## 4) 연습문제 `아래 문제를 풀면서 오선지 구성원리를 파악해보자`

### 문 1. 다음 글을 근거로 판단할 때 옳은 것은? `16년 5급 공채`

---
○○시에서 택시기사 면허증을 취득하기 위해서는 약 2만 5천 개나 되는 도로와 수천 개의 주요 장소를 알고 있어야 한다. 이 모든 지식을 익히는 데에는 보통 3~4년의 교육기간이 소요된다. 그리고 여러 번의 시험을 합격해야만 면허증을 취득할 수 있다. 신경학자들은 교육을 받아 시험에 합격한 집단, 교육은 받았지만 시험에는 불합격한 집단, 교육을 받지 않은 집단을 대상으로 뇌 해마의 성장을 비교하였다. 그 결과 교육을 받아 시험에 합격한 집단만 해마의 회색질이 증가함을 확인하였다. 연령, 학력, 지능에 있어서는 세 집단 간에 두드러진 차이가 없었다. 한편 교육을 받은 집단간 비교에서 전체 교육 기간의 차이는 거의 없으나, 주당 교육 시간에는 차이가 현격했다. 시험에 합격한 사람들의 주당 교육 시간은 평균 34.5시간이었고, 시험에 불합격한 사람들의 경우에는 평균 16.7시간에 불과했다.

또 다른 실험에서는 참가자들을 두 그룹으로 나누어 아래의 단어 전체를 동시에 30초간 제시하였다.

> 던지다 - 망치 - 반짝이다 - 이순신 - 달리다 - 돌 - 생각하다 - 자동차 - 진드기 - 사랑하다 - 구름 - 마시다 - 보이다 - 책 - 불 - 뼈 - 먹다 - 유관순 - 바다 - 철

'그룹 1'은 명사와 동사를 구분하고, '그룹 2'는 명사와 동사를 구분하는 것뿐만 아니라 명사는 고유명사와 일반명사로 동사는 자동사와 타동사로 구분하도록 하였다. 다음날 모든 참가자에게 그들이 기억할 수 있는 단어를 모두 말하도록 한 결과, 상대적으로 복잡한 과제를 수행한 집단이 더 많은 단어를 기억하였다.
---

※ 해마: 대뇌 변연계의 양 쪽 측두엽에 존재하며 기억을 담당

① 교육 시간이 길어질수록 뇌 해마의 회색질이 감소할 것이다.

→

② 단어 기억 실험에서 '그룹 2'가 더 많은 단어를 기억했을 것이다.

→

③ 개인의 교육 수준보다 연령이 기억력에 미치는 영향이 더 클 것이다.

→

④ 선천적으로 기억력이 좋은 사람만 ○○시의 택시기사 면허시험에 통과하였을 것이다.

→

⑤ ○○시 택시기사 면허 시험에 합격한 집단의 전체 교육 기간 평균은 시험에 불합격한 집단의 평균 보다 두 배 가량 길었을 것이다.

→

## 정답 및 해설

문 1  **정답** ②                                                                                    **》》정보의 이해 및 적용**

① 첫 번째 문단에 따르면 교육 여부가 아닌 시험 합격 여부가 해마 회색질을 증가시켰다. 정보의 관계를 뒤바꾼 것으로 인과관계를 변경한 선지이다.

② 마지막 문단에 따르면 옳은 선지이다.

③ 첫 번째 문단에 따르면 연령에 따른 회색질 변화의 차이는 없다.

④ 첫 번째 문단에 따르면 지능에 따라 시험 통과나 회색질 변화의 차이는 없다.

⑤ 첫 번째 문단에 따르면 교육받은 집단 간 전체 교육기간의 차이는 거의 없다.

→ ③, ④, ⑤번 모두 제시문의 정보와 반대 내용을 서술한 선지이다.

## 문 2. 다음 글을 근거로 판단할 때 옳은 것은?

> 제00조 ① 농림축산식품부장관은 채소류 등 저장성이 없는 농산물의 가격안정을 위하여 필요하다고 인정할 때에는 생산자 또는 생산자단체로부터 농산물가격안정기금으로 해당 농산물을 수매할 수 있다. 다만 가격안정을 위하여 특히 필요하다고 인정할 때에는 도매시장에서 해당 농산물을 수매할 수 있다.
> ② 제1항에 따라 수매한 농산물은 판매 또는 수출하거나 사회복지단체에 기증하는 등 필요한 처분을 할 수 있다.
> ③ 농림축산식품부장관은 제1항과 제2항에 따른 수매 및 처분에 관한 업무를 농업협동조합중앙회·산림조합중앙회(이하 '농림협중앙회'라 한다) 또는 한국농수산식품유통 공사에 위탁할 수 있다.
> 제00조 ① 농림축산식품부장관은 농산물(쌀과 보리는 제외한다. 이하 이 조에서 같다)의 수급조절과 가격안정을 위하여 필요하다고 인정할 때에는 농산물가격안정기금으로 농산물을 비축하거나 농산물의 출하를 약정하는 생산자에게 그 대금의 일부를 미리 지급하여 출하를 조절할 수 있다.
> ② 제1항에 따른 비축용 농산물은 생산자 또는 생산자단체로부터 수매할 수 있다. 다만 가격안정을 위하여 특히 필요하다고 인정할 때에는 도매시장에서 수매하거나 수입할 수 있다.
> ③ 농림축산식품부장관은 제1항과 제2항에 따른 사업을 농림협중앙회 또는 한국농수산식품유통공사에 위탁할 수 있다.
> ④ 농림축산식품부장관은 제2항 단서에 따라 비축용 농산물을 수입하는 경우, 국제가격의 급격한 변동에 대비하여야 할 필요가 있다고 인정할 때에는 선물거래(先物去來)를 할 수 있다.

① 한국농수산식품유통공사는 가격안정을 위해 수매한 저장성이 없는 농산물을 외국에 수출할 수 없다.
→

② 채소류의 가격안정을 위해서 특히 필요하다고 인정되어 수매할 경우, 농림협중앙회는 소매시장에서 수매하여야 한다.
→

③ 농림협중앙회는 보리의 수급조절을 위하여 보리 생산자에게 대금의 일부를 미리 지급하여 출하를 조절할 수 있다.
→

④ 농림축산식품부장관은 개별 생산자로부터 비축용 농산물을 수매할 수 있다.
→

⑤ 농림축산식품부장관은 비축용 농산물 국제가격의 급격한 변동에 대비하여야 할 필요가 있다고 인정할 경우에도 선물거래를 할 수 없다.
→

문 2 **정답** ④ **》》규정의 이해 및 적용**

① 첫 번째 조 제1항, 제2항, 제3항에 따르면 한국농수산식품유통공사는 농림축산식품부장관에게 업무를 위탁받아 가격 안정을 위해 수매한 저장성 없는 농산물을 외국에 수출할 수 있다. 이는 제3항의 내용을 <u>반대로 서술한</u> 선지이다.

② 첫 번째 조 제1항에 따르면 소매시장이 아닌 도매시장에서 해당 농산물을 수매해야 한다. 이는 <u>단순불일치</u> 선지다.

③ 두 번째 조 제1항과 제3항에 따르면 농산물의 수급조절과 가격안정을 위하여 필요하다고 인정할 때에는 농산물 출하 를 약정하는 생산자에게 그 대금의 일부를 미리 지급하여 출하를 조절할 수 있다. 하지만 쌀과 보리는 두 번째 조 적용에서 제외된다. 이는 <u>포함관계 변경</u>에 해당되는 선지이다.

④ 옳다. 두 번째 조 제2항에 따르면 제1항에 따른 비축용 농산물은 생산자로부터 수매 가능하다.

⑤ 두 번째 조 제4항에 따르면 농림축산식품부장관은 제2항 단서에 따라 비축용 농산물을 수입하는 경우, 국제가격의 급격한 변동에 대비하여야 할 필요가 있다고 인정할 때에는 선물거래를 할 수 있다. <u>반대서술 선지</u>이다.

## 문 3. 다음 글과 〈상황〉을 근거로 판단할 때 옳은 것은?

19년 5급 공채

제00조(과세대상) 주권(株券)의 양도에 대해서는 이 법에 따라 증권거래세를 부과한다.

제00조(납세의무자) 주권을 양도하는 자는 납세의무를 진다. 다만 금융투자업자를 통하여 주권을 양도하는 경우에는 해당 금융투자업자가 증권거래세를 납부하여야 한다.

제00조(과세표준) 주권을 양도하는 경우에 증권거래세의 과세표준은 그 주권의 양도가액(주당 양도금액에 양도 주권수를 곱한 금액)이다.

제00조(세율) 주권의 양도에 대한 세율은 양도가액의 1천분의 5로 한다.

제00조(탄력세율) X 또는 Y증권시장에서 양도되는 주권에 대하여는 제00조(세율)의 규정에도 불구하고 다음의 세율에 의한다.

1. X증권시장: 양도가액의 1천분의 1.5
2. Y증권시장: 양도가액의 1천분의 3

─── 상 황 ───

투자자 甲은 금융투자업자 乙을 통해 다음 3건의 주권을 양도하였다.

- A회사의 주권 100주를 주당 15,000원에 양수하였다가 이를 주당 30,000원에 X증권시장에서 전량 양도하였다.
- B회사의 주권 200주를 주당 10,000원에 Y증권시장에서 양도하였다.
- C회사의 주권 200주를 X 및 Y증권시장을 통하지 않고 주당 50,000원에 양도하였다.

① 증권거래세는 甲이 직접 납부하여야 한다.

→

② 납부되어야 할 증권거래세액의 총합은 6만원 이하다.

→

③ 甲의 3건의 주권 양도는 모두 탄력세율을 적용받는다.

→

④ 甲의 A회사 주권 양도에 따른 증권거래세 과세표준은 150만원이다.

→

⑤ 甲이 乙을 통해 Y증권시장에서 C회사의 주권 200주 전량을 주당 50,000원에 양도할 수 있다면 증권거래세액은 2만원 감소한다.

→

문 3 **정답** ⑤ ≫규정의 이해 및 적용

〈상황〉을 먼저 분석하면, 甲은 금융투자업자 乙을 통해 주권을 양도하였으므로 두 번째 조에 따라 乙이 증권거래세를 납부하게 된다. 이 때 A회사 주권의 경우 X증권시장에서 양도하였으므로 다섯 번째 조 제1호에 따라 양도가액의 1천분의 1.5를 세율로 한다. B회사 주권의 경우 Y증권시장에서 양도하였으므로 다섯 번째 조 제2호에 따라 양도가액의 1천분의 3을 세율로 한다. C회사 주권의 경우에는 네 번째 조에 따라 양도가액의 1천분의 5의 세액이 부과된다. 따라서 각각의 주권 양도에 대하여 아래와 같은 증권거래세액이 부과된다.

A: 100 × 30000 ÷ 1000 × 1.5 = 4,500원
B: 200 × 10000 ÷ 1000 × 3 = 6,000원
C: 200 × 50000 ÷ 1000 × 5 = 50,000원

① 두 번째 조 단서와 〈상황〉에 따르면 증권거래세는 금융투자업자인 乙이 납부한다. 잘못된 정보의 연결로 구성된 오선지이다.
② 〈상황〉에 따르면 증권거래세의 총합은 4,500 + 6,000 + 50,000 = 60,500원이므로 60,000원 초과이다. 대소관계를 변경한 선지이다.
③ 〈상황〉에 따르면 C회사 주권의 양도에 대하여는 네 번째 조에 따라 일반세율이 적용된다. '모두'라는 단정적 표현이 사용된 오선지이다.
④ 세 번째 조와 〈상황〉에 따르면 A회사 주권 양도에 대한 과세표준은 300만원이다. 150만원은 양도가액이 아닌 양수금액을 기준으로 계산한 것으로 잘못된 정보를 연결한 선지이다.
⑤ 다섯 번째 조 제2호에 따르면 옳은 선지이다.

## ② 선지 분석 - 키워드 탐색과 합리적 예단

### (1) 선지분석의 중요성

필자는 문제를 푸는 방법에 대하여 설명할 때, 항상 〈보기〉와 〈상황〉 그리고 '선지'를 먼저 분석한 후 제시문으로 올라가라고 말한다. 상황판단은 제시문에서 필요한 정보와 필요 없는 정보를 빠르게 분류하고 필요한 것만을 적용하여 시간 내에 정답을 구할 수 있는지를 평가하는 시험이기 때문이다. 선지를 분석하면서 어떤 정보가 어떻게 사용될지 감을 잡으면, 제시문에서 필요 없어 보이는 부분은 슬쩍 훑어보고, 중요한 부분에 집중하면서 효율적으로 문제를 풀 수 있으며, 제시문을 읽기도 전에 오선지를 찾을 수도 있다.

선지 분석의 핵심 첫 번째는 키워드 탐색이다. 선지를 보면서 제시문에서 집중해야할 주체와 대상이 무엇인지 파악하면 독해 시간이 단축된다. 두 번째는 합리적 예단이다. 오선지의 구성 원리 및 상식과 경험칙을 기준으로 오답의 느낌이 오는 선지는 미리 마음속에서 지워나가는 것이다. 소위 'PSAT형 사고'를 하는 사람들은 두 가지를 습관적으로 하고 있는 경우가 많다. 선지를 먼저 보고 제시문으로 올라가는 순서가 중요한 것이 아니라, 선지를 먼저 보면서 '무엇'을 할지가 중요하므로 꾸준한 연습을 통해 체화하도록 하자.

### (2) 키워드 탐색

#### 1) 개념

선지분석에서 선행되어야 하는 것은 문제 해결에 필요한 '키워드'를 찾는 것이다. 선지에서 핵심이 되는 단어를 찾고, 키워드 중심으로 제시문을 분석해야 문제를 빠르고 정확하게 풀어낼 수 있기 때문이다. 그저 선지를 먼저 읽고 제시문을 읽는 순서가 중요한 것이 아니다. 아래의 예시를 통해 키워드 탐색을 익혀보자.

#### 2) 키워드 탐색의 예시

예제 | **다음 글을 근거로 판단할 때 옳은 것은?**          20년 5급 공채

> 제00조 ① **청원경찰**이란 기관의 장 또는 시설·사업장 등의 경영자(이하 '기관의 장 등'이라 한다)가 경비를 부담할 것을 조건으로 경찰의 배치를 신청하는 경우 그 기관·시설·사업장 등의 경비를 담당하게 하기 위하여 배치하는 경찰을 말한다.
> ② 청원경찰을 배치 받으려는 기관의 장 등은 관할 지방 경찰청장에게 청원경찰 배치를 신청하여야 한다.
> ③ 지방경찰청장은 제2항의 청원경찰 배치신청을 받으면 지체 없이 그 배치 여부를 결정하여야 한다.
> ④ 지방경찰청장은 청원경찰 배치가 필요한 경우 관할 구역에 소재하는 기관의 장 등에게 청원경찰을 배치할 것을 요청할 수 있다.
> 제00조 ① 청원경찰은 청원경찰의 배치결정을 받은 자[이하 '청원주'(請願主)라 한다]와 배치된 기관·시설·사업장의 구역을 관할하는 경찰서장의 감독을 받아 그 경비구역만의 경비를 목적으로 필요한 범위에서 경찰관 직무집행법에 따른 경찰관의 직무를 수행한다.
> ② 청원경찰은 제1항에도 불구하고 수사활동 등 사법경찰관리(司法警察官吏)의 직무를 수행해서는 아니 된다.

제00조 ① 청원경찰은 청원주가 임용하되, 임용을 할 때에는 미리 관할 지방경찰청장의 승인을 받아야 한다.
② 국가공무원법 의 결격사유에 해당하는 사람은 청원경찰로 임용될 수 없다.
③ 청원경찰의 임용자격·임용방법·교육 및 보수에 관하여는 대통령령으로 정한다.
제00조 청원주가 청원경찰이 휴대할 무기를 대여 받으려는 경우에는 관할 경찰서장을 거쳐 지방경찰청장에게 무기대여를 신청하여야 한다.

① 청원경찰의 임용승인과 직무감독의 권한은 관할 경찰서장에게 있다.
② 청원경찰은 관할 지방경찰청장의 요청뿐만 아니라 배치 받으려는 기관의 장 등의 신청에 의해서도 배치될 수 있다.
③ 청원경찰의 임용자격 및 임용방법은 국가공무원법에 따르며, 청원경찰의 결격사유는 대통령령으로 정한다.
④ 청원경찰은 배치된 사업장의 경비를 목적으로 필요한 범위에서 수사활동 등 사법경찰관리의 직무를 수행할 수 있다.
⑤ 청원경찰은 직무수행에 필요한 경우 직접 관할 지방경찰청장에게 무기대여를 신청하여야 한다.

주제어가 '청원경찰' 임을 파악했으면, 바로 선지로 내려가 키워드를 분석한다. 무엇을 물어보는지 모른 채 제시문을 읽고 선지를 보게 되면, 다시 제시문을 읽어야 하므로 시간낭비다. 함께 선지에서 키워드를 탐색해보자.

① 청원경찰의 **임용승인**과 **직무감독의 권한**은 **관할 경찰서장**에게 있다.
→ 위 권한이 '관할 경찰서장'에게 있는지 문제된다. '권한의 주체'가 키워드임을 알 수 있다.

② 청원경찰은 **관할 지방경찰청장의 요청**뿐만 아니라 **배치 받으려는 기관의 장 등의 신청**에 의해서도 **배치**될 수 있다.
→ '배치'가 키워드로 제시문에서 '배치 요청'과 '배치 신청'을 포함한 조문을 유심히 보아야 함을 파악할 수 있다.

③ 청원경찰의 **임용자격 및 임용방법은 국가공무원법**에 따르며, 청원경찰의 **결격사유는 대통령령**으로 정한다.
→ '임용-국가공무원법'과 '결격사유-대통령령'이 올바른 연결인지 파악하는 것이 핵심이다.

④ 청원경찰은 배치된 사업장의 경비를 목적으로 필요한 범위에서 수사활동 등 **사법경찰관리의 직무**를 수행할 수 있다.
→ '사법경찰관리의 직무'가 키워드로 청원경찰이 사법경찰관리 직무 수행이 가능한지를 본다.

⑤ **청원경찰**은 직무수행에 필요한 경우 **직접** 관할 지방경찰청장에게 **무기대여를 신청**하여야 한다.
→ '무기대여 신청'이 키워드로 무기대여 신청에 필요한 경우와 신청권자를 파악해야 한다.

위와 같이 키워드 탐색이 끝나면 제시문으로 올라가서 키워드 위주로 제시문을 분석하고 바로 정오 판단을 하면 된다. 아래에 표시된 키워드 위주로 제시문을 분석하고 문제를 풀어보자.

---

제00조 ① **청원경찰**이란 기관의 장 또는 시설·사업장 등의 경영자(이하 '기관의 장 등'이라 한다)가 경비를 부담할 것을 조건으로 경찰의 배치를 신청하는 경우 그 기관·시설·사업장 등의 경비를 담당하게 하기 위하여 배치하는 경찰을 말한다.
② 청원경찰을 **배치 받으려는 기관의 장** 등은 관할 지방 경찰청장에게 청원경찰 **배치를 신청**하여야 한다.
③ 지방경찰청장은 제2항의 청원경찰 배치신청을 받으면 지체 없이 그 배치 여부를 결정하여야 한다.
④ **지방경찰청장은 청원경찰 배치**가 필요한 경우 관할 구역에 소재하는 기관의 장 등에게 청원경찰을 배치할 것을 **요청**할 수 있다.
제00조 ① 청원경찰은 청원경찰의 배치결정을 받은 자[이하 '청원주'(請願主)라 한다]와 배치된 기관·시설·사업장의 **구역을 관할하는 경찰서장의 감독**을 받아 그 경비구역만의 경비를 목적으로 필요한 범위에서 경찰관 직무집행법에 따른 경찰관의 **직무를** 수행한다.
② **청원경찰**은 제1항에도 불구하고 수사활동 등 **사법경찰관리(司法警察官吏)의 직무를 수행해서는 아니 된다.**
제00조 ① 청원경찰은 청원주가 임용하되, **임용**을 할 때에는 미리 **관할 지방경찰청장의 승인**을 받아야 한다.
② **「국가공무원법」의 결격사유**에 해당하는 사람은 청원경찰로 임용될 수 없다.
③ 청원경찰의 **임용자격·임용방법·교육 및 보수에 관하여는 **대통령령**으로 정한다.
제00조 **청원주가** 청원경찰이 휴대할 무기를 대여 받으려는 경우에는 **관할 경찰서장을 거쳐 지방경찰청장에게 무기대여를 신청**하여야 한다.

① 청원경찰의 **임용승인**과 **직무감독의 권한**은 관할 경찰서장에게 있다.
→ 두 번째 조 제1항, 세 번째 조 제1항에 따르면 직무수행은 관할 경찰서장의 감독을 받고, 임용은 관할 지방경찰청장의 승인을 받는다.

② 청원경찰은 **관할 지방경찰청장의 요청**뿐만 아니라 **배치 받으려는 기관의 장 등의 신청**에 의해서도 **배치**될 수 있다.
→ 첫 번째 조 제2항, 제4항에 따르면 옳은 선지다.

③ 청원경찰의 **임용자격 및 임용방법은 국가공무원법**에 따르며, 청원경찰의 **결격사유는 대통령령**으로 정한다.
→ 세 번째 조 제2항, 제3항에 따르면 결격사유-국가공무원법, 임용자격 및 임용방법-대통령령

④ 청원경찰은 배치된 사업장의 경비를 목적으로 필요한 범위에서 수사활동 등 **사법경찰관리의 직무**를 수행할 수 있다.
→ 두 번째 조 제2항에 따르면 청원경찰은 사법경찰관리의 직무는 수행할 수 없다.

⑤ **청원경찰**은 직무수행에 필요한 경우 **직접** 관할 지방경찰청장에게 **무기대여를 신청**하여야 한다.
→ 네 번째 조에 따르면 청원경찰이 아닌 청원주가 무기대여를 신청해야 한다.

정답 ②

위 풀이과정에서 볼 수 있듯 먼저 키워드 탐색을 하고 제시문을 분석하면 제시문을 다 읽지 않더라도 충분히 문제를 해결할 수 있다. 빠른 시간 내에 키워드를 파악하고 제시문을 효율적으로 분석할 수 있도록 키워드 탐색을 꾸준히 연습하도록 하자.

## 3) 연습문제 - 다음 규정을 근거로 판단할 때 옳은 것은?

제00조 중앙선거관리위원회는 비례대표 국회의원 선거에서 유효투표 총수의 100분의 3 이상을 득표하였거나 지역구 국회의원 총선거에서 5석 이상의 의석을 차지한 각 정당에 대하여 당해 의석할당정당이 비례대표 국회의원 선거에서 얻은 득표비율에 따라 비례대표 국회의원 의석을 배분한다.

제00조 정당이 다음 각 호의 어느 하나에 해당하는 때에는 당해 선거관리위원회는 그 등록을 취소한다.

1. 최근 4년간 임기만료에 의한 국회의원 선거 또는 임기만료에 의한 지방자지단체의 장(長) 선거나 시・도 의회 의원 선거에 참여하지 아니한 때

2. 임기만료에 의한 국회의원 선거에 참여하여 의석을 얻지 못하고 유효투표 총수의 100분의 2 이상을 득표하지 못한 때

제00조 ① 의원이 의장으로 당선된 때에는 당선된 때에는 당선된 다음 날부터 그 직에 있는 동안은 당적을 가질 수 없다. 다만 국회의원 총선거에 있어서 공직선거법에 의한 정당추천후보자로 추천을 받고자 하는 경우에는 의원 임기만료일 전 90일부터 당적을 가질 수 있다.

② 제1항 본문의 규정에 의하여 당적을 이탈한 의장이 그 임기를 만료한 한 때에는 당적을 이탈할 당시의 소속 정당으로 복귀한다.

제00조 비례대표 국회의원 또는 비례대표 지방의회의원이 소속정당의 합당・해산 또는 제명 외의 사유로 당적을 이탈・변경하거나 2 이상의 당적을 가지고 있는 때에는 퇴직한다. 다만 비례대표 국회의원이 국회의장으로 당선되어 당적을 이탈한 경우에는 그러하지 아니하다.

① 비례대표 국회의원 甲은 국민들의 여론에 따라 소속 정당을 탈당하고 신생정당으로 옮겨 국회의원으로서의 활동을 계속 하고 있다.

② A정당은 지난달 비례대표 국회의원 선거에서 유효투표 총수의 2%를 득표하고 지역구 국회의원 총선거에서 4석을 차지하여 정당등록이 취소되었다.

③ 비례대표 국회의원 乙은 자신이 속한 정당의 당론과 반대되는 의견을 제시한다는 이유로 소속정당으로부터 제명되었으나 국회의원직을 계속 유지하고 있다.

④ 국회의장은 당적을 보유할 수 없고 비례대표 국회의원은 당적이 변경되면 퇴직하여야 하기 때문에 비례대표 국회의원 丙은 국회의장으로 당선될 수 없다.

⑤ B정당은 비례대표 국회의원 선거에서 유표투표 총수의 3%를 획득하였으나 지역구 국회의원 선거에서 의석을 4석밖에 차지하지 못하였기 때문에 비례대표 국회의원 의석을 배분받지 못하였다.

## 정답 및 해설

**연습문제** 정답 ③　　　　　　　　　　　　　　　　　　　　　　　　　　　　**≫ 규정의 이해 및 적용**

> 제00조 중앙선거관리위원회는 비례대표 국회의원 선거에서 유효투표 총수의 100분의 3 이상~
> → 비례대표 국회의원 선거에 관련된 제시문임을 파악하고 선지 분석(키워드 탐색)으로 넘어간다.

① 비례대표 국회의원 甲은 국민들의 여론에 따라 소속 정당을 탈당하고 신생정당으로 옮겨 국회의원으로서의 활동을 계속 하고 있다.

② A정당은 지난달 비례대표 국회의원 선거에서 유효투표 총수의 2%를 득표하고 지역구 국회의원 총선거에서 4석을 차지하여 정당등록이 취소되었다.

③ 비례대표 국회의원 乙은 자신이 속한 정당의 당론과 반대되는 의견을 제시한다는 이유로 소속정당으로부터 제명되었으나 국회의원직을 계속 유지하고 있다.

④ 국회의장은 당적을 보유할 수 없고 비례대표 국회의원은 당적이 변경되면 퇴직하여야 하기 때문에 비례대표 국회의원 丙은 국회의장으로 당선될 수 없다.

⑤ B정당은 비례대표 국회의원 선거에서 유표투표 총수의 3%를 획득하였으나 지역구 국회의원 선거에서 의석을 4석밖에 차지하지 못하였기 때문에 비례대표 국회의원 의석을 배분받지 못하였다.

> 제00조 중앙선거관리위원회는 비례대표 국회의원 선거에서 유효투표 총수의 100분의 3 이상을 득표하였거나 **지역구 국회의원 총선거에서 5석 이상의 의석을 차지한** 각 정당에 대하여 당해 의석할당정당이 비례대표 국회의원 선거에서 얻은 득표비율에 따라 비례대표 국회의원 의석을 배분한다.
> 제00조 정당이 다음 각 호의 어느 하나에 해당하는 때에는 당해 선거관리위원회는 그 등록을 취소한다.
> 1. ~
> 2. 임기만료에 의한 국회의원 선거에 참여하여 의석을 얻지 못하고 유효투표 총수의 100분의 2 이상을 득표하지 못한 때
> 제00조 ① 의원이 의장으로 당선된 때에는 당선된 때에는 당선된 다음 날부터 그 직에 있는 동안은 당적을 가질 수 없다. 다만~
> 제00조 비례대표 국회의원 또는 비례대표 지방의회의원이 소속정당의 합당·해산 또는 제명 외의 사유로 당적을 이탈·변경하거나 2 이상의 당적을 가지고 있는 때에는 퇴직한다. 다만 비례대표 국회의원이 국회의장으로 당선되어 당적을 이탈한 경우에는 그러하지 아니하다.

① 옳지 않다. 네 번째 조에 따르면 비례대표 국회의원이 소속 정당의 합당, 해산, 제명 외의 사유로 당적을 이탈 변경 시 퇴직한다고 규정되어 있으므로 국민여론에 따라 탈당한 甲은 퇴직된다.

② 옳지 않다. 두 번째 조 제2호에 따르면 지난달 비례대표 국회의원 선거에서 유효투표 총수 2%를 득표한 A정당은 정당등록이 취소되지 않는다.

③ 옳은 지문이다. 네 번째 조에 따르면 제명은 퇴직 사유에서 제외되므로, 소속정당으로부터 제명된 乙은 국회의원직을 계속 유지한다.

④ 옳지 않다. 세 번째 조에 따르면 국회의장 당선 시 당적을 가질 수 없으나, 네 번째 조에서 비례대표 국회의원이 국회의장으로 당선되어 당적 이탈 시 퇴직되지 않는다는 예외규정을 두고 있다. 따라서 비례대표 국회의원 丙은 국회의장으로 당선될 수 있다.

⑤ 옳지 않다. 첫 번째 조에 따르면 비례대표 국회의원 선거에서 3% 이상 득표하거나, 지역구 국회의원 선거에서 5석 이상을 차지하나 정당은 비례대표 국회의원 의석을 배분 받을 수 있으므로, 비례대표 국회의원 선거에서 유표투표 총수의 3%를 획득한 B정당은 비례대표 국회의원 의석을 배분받을 수 있다.

## (3) 합리적 예단

### 1) 개념

선지 분석을 하다보면 제시문을 보지 않더라도 오선지가 판단되거나, 반대로 정선지가 판단되는 경우가 있다. 이를 필자는 '합리적 예단'이라고 한다. 시간 활용이 중요한 상황판단 시험에서 합리적 예단을 적극적으로 활용하면 오선지를 소거한 상태에서 제시문 분석에 들어갈 수 있으므로 문제를 푸는 시간을 단축할 수 있을 뿐 아니라, 오답률도 상당히 줄일 수 있다.

합리적 예단은 앞에서 살펴본 오선지의 구성 원리와 상식과 경험칙을 통하여 가능하다. 5개의 선지 중 보통 1~2개 선지에 대하여 예단을 내릴 수 있고, 예단을 내린 선지를 우선적으로 제시문과 비교하여 확인하는 방식으로 문제를 빠르게 해결하는 것도 가능하다. 아래의 예시를 통해 합리적 예단을 내리는 방식을 알아보자.

### 2) 합리적 예단의 예시1 – 오선지의 구성 원리를 적용한 예단

앞서 설명했던 오선지 구성 원리를 합리적 예단에 적용할 수 있다. 단순 불일치, 반대 서술, 제시되지 않은 정보의 삽입, 잘못된 정보의 연결, 선후관계 변경, 인과관계 변경, 대소/포함관계 변경, 단정적 선지의 형태를 선지에서 발견하면 어떤 부분을 제시문과 다르게 변경하였을지 혹은 어떻게 구성된 오선지일지 예측해보고 그 부분을 제시문과 비교해보면 문제해결이 수월해진다. 예제의 제시문을 읽기 전에 먼저 선지의 정오 판단을 한 후, 제시문과 비교하며 문제를 풀어보자.

예제 | **다음 제시문을 통하여 알 수 있는 내용으로 가장 적절한 것은?**   06년 행정고시

① D유형 하에서는 공동체 전체의 목적을 추구하기 어렵다.
② B유형과 D유형 하에서는 아래로부터의 정책형성과정이나 정치참여가 어렵다.
③ C유형 하에서는 지방자치단체가 지역유지들과 사적인 교환관계를 형성할 수 있다.
④ A유형 하에서는 지방자치단체와 시민사회가 개별적 네트워크를 통하여 정책을 집행하게 된다.
⑤ B유형 하에서는 지방자치단체의 네트워크가 활성화되어 있어 지역주민의 반대에도 불구하고 정책을 과감하게 밀어붙일 수 있다.

> 지방자치단체의 혁신역량은 지방자치단체의 행정역량과 시민사회역량 간의 관계를 기준으로 해서 4가지로 유형화될 수 있다. A유형은 행정역량은 높으나 시민사회역량은 낮은 유형이다. 여기서는 위로부터의 강제나 명령에 의한 정책결정과 집행은 잘 이루어지나 아래로부터의 정책형성과정이나 정치참여는 원활하게 이루어지지 않는다. B유형은 A유형과는 반대되는 경우로서 지방자치단체의 행정역량은 낮으나 시민사회역량은 높은 유형이다. 이러한 지방자치단체는 공동체 전체의 집합적 목적을 추구하기 보다는 사회세력의 이익을 정책에 그대로 반영하는 수동적 행위자로 활동한다. C유형은 행정역량과 시민사회역량이 모두 미약하여 시민사회가 소수의 이익집단에 장악되어 있기 때문에 경쟁하는 자발적 집단을 형성하지 못한다. 또 지방자치단체는 정책을 시민사회에 전달할 수 있는 공식채널을 가지고 있지 못한다. D유형은 행정역량과 시민사회역량이 모두 높아서 지방자치단체가 지역주민들과 제도화된 협력관계를 통해 정책을 집행하게 된다.

제시문을 전혀 보지 않은 채 선지의 정오를 판단하는 것은 어려운 일이다. 그러나 합리적 예단은 정답을 찾는 과정이므로 문제 해결을 위한 대략적인 밑그림을 그리는 작업 정도로 생각하면 좋겠다. 따라서 판단이 되지 않는 선지는 ?로 남겨두고, 오선지로 의심이 되면 △표시, 오선지라고 예단할 수 있는 것은 ×표시를 하고 제시문 분석으로 넘어가면 된다. 아래 설명을 통해 합리적 예단을 하는 과정을 살펴보자.

① D유형 하에서는 공동체 전체의 목적을 추구하기 어렵다.
→ 이런 선지는 합리적 예단을 할 수 없다. D유형이 **공동체 전체의 목적 추구에 부적합한지는** 제시문과 비교해보아야 한다. ( ? )

② B유형과 D유형 하에서는 아래로부터의 정책형성과정이나 정치참여가 어렵다.
→ B유형과 D유형이 **아래로부터의 참여가 어렵다는 공통점**이 있는지 제시문에서 찾아야 한다. 정오를 확실히 판단할 수는 없지만, 유형간 **공통점의 내용을 반대로 서술**하거나 **인과관계를 바꾼 오선지**가 아닐지 의심해 볼 수 있다. ( △ )

③ C유형 하에서는 지방자치단체가 지역유지들과 사적인 교환관계를 형성할 수 있다.
→ C유형에서 **지자체와 유지들이 사적 관계를 형성**할 수 있는지 제시문을 보아야 한다. ( ? )

④ A유형 하에서는 지방자치단체와 시민사회가 개별적 네트워크를 통하여 정책을 집행하게 된다.
→ A유형의 **정책 집행 방식이 개별적 네트워크를 통한 방식**인지 제시문과 비교해야 한다. ( ? )

⑤ B유형 하에서는 지방자치단체의 네트워크가 활성화되어 있어 지역주민의 반대에도 불구하고 정책을 과감하게 밀어붙일 수 있다.
→ 결론만을 이야기하여 정오 판단에 제시문과의 비교가 필요한 ①, ③, ④번과 다르게, ⑤번은 **과감한 정책 추진의 원인으로 지방자치단체의 네트워크 활성화**를 들고 있다. 제시문에 **제시되지 않은 정보(원인)을 삽입한 오선지**이거나, **인과관계를 바꾼 오선지**, 또는 **제시문과 반대내용을 서술한 오선지**가 아닐까 의심해 볼 수 있다. ( △ )

합리적 예단을 통해 ②, ⑤번에 대한 판단을 했다면, 제시문에서 무엇을 보아야 할지 명확해졌다. 선지에는 B유형이 두 번 등장했는데, 모두 우리가 합리적 예단의 대상으로 삼았던 ②, ⑤ 선지에 등장하였다. 그렇다면 제시문에서 B유형을 먼저 읽어봄으로써 선지 2개를 신속하게 판단할 수 있다.

지방자치단체의 혁신역량은 지방자치단체의 행정역량과 시민사회역량 간의 관계를 기준으로 해서 4가지로 유형화될 수 있다. A유형은 행정역량은 높으나 시민사회역량은 낮은 유형이다. 여기서는 위로부터의 강제나 명령에 의한 정책결정과 집행은 잘 이루어지나 아래로부터의 정책형성과정이나 정치참여는 원활하게 이루어지지 않는다. B유형은 A유형과는 반대되는 경우로서 지방자치단체의 행정역량은 낮으나 시민사회역량은 높은 유형이다. 이러한 지방자치단체는 공동체 전체의 집합적 목적을 추구하기 보다는 사회세력의 이익을 정책에 그대로 반영하는 수동적 행위자로 활동한다. C유형은 행정역량과 시민사회역량이 모두 미약하여 시민사회가 소수의 이익집단에 장악되어 있기 때문에 경쟁하는 자발적 집단을 형성하지 못한다. 또 지방자치단체는 정책을 시민사회에 전달할 수 있는 공식채널을 가지고 있지 못한다. D유형은 행정역량과 시민사회역량이 모두 높아서 지방자치단체가 지역주민들과 제도화된 협력관계를 통해 정책을 집행하게 된다.

B유형은 지자체의 행정역량이 낮고, 시민사회역량은 높다. 따라서 사회세력의 이익을 정책에 그대로 반영하는 수동적인 유형이다. A유형과 반대된다고 하였으므로 A유형을 보면, 행정역량이 높고 시민사회역량이 낮은 유형으로 위로부터의 정책 집행이 원활하고 아래로부터의 정책형성이나 정치참여가 어렵다. 따라서 B유형은 아래로부터의 참여가 활발하다는 것을 알 수 있다. 그렇다면 ②번은 오답이 된다.

자세히 설명하자면, ②번에서 B유형과 D유형의 공통점을 언급하였는데, 제시문에서 살펴보니 둘 다 시민사회역량이 높다는 것이 공통점이다. 그렇다면 두 유형 모두 아래로부터의 정책형성이나 정치참여가 활발하므로 ②번은 제시문의 내용과 반대로 서술한 오선지가 되겠다.

⑤번은 B유형이 지방자치단체의 네트워크 활성화로 주민 반대와 상관없이 정책을 강행할 수 있다고 되어 있는데, B유형은 지자체의 행정역량이 낮고(= 지자체의 네트워크가 활성화 되어있지 않음) 시민사회역량이 높아서 사회세력의 이익을 그대로 정책에 반영하는 수동적인 유형이므로 제시문과 반대의 내용을 서술하고 있는 오선지이다.

우리가 의심했던 두 개 선지는 오답으로 판단된 것을 볼 수 있다. 나머지 선지들을 마저 살펴보면, D유형은 앞서 보았듯 행정역량과 시민사회 역량이 모두 높으므로 지자체와 주민들 간 협력을 통한 정책집행을 한다. 따라서 D유형이 공동체 전체의 목적을 추구하기 어렵다는 ①은 제시문과 내용을 반대로 서술한 오선지이다. ②, ⑤의 정오를 판단하면서 A유형의 특징을 살펴보았으므로 ④를 먼저 보자, A유형은 지방자치단체 역량은 높아서 지자체의 네크워크는 형성될 수 있을지 몰라도, 시민사회역량은 낮아서 아래로부터의 정책 형성이나 정치 참여나 원활하지 않다고 하였으므로, 개별적 네트워크 형성에 어려움을 겪을 것이다. 따라서 ④는 제시문과 반대내용을 서술하고 있는 오선지다.

여기까지 판단하고 나면, 더 이상 제시문을 읽을 필요도 없이 ③번이 답임을 알 수 있다. 이렇게 선지 분석과 합리적 예단을 통하여 제시문을 처음부터 끝까지 다 읽지 않고도 문제해결이 가능하다.

## 3) 합리적 예단의 예시2 – 상식과 경험칙에 기반을 둔 예단

오선지의 구성 원리 이외에도 상식과 경험칙에 기반을 둔 합리적 예단을 할 수 있다. 상황판단에 출제되는 문제들은 일반적으로 기존에 존재하는 법조문이나 학술문헌 등에 기반을 두기 때문에 대개 논리적으로 매끄럽게 연결이 되며 상식에 부합하는 내용으로 구성된다. 따라서 상식과 경험칙에 비추어 볼 때 어색한 선지는 오선지라고 예단해볼 수 있겠다. 아래 예제도 선지 먼저 분석하고 제시문으로 넘어가는 순서로 해결해보자.

예제 │ **다음 글을 근거로 판단할 때 옳은 것은?**　　　　　　　　　　　　　　　　18년 5급 공채

① 사유림인 산지 180만m²에 대해 산지전용허가를 받으려는 甲은 신청서를 산림청장에게 제출해야 한다.
② 공유림인 산지 250만m²에 대해 산지전용허가를 받으려는 乙은 신청서를 시·도지사에게 제출해야 한다.
③ 산지전용허가를 신청하는 丙은 토지등기사항증명서를 첨부하면 사업계획서를 제출하지 않아도 된다.
④ 산림청장 소관의 국유림 50만m²에 대해 산지전용허가를 받으려는 丁은 산림조사서를 산림청장에게 제출해야 한다.
⑤ 산지전용허가를 받으려는 戊가 해당 산지에 대하여 허가신청일 1년 전에 완료된 산지전용타당성조사 결과서를 제출한 경우, '산림청장 등'은 현지조사를 않고 심사할 수 있다.

---

제00조 ① 산지전용허가를 받으려는 자는 신청서를 다음 각 호의 구분에 따른 자(이하 '산림청장 등'이라 한다)에게 제출하여야 한다.
1. 산지전용허가를 받으려는 산지의 면적이 200만㎡ 이상인 경우: 산림청장
2. 산지전용허가를 받으려는 산지의 면적이 50만㎡ 이상 200만㎡ 미만인 경우
　　가. 산림청장 소관인 국유림의 산지인 경우: 산림청장
　　나. 산림청장 소관이 아닌 국유림, 공유림 또는 사유림의 산지인 경우: 시·도지사
3. 산지전용허가를 받으려는 산지의 면적이 50만㎡ 미만인 경우
　　가. 산림청장 소관인 국유림의 산지인 경우: 산림청장
　　나. 산림청장 소관이 아닌 국유림, 공유림 또는 사유림의 산지인 경우: 시장·군수·구청장
② 산림청장 등은 제1항에 따라 산지전용허가 신청을 받은 때에는 허가대상 산지에 대하여 현지조사를 실시하여야 한다. 다만 산지전용타당성조사를 받은 경우에는 현지조사를 않고 심사할 수 있다.
③ 제1항의 신청서에는 다음 각 호의 서류를 첨부하여야 한다.
　1. 사업계획서(산지전용의 목적, 사업기간 등이 포함되어야 한다) 1부
　2. 허가신청일 전 2년 이내에 완료된 산지전용타당성조사 결과서 1부(해당자에 한한다)
　3. 산지전용을 하고자 하는 산지의 소유권 또는 사용·수익권을 증명할 수 있는 서류 1부
　　(토지등기사항증명서로 확인할 수 없는 경우에 한정한다)
　4. 산림조사서 1부, 다만 전용하려는 산지의 면적이 65만㎡ 미만인 경우에는 제외한다.

---

오선지 구성 원리의 적용보다 낯설고 어색할 수 있지만, 합리적 예단은 시간 절약과 정답률 향상에 반드시 필요하며 상식과 경험칙에 기반을 둔 예단은 합리적 예단의 핵심이므로 꾸준한 연습을 통해 익숙해져야 한다. 상식과 경험칙을 어떻게 적용하는지 알아보자.

① 사유림인 산지 180만㎡에 대해 산지전용허가를 받으려는 甲은 신청서를 산림청장에게 제출해야 한다.

→ 예단을 할 수 없는 선지이다. **사유림 180만㎡**에 대한 **전용허가신청서를 산림청장에게 제출**해야하 는지는 제시문과 비교해보아야 알 수 있다. 키워드만 파악하고 넘어가자. ( ? )

② 공유림인 산지 250만㎡에 대해 산지전용허가를 받으려는 乙은 신청서를 시·도지사에게 제출해 야 한다.

→ 예단 할 수 없다. **공유림 250만㎡**에 대한 **전용허가신청서**를 **시·도지사에게 제출**해야하는지는 제 시문과 비교해야 알 수 있다. ( ? )

③ 산지전용허가를 신청하는 丙은 토지등기사항증명서를 첨부하면 사업계획서를 제출하지 않아도 된다.

→ 상식에 기반한 합리적 예단이 가능하다. **토지등기사항증명서는 토지의 소유권자임을 증명**하는 서 류이며, **사업계획서는 산지를 어떻게 사용할 것인지를 설명**하는 서류이다. 산지전용을 자유롭게 허용하지 않고 **허가제로 운영하는 이유**는 산지의 무분별한 개발로 인한 환경오염가능성이 크기 때문인데, 소유권을 증명하였다고 해서 산지를 어떻게 사용할지에 대한 사업계획서 제출을 면제 하는 것은 **허가제의 목적을 고려했을 때 상식에 부합하지 않는다.** ( × )

④ 산림청장 소관의 국유림 50만㎡에 대해 산지전용허가를 받으려는 丁은 산림조사서를 산림청장에 게 제출해야 한다.

→ 예단할 수 없는 선지이다. **국유림 50만㎡**에 대한 **전용허가**를 받으려면 **산림조사서를 산림청장에 게 제출**해야 하는지는 제시문과 비교해보아야 알 수 있다. ( ? )

⑤ 산지전용허가를 받으려는 戊가 해당 산지에 대하여 허가신청일 1년 전에 완료된 산지전용타당성 조사 결과서를 제출한 경우, '산림청장 등'은 현지조사를 않고 심사할 수 있다.

→ **산지전용허가** 받으려는 戊가 **허가신청일 1년 전에** 완료된 산지전용타당성조사결과서 제출 시 **산림 청장**의 **현지조사 없이 심사할 수 있는지**는 제시문과 비교해보아야 한다. 다만 1년전이라는 **기간**과 산림청장이라는 **조사주체**를 바꿈으로써 오선지를 구성하기 쉬우므로 혹시 오선지가 아닐까 의심 을 해볼 수 있다. ( △ )

③번은 오선지라는 합리적 예단을 할 수 있고, ⑤번은 오선지를 구성하기 좋은 형태를 갖추고 있으므 로 이 두 선지 먼저 제시문과 비교하며 정오를 판단해보자.

---

제00조 ① 산지전용허가를 받으려는 자는 신청서를 다음 각 호의 구분에 따른 자(이하 '산림청장 등'이라 한다)에게 제출하여야 한다.

1. 산지전용허가를 받으려는 산지의 면적이 200만㎡ 이상인 경우: 산림청장

2. 산지전용허가를 받으려는 산지의 면적이 50만㎡ 이상 200만㎡ 미만인 경우

    가. 산림청장 소관인 국유림의 산지인 경우: 산림청장

    나. 산림청장 소관이 아닌 국유림, 공유림 또는 사유림의 산지인 경우: 시·도지사

3. 산지전용허가를 받으려는 산지의 면적이 50만㎡ 미만인 경우

    가. 산림청장 소관인 국유림의 산지인 경우: 산림청장

    나. 산림청장 소관이 아닌 국유림, 공유림 또는 사유림의 산지인 경우: 시장·군수·구청장

② **산림청장** 등은 제1항에 따라 산지전용허가 신청을 받은 때에는 허가대상 산지에 대하여 **현지조사**를 실시하여야 한다. **다만 산지전용타당성조사를 받은 경우에는 현지조사를 않고 심사**할 수 있다.

③ 제1항의 **신청서에는** 다음 **각 호의 서류를 첨부**하여야 한다.

1. **사업계획서**(산지전용의 목적, 사업기간 등이 포함되어야 한다) 1부

2. **허가신청일 전 2년 이내에 완료된 산지전용타당성조사 결과서** 1부(해당자에 한한다)

3. 산지전용을 하고자 하는 산지의 **소유권 또는 사용·수익권을 증명**할 수 있는 서류 1부 **(토지등기사항증명서로 확인할 수 없는 경우**에 한정한다)

4. 산림조사서 1부, 다만 전용하려는 산지의 면적이 65만㎡ 미만인 경우에는 제외한다.

---

③번과 관련된 제3항의 제1호와 제3호를 보면 산지전용허가신청서에 첨부하여야 하는 서류 중, 사업계획서는 제출을 면제하는 조항이 없다. 토지등기사항증명서는 사업계획서와 별도로 소유권 증명을 위해 제출하는 서류이므로 ③은 잘못된 정보의 연결로 구성된 오선지임을 알 수 있다.

이어서 ⑤번과 관련된 제2항, 제3항의 제2호를 보자. 산림청장은 산지전용허가 신청을 받으면 현장조사를 실시해야 하는데, 산지전용타당성조사를 받은 경우에는 현지조사 없이 심사를 할 수 있다. 산지전용타당성조사를 받았음을 증명하는 결과서는 허가신청일 전 2년 이내에 완료된 것이면 되므로, ⑤번은 정답임을 알 수 있다.

이처럼 선지분석을 먼저 하면서 합리적 예단을 하다보면 확실한 오선지를 먼저 소거할 수 있음은 물론, 의심되는 선지를 살펴보면서 빠르게 정답을 찾을 수도 있다.

제00조(중재합의의 방식) ① 중재합의는 독립된 합의의 형식으로 또는 계약에 중재조항을 포함하는 형식으로 할 수 있다.

② 중재합의는 서면으로 하여야 한다.

③ 다음 각 호의 어느 하나에 해당하는 경우는 서면에 의한 중재합의로 본다.

　　1. 당사자들이 서명한 문서에 중재합의가 포함된 경우

　　2. 편지, 전보, 전신, 팩스 또는 그 밖의 통신수단에 의하여 교환된 문서에 중재합의가 포함된 경우

　　3. 어느 한쪽 당사자가 당사자간에 교환된 문서의 내용에 중재합의가 있는 것을 주장하고 상대방 당사자가 이에 대하여 다투지 아니하는 경우

④ 계약이 중재조항을 포함한 문서를 인용하고 있는 경우에는 중재합의가 있는 것으로 본다. 다만, 그 계약이 서면으로 작성되고 중재조항을 그 계약의 일부로 하고 있는 경우로 한정한다.

제00조(중재합의와 법원에의 제소) ① 중재합의의 대상인 분쟁에 관하여 소(訴)가 제기된 경우에 피고가 중재합의가 있다는 항변(抗辯)을 하였을 때에는 법원은 그 소를 각하(却下)하여야 한다. 다만, 중재합의가 없거나 무효이거나 효력을 상실하였거나 그 이행이 불가능한 경우에는 그러하지 아니하다.

② 제1항의 소가 법원에 계속 중인 경우에도 중재판정부는 중재절차를 개시 또는 진행하거나 중재판정을 내릴 수 있다.

※ 중재: 당사자 간 합의로 선출된 중재인의 판정에 따른 당사자 간의 분쟁해결절차

※ 각하: 적법하지 않은 소가 제기된 경우 이를 배척하는 것

① 甲과 乙이 계약을 말로 체결하면서 중재조항을 포함한 문서를 인용한 경우, 중재합의가 있는 것으로 본다.

② 甲과 乙이 계약을 체결하면서 중재합의를 하고자 하는 경우, 계약에 중재조항을 포함시키지 않으면 안 된다.

③ 甲과 乙 사이에 교환된 문서의 내용에 중재합의가 있는 것을 甲이 주장하고 乙이 이에 대하여 다투지 아니하는 경우, 서면에 의한 중재합의로 본다.

④ 甲과 乙이 계약을 체결하면서 중재합의를 하였지만 중재합의의 대상인 계약에 관하여 소가 제기되어 법원에 계속 중인 경우, 중재판정부는 중재절차를 개시할 수 없다.

⑤ 甲과 乙이 계약을 체결하면서 중재합의를 하였으나 중재합의의 효력이 상실된 경우, 해당 계약에 관한 소가 제기되어 피고가 중재합의가 있다는 항변을 하면 법원은 그 소를 각하하여야 한다.

## 정답 및 해설

**연습문제** 정답 ③                                      ≫ 규정의 이해 및 적용

① 첫 번째 조 제4항 단서에 따르면 중재합의가 있는 것으로 보려면 서면으로 작성되어야 한다.
② 첫 번째 조 제1항 본문에 따르면 중재합의는 독립된 합의의 형식으로도 가능하다.
③ 첫 번째 조 제3항 제3호에 해당되므로 서면에 의한 중재 합의가 있는 것으로 본다.
④ 두 번째 조 제2항에 따르면 동조 제1항 소제기 시에도 중재판정부가 중재절차 개시할 수 있다.
⑤ 두 번째 조 제1항 단서에 따르면 효력 상실된 경우 제1항 본문이 적용되지 않는다.

자가진단 TEST 때 보았던 문제다. 이 당시에는 위와 같이 간단하게 해설만 하고 넘어갔지만, 오선지의 구성 원리와 합리적 예단을 공부하였으므로 이를 적용하여 다르게 해설해보겠다.

① 甲과 乙이 <u>계약을 말로</u> 체결하면서 <u>중재조항을 포함한 문서를 인용</u>한 경우, <u>중재합의가 있는 것으로 본다.</u>
→ <u>구두계약 체결 시 중재조항 포함 문서를 인용하는 것만으로도 중재합의가 있다고 보는지</u>는 제시문에서 확인해야 한다. 다만, 중재가 소송 절차에 의하지 않고 분쟁을 해결하는 것으로 중재판정이 확정판결과 동일한 효력이 있다는 것을 안다면, 구두계약 시 문서를 인용하는 것만으로 중재합의가 있다고 보는 것은 <u>상식에 반하므로 합리적 예단을 내릴 수 있겠다.</u> ( X )
② 甲과 乙이 계약을 체결하면서 <u>중재합의</u>를 하고자 하는 경우, <u>계약에 중재조항을 포함시키지 않으면 안 된다.</u>
→ 계약체결 시 중재합의 하려면 반드시 중재조항을 포함시켜야 하는지는 제시문에서 확인해야 한다. 그러나 오선지의 구성원리 중 '<u>단정적 선지</u>'라는 것을 파악한다면 오답에 가까운 선지로 의심할 수 있다. ( △ )
③ 甲과 乙 사이에 교환된 <u>문서의 내용에 중재합의가 있는 것을 甲이 주장</u>하고 乙이 이에 대하여 <u>다투지 아니하는 경우</u>, 서면에 의한 중재합의로 본다.
→ 일방이 문서에 <u>중재합의 내용이 있다고 주장</u>하고 <u>상대방이 다투지 않는 경우의 효과</u>는 제시문에서 확인해야 정오를 판단할 수 있다. ( ? )
④ 甲과 乙이 <u>계약을 체결하면서 중재합의를 하였지만</u> 중재합의의 대상인 <u>계약에 관하여 소가 제기되어 법원에 계속 중</u>인 경우, 중재판정부는 <u>중재절차를 개시할 수 없다.</u>
→ 계약체결 시 중재합의 하였지만, 대상 계약에 대하여 소가 계속 중인 경우 중재절차의 개시가부는 이 선지만으로 판단하기 어렵다. 다만, 우리 <u>민사소송법 제1조 제1항</u>은 "법원은 <u>소송절차가 공정하고 신속하며 경제적으로 진행되도록</u> 노력하여야 한다."라고 하여 민사소송의 이상을 공정, 신속, 경제에 두고 있으므로, <u>사전에 중재합의가 되어 있는 경우에는 상식적으로 중재절차를 통해 분쟁을 해결</u>하는 것이 옳다고 할 것이다. 따라서 오답인 선지로 합리적 예단을 내릴 수 있다. ( X )
⑤ 甲과 乙이 <u>계약을 체결하면서 중재합의를 하였으나 중재합의의 효력이 상실</u>된 경우, 해당 계약에 관한 <u>소가 제기되어 피고가 중재합의가 있다는 항변</u>을 하면 법원은 그 <u>소를 각하하여야 한다.</u>
→ <u>중재합의 효력이 상실</u>된 경우, <u>중재합의가 있다는 항변</u>은 이유가 없는 것이므로, 법원이 소를 <u>각하하는 것은 상식과 경험칙에 부합하지 않는다.</u> 따라서 합리적 예단을 할 수 있다. ( X )
옳은 것을 고르는 문제이므로 오답일 확률이 적은 ③번부터 제시문과 비교하여 정오를 판단해보면 다른 부분을 읽지 않고서도 바로 정답을 찾아낼 수 있다.

---

제00조(중재합의의 방식)
③ 다음 <u>각 호의 어느 하나에 해당하는 경우는 서면에 의한 중재합의로 본다.</u>
1. 당사자들이 서명한 문서에 중재합의가 포함된 경우
2. 편지, 전보, 전신, 팩스 또는 그 밖의 통신수단에 의하여 교환된 문서에 중재합의가 포함된 경우
3. 어느 한쪽 당사자가 <u>당사자간에</u> 교환된 문서의 내용에 중재합의가 있는 것을 주장하고 상대방 당사자가 이에 대하여 다투지 아니하는 경우

---

문 1. 다음 글을 근거로 판단할 때 옳은 것은?　　19년 5급 공채

> 제00조(문서의 성립 및 효력발생) ① 문서는 결재권자가 해당 문서에 서명(전자이미지서명, 전자문자서명 및 행정전자서명을 포함한다)의 방식으로 결재함으로써 성립한다.
> ② 문서는 수신자에게 도달(전자문서의 경우는 수신자가 지정한 전자적 시스템에 입력되는 것을 말한다)됨으로써 효력이 발생한다.
> ③ 제2항에도 불구하고 공고문서는 그 문서에서 효력발생시기를 구체적으로 밝히고 있지 않으면 그 고시 또는 공고가 있은 날부터 5일이 경과한 때에 효력이 발생한다.
> 제00조(문서 작성의 일반원칙) ① 문서는 어문규범에 맞게 한글로 작성하되, 뜻을 정확하게 전달하기 위하여 필요한 경우에는 괄호 안에 한자나 그 밖의 외국어를 함께 적을 수 있으며, 특별한 사유가 없으면 가로로 쓴다.
> ② 문서의 내용은 간결하고 명확하게 표현하고 일반화되지 않은 약어와 전문용어 등의 사용을 피하여 이해하기 쉽게 작성하여야 한다.
> ③ 문서에는 음성정보나 영상정보 등을 수록할 수 있고 연계된 바코드 등을 표기할 수 있다.
> ④ 문서에 쓰는 숫자는 특별한 사유가 없으면 아라비아 숫자를 쓴다.
> ⑤ 문서에 쓰는 날짜는 숫자로 표기하되, 연·월·일의 글자는 생략하고 그 자리에 온점(.)을 찍어 표시하며, 시·분은 24시각제에 따라 숫자로 표기하되, 시·분의 글자는 생략하고 그 사이에 쌍점(:)을 찍어 구분한다. 다만 특별한 사유가 있으면 다른 방법으로 표시할 수 있다.

① 문서에 '2018년 7월 18일 오후 11시 30분'을 표기해야 할 때 특별한 사유가 없으면 '2018. 7. 18. 23:30'으로 표기한다.

② 2018년 9월 7일 공고된 문서에 효력발생 시기가 구체적으로 명시되지 않은 경우 그 문서의 효력은 즉시 발생한다.

③ 전자문서의 경우 해당 수신자가 지정한 전자적 시스템에 도달한 문서를 확인한 때부터 효력이 발생한다.

④ 문서 작성 시 이해를 쉽게 하기 위해 일반화되지 않은 약어와 전문용어를 사용하여 작성하여야 한다.

⑤ 연계된 바코드는 문서에 함께 표기할 수 없기 때문에 영상 파일로 처리하여 첨부하여야 한다.

**[ 스스로 작성해보는 해설 ]** 👈

① 

② 

③ 

④ 

⑤

## 문 2. 다음 글을 근거로 판단할 때 옳지 않은 것은?

17년 5급 공채

유엔 식량농업기구(FAO)에 따르면 곤충의 종류는 2,013종인데, 그 중 일부가 현재 식재료로 사용되고 있다. 곤충은 병균을 옮기는 더러운 것으로 알려져 있지만 깨끗한 환경에서 사육된 곤충은 식용에 문제가 없다. 식용으로 귀뚜라미를 사육할 경우 전통적인 육류 단백질 공급원보다 생산에 필요한 자원을 절감할 수 있다. 귀뚜라미가 다른 전통적인 단백질 공급원보다 뛰어난 점은 다음과 같다. 첫째, 쇠고기 0.45kg을 생산하기 위해 필요한 자원으로 식용 귀뚜라미 11.33kg을 생산할 수 있다. 이것이 가능한 가장 큰 이유는 귀뚜라미가 냉혈동물이라 돼지나 소와 같이 체내 온도 유지를 위해 먹이를 많이 소비하지 않기 때문이다. 둘째, 식용 귀뚜라미 0.45kg을 생산하는 데 필요한 물은 감자나 당근을 생산하는 데 필요한 수준인 3.8ℓ 이지만, 닭고기 0.45kg을 생산하려면 1,900ℓ 의 물이 필요하며, 쇠고기는 닭고기의 경우보다 4배 이상의 물이 필요하다. 셋째, 귀뚜라미를 사육할 때 발생하는 온실가스의 양은 가축을 사육할 때 발생하는 온실가스 양의 20%에 불과하다.

현재 곤충 사육은 많은 지역에서 이루어지고 있지만, 식용 곤충의 공급이 제한적이고 사람들에게 곤충도 식량이 될 수 있다는 점을 이해시키는 데 어려움이 있다. 따라서 새로운 식용 곤충 생산과 공급방법을 확충하고 곤충 섭취에 대한 사람들의 거부감을 줄이는 방안이 필요하다.

현재 식용 귀뚜라미는 주로 분말 형태로 100g당 10달러에 판매된다. 이는 같은 양의 닭고기나 쇠고기의 가격과 큰 차이가 없다. 그러나 인구가 현재보다 20억 명 더 늘어날 것으로 예상되는 2050년에는 귀뚜라미 등 곤충이 저렴하게 저녁식사 재료로 공급될 것이다.

① 쇠고기 생산보다 식용 귀뚜라미 생산에 자원이 덜 드는 이유 중 하나는 귀뚜라미가 냉혈동물이 라는 점이다.

② 현재 곤충 사육은 많은 지역에서 이루어지고 있지만, 식용으로 사용되는 곤충의 종류는 일부에 불과하다.

③ 식용 귀뚜라미와 동일한 양의 쇠고기를 생산하려면, 귀뚜라미 생산에 필요한 물보다 500배의 물이 필요하다.

④ 식용 귀뚜라미 생산에는 쇠고기 생산보다 자원이 적게 들지만, 현재 이 둘의 100g당 판매 가격은 큰 차이가 없다.

⑤ 가축을 사육할 때 발생하는 온실가스의 양은 귀뚜라미를 사육할 때의 5배이다.

**[ 스스로 작성해보는 해설 ]**

①

②

③

④

⑤

다음 글을 근거로 판단할 때 옳지 않은 것은?

16년 5급 공채

> 제00조(예비이전후보지의 선정) ① 종전부지 지방자치단체의 장은 군 공항을 이전하고자 하는 경우 국방부장관에게 이전을 건의할 수 있다.
>
> ② 제1항의 건의를 받은 국방부장관은 군 공항을 이전하고자 하는 경우 군사작전 및 군 공항 입지의 적합성 등을 고려하여 군 공항 예비이전후보지(이하 '예비이전후보지'라 한다)를 선정할 수 있다.
>
> 제00조(이전후보지의 선정) 국방부장관은 한 곳 이상의 예비이전후보지 중에서 군 공항 이전후보지를 선정함에 있어서 군 공항 이전부지 선정위원회의 심의를 거쳐야 한다.
>
> 제00조(군 공항 이전부지 선정위원회) ① 군 공항 이전 후보지 및 이전부지의 선정 등을 심의하기 위해 국방부에 군 공항 이전부지 선정위원회(이하 '선정위원회'라 한다)를 둔다.
>
> ② 위원장은 국방부장관으로 하고, 당연직위원은 다음 각 호의 사람으로 한다.
>> 1. 기획재정부차관, 국토교통부차관
>> 2. 종전부지 지방자치단체의 장
>> 3. 예비이전후보지를 포함한 이전주변지역 지방자치단체의 장
>> 4. 종전부지 및 이전주변지역을 관할하는 특별시장·광역시장 또는 도지사
>
> ③ 선정위원회는 다음 각 호의 사항을 심의한다.
>> 1. 이전후보지 및 이전부지 선정
>> 2. 종전부지 활용방안 및 종전부지 매각을 통한 이전주변지역 지원방안
>
> 제00조(이전부지의 선정) ① 국방부장관은 이전후보지 지방자치단체의 장에게 주민투표법에 따라 주민투표를 요구할 수 있다.
>
> ② 제1항의 지방자치단체의 장은 주민투표 결과를 충실히 반영하여 국방부장관에게 군 공항 이전 유치를 신청한다.
>
> ③ 국방부장관은 제2항에 따라 유치를 신청한 지방자치단체 중에서 선정위원회의 심의를 거쳐 이전부지를 선정한다.

※ 종전부지: 군 공항이 설치되어 있는 기존의 부지

※ 이전부지: 군 공항이 이전되어 설치될 부지

① 종전부지를 관할하는 광역시장은 이전부지 선정 심의에 참여한다.

② 국방부장관은 선정위원회의 심의를 거치지 않고 예비이전후보지를 선정할 수 있다.

③ 선정위원회는 군 공항이 이전되고 난 후에 종전 부지를 어떻게 활용할 것인지에 대한 사항도 심의한다.

④ 종전부지 지방자치단체의 장은 주민투표를 거치지 않으면 국방부장관에게 군 공항 이전을 건의할 수 없다.

⑤ 예비이전후보지가 한 곳이라고 하더라도 선정위원회의 심의를 거쳐야 이전후보지로 선정될 수 있다.

**[ 스스로 작성해보는 해설 ]**

①

②

③

④

⑤

## 정답 및 해설

**문 1** 정답 ①　　　　　　　　　　　　　　　　　　　　　　　　　≫ 규정의 이해 및 적용

① (O) 두 번째 조 제5항에 따르면 2018년 7월 18일은 2018.7.18.로 표기해야 하며, 시와 분은 24시각제에 따라 쌍점을 찍어 구분하고 오후 11시 30분은 23:30으로 표기해야 한다.

② (X) 첫 번째 조 제3항을 보면 문서의 효력은 시기를 구체적으로 밝히고 있지 않으면 고시, 공고 있는 날로부터 5일이 경과한 때 효력이 발생한다.

③ (X) 첫 번째 조 제2항을 보면 전자문서는 수신자가 지정한 전자적 시스템에 입력됨으로써 효력이 발생한다.

④ (X) 두 번째 조 제2항에 따르면 문서의 내용은 일반화되지 않은 약어와 전문용어 등의 사용을 피해야 한다.

⑤ (X) 두 번째 조 제3항에 따르면 문서에는 영상정보들을 수록할 수 있고 연계된 바코드 등을 표기할 수 있다.

※ 선지 분석과 합리적 예단을 적용한 해설

① 문서에 '2018년 7월 18일 오후 11시 30분'을 표기해야 할 때 특별한 사유가 없으면 '2018. 7. 18. 23:30'으로 표기한다.

→ 제시문을 읽지 않으면 정오를 판단할 수 없는 선지이다. ( ? )

② 2018년 9월 7일 공고된 문서에 효력발생 시기가 구체적으로 명시되지 않은 경우 그 문서의 효력은 즉시 발생한다.

→ 문서에 효력발생 시기가 구체적으로 명시되어 있지 않은 경우, 상식적으로 문서 효력발생 여부에 영향을 받는 사람들이 문서의 공고를 인식할 수 있는 시간적 여유를 주고 난 뒤에 문서의 효력이 발생하도록 해야 문제발생 확률이 낮을 것이다. 합리적 예단 할 수 있는 선지다. ( × )

③ 전자문서의 경우 해당 수신자가 지정한 전자적 시스템에 도달한 문서를 확인한 때부터 효력이 발생한다.

→ 전자문서가 전자적 시스템에 도달한 것을 확인한 때부터 효력이 발생하는지 도달한 때부터 효력이 발생하는지는 제시문에서 확인해야 한다. 다만, 도달과 확인에 대하여 제시문과 반대의 내용을 서술하는 오선지를 만들기 좋은 구조라는 것을 파악했으면 좋겠다. ( ? )

④ 문서 작성 시 이해를 쉽게 하기 위해 일반화되지 않은 약어와 전문용어를 사용하여 작성하여야 한다.

→ 상식과 경험칙에 반하는 선지로 합리적 예단을 할 수 있다. 이해를 쉽게 하기 위해서는 일반화되지 않은 약어나 전문용어는 사용하지 않는 것이 상식에 부합한다. ( × )

⑤ 연계된 바코드는 문서에 함께 표기할 수 없기 때문에 영상 파일로 처리하여 첨부하여야 한다.

→ 선지만으로는 제시문에서 바코드가 어떤 개념으로 등장하는지는 알 수 없지만, 바코드는 인쇄가 가능한 것이므로, 영상파일로 처리되기 보다는 문서에 함께 표기되는 경우가 일반적이다. 따라서 상식에 반하는 선지로 보고 오선지라고 의심해볼 수 있겠다. ( △ )

옳은 것을 찾는 문제이므로 ①, ③번을 먼저 제시문과 비교하여 정오 판단을 하는 것이 효율적이고, ①에 해당하는 두 번째 조 제5항만 읽어보면 바로 정답을 고를 수 있다.

**문 2** 정답 ③　　　　　　　　　　　　　　　　　　　　　　　　　≫ 정보의 이해 및 적용

① (O) 두 번째 문단 3~4줄을 보면 쇠고기 생산보다 식용 귀뚜라미 생산에 자원이 덜 드는 이유 중 하나는 귀뚜라미가 냉혈동물이라는 점이다.

② (O) 첫 번째 문단과 세 번째 문단을 보면 식용으로 사용되는 곤충의 종류는 일부에 불과하다.

③ (X) 두 번째 문단을 보면 식용 귀뚜라미 0.45kg을 생산하는 데 필요한 물은 3.8ℓ, 닭고기 0.45kg을 생산하려면 1,900ℓ, 쇠고기는 닭고기보다 4배 이상의 물이 필요하므로 7,600ℓ가 필요하다. 따라서 귀뚜라미보다 2,000배 이상이 필요하다.

④ (O) 두 번째 문단과 네 번째 문단을 보면 식용 귀뚜라미 생산에는 쇠고기 생산보다 자원이 적게 들지만, 현재 판매 가격에는 큰 차이가 없다.

⑤ (O) 두 번째 문단을 보면 귀뚜라미를 사육할 때 발생하는 온실가스의 양은 가축을 사육할 때 발생하는 온실가스 양의 20%이다.

※ 선지 분석과 합리적 예단을 적용한 해설

① 쇠고기 생산보다 식용 귀뚜라미 생산에 자원이 덜 드는 이유 중 하나는 귀뚜라미가 냉혈동물이라는 점이다.

→ 쇠고기 생산보다 귀뚜라미 생산에 자원이 덜 드는지 여부(반대 서술이 아닌지), 귀뚜라미의 생산에 자원이 덜 든다면 그 이유가 귀뚜라미가 냉혈동물이어서 인지, (인과관계를 바꾼 선지, 또는 무관한 정보의 연결이 아닌지) 두 가지의 정오를 판단해야 한다. 제시문에서 확인하기 전에는 정오 판단이 어렵다. ( ? )

② 현재 곤충 사육은 많은 지역에서 이루어지고 있지만, 식용으로 사용되는 곤충의 종류는 일부에 불과하다.

→ 곤충 사육이 많은 지역에서 이루어지는지, 식용으로 사용되는 종류가 일부인지 두 가지 정오를 판단해야 한다. 제시문에서 확인이 필요한 선지다. ( ? )

③ 식용 귀뚜라미와 동일한 양의 쇠고기를 생산하려면, 귀뚜라미 생산에 필요한 물보다 500배의 물이 필요하다.

→ 식용 귀뚜라미 생산에 필요한 물의 양과 쇠고기 생산에 필요한 물의 양을 제시문을 통하여 확인하고 쇠고기 생산에 500배 많은 물이 필요한지 비교하여야 한다. 숫자는 가장 쉽게 바꿀 수 있는 정보이므로 제시문에서 숫자가 나오면 주의해야 한다. ( ? )

④ 식용 귀뚜라미 생산에는 쇠고기 생산보다 자원이 적게 들지만, 현재 이 둘의 100g당 판매 가격은 큰 차이가 없다.

→ 앞서 살펴본 선지들의 내용으로 미루어 볼 때 식용 귀뚜라미 생산이 기존 육류생산보다 경제적이라는 내용의 제시문으로 추측해볼 수 있다. 따라서 현재 이 둘의 100g당 판매가격이 큰 차이가 없다는 선지는 추측한 내용과 반대라는 점에서 눈길을 끈다. 해당 문제의 옳지 않은 것을 고르는 문제이므로 정오 판단 기준을 느슨하게 설정하고 옳은 선지인지 확인하는 방향으로 제시문을 분석해보자. ( ? )

⑤ 가축을 사육할 때 발생하는 온실가스의 양은 귀뚜라미를 사육할 때의 5배이다.

→ 제시문에서 가축 사육 시 발생하는 온실가스 양과 귀뚜라미 사육 시 발생하는 온실가스 양을 비교해 보아야 정오를 판단할 수 있다. ( ? )

이 문제의 경우, 선지 분석과 합리적 예단을 통해 가려낼 수 있는 의심되는 선지와 오선지가 없다.

그러나 시간을 절약하고 정답률을 올릴 수 있는 실마리는 충분히 찾을 수 있다. ①, ②는 두 가지 정보를 찾아서 비교해야 하므로, 비교적 시간이 덜 걸리는 ③, ④, ⑤의 정오를 먼저 판단함이 좋다.

> (전략)
>
> 둘째, 식용 귀뚜라미 0.45kg을 생산하는 데 필요한 물은 감자나 당근을 생산하는 데 필요한 수준인 3.8ℓ이지만, 닭고기 0.45kg을 생산하려면 1,900ℓ의 물이 필요하며, 쇠고기는 닭고기의 경우보다 4배 이상의 물이 필요하다.
>
> 셋째, 귀뚜라미를 사육할 때 발생하는 온실가스의 양은 가축을 사육할 때 발생하는 온실가스 양의 20%에 불과하다.
>
> (후략)

제시문에서 ③에 해당되는 '생산에 필요한 물의 양'을 찾아보면 바로 정답을 찾을 수 있다. ①, ②번처럼 두 가지 정보로 만든 선지는 오선지로 만들기도 어렵고, 오선지를 알아보기도 쉬우므로 옳지 않은 것을 찾는 문제에서는 여러 개의 정보로 만든 선지는 정선지로 간주하는 것도 하나의 팁이 될 수 있겠다.

## 문 3 [정답] ④                                                                        ≫ 규정의 이해 및 적용

① (O) 세 번째 조 제2항 제4호에 따르면 종전부지 관할 광역시장은 이전부지 선정심의에 참여한다.
② (O) 첫 번째 조 제2항을 보면 예비이전후보지의 선정은 국방부장관이 임의로 진행할 수 있다.
③ (O) 세 번째 조 제3항 제2호에 따르면 종전부지 활용방안도 선정위원회가 심의하는 사항이다.
④ (X) 첫 번째 조 제1항에 따르면 종전부지 지자체장에 의한 군 공항 이전 건의에 주민투표는 필요한 요건이 아니다.
⑤ (O) 두 번째 조를 보면 한 곳 이상의 예비이전후보지 중 군 공항 이전후보지를 선정함에 있어서 군 공항 이전부지 선정위원회의 심의를 거쳐야 한다.

※ 선지 분석과 합리적 예단을 적용한 해설

① 종전부지를 관할하는 광역시장은 이전부지 선정 심의에 참여한다.
→ 종전부지 관할 광역시장의 이전부지 선정심의 참여여부는 제시문에서 찾아보아야 한다. ( ? )
다만, 종전부지 관할 광역시장은 새로 이전할 부지 관할 지자체장과 행정적 협의가 필요할 것이라고 보는 것이 상식
에 부합하며, 옳지 않은 것을 고르는 문제이므로 정선지에 가깝다고 볼 수 있겠다. ①은 나중에 확인하는 것이 효율
적이다.
② 국방부장관은 선정위원회의 심의를 거치지 않고 예비이전후보지를 선정할 수 있다.
→ 국방부장관이 선정위원회 심의 없이 예비이전후보지 선정이 가능한지는 제시문을 보아야 판단할 수 있다. ( ? ) 선정
위원회 심의를 거치지 않고 이전후보지를 국방부장관이 단독으로 선정가능하다고 하면 오선지의 느낌을 주지만, '예
비'이전후보지이기 때문에 △가 아닌 ?로 두었다.
③ 선정위원회는 군 공항이 이전되고 난 후에 종전부지를 어떻게 활용할 것인지에 대한 사항도 심의한다.
→ 선정위원회가 종전부지 활용도 심의하는지는 제시문을 보아야 알 수 있다. ( ? ) ①번과 같은 상식적인 판단 기준을
적용하면 위원회에서 이전부지와 종전부지에 대한 문제를 한 번에 논의함이 합리적이고, 옳지 않은 것을 고르는 문
제이므로 정선지에 가까울 것이라고 추측함이 타당하다. 따라서 ③도 마지막에 확인함이 효율적이겠다.
④ 종전부지 지방자치단체의 장은 주민투표를 거치지 않으면 국방부장관에게 군 공항 이전을 건의할 수 없다.
→ 종전부지 지자체장이 국방부장관에게 군공항 이전 건의를 하려면 주민투표를 거쳐야 하는지는 제시문을 통해 판단해
야 한다. ( ? ) 주민투표 없이는 이전 건의도 불가능하다고 서술한 점에서 단정적 선지로 보고 오선지라고 의심할
수도 있지만, 군 공항 이전이 주민에게 과도한 부담을 주거나 중대한 영향을 미치는 사안일 수 있고, 주민 의견 청
취가 필요할 가능성도 배제할 수 없으므로 일단은 제시문과 비교해야 할 선지라고 보았다.
⑤ 예비이전후보지가 한 곳이라고 하더라도 선정위원회의 심의를 거쳐야 이전후보지로 선정될 수 있다.
→ 예비이전후보지가 한 곳일 때에도 선정위원회 심의를 거쳐야 후보지로 선정가능한지는 선지만으로는 판단하기 어렵
다. ( ? ) 예비이전후보지가 한 곳인데 굳이 심의를 거쳐야 하는지 의문을 품을 수 있는데, 행정관련 법조문에서는
당사자의 의견청취와 위원회의 구성 및 심의과정을 필수적으로 거치도록 규정함이 일반적이다. 정선지에 가깝다고 보
고 나중에 확인하자.

선지 분석과 합리적 예단을 통해 가려낼 수 있는 선지가 없었으나 어떤 선지를 먼저 볼지 전략은 세울 수 있었다.
②, ④번을 먼저 보면, 첫 번째 조 제1항, 제2항만 보고도 ④가 답임을 알 수 있다.

MEMO

실전 최적화

# PSAT

상황판단의 비결

# CHAPTER 04

# 정보의 이해 및 적용

# 정보의 이해 및 적용

## ① 유형의 이해

정보의 이해 및 적용 유형은 2021년 7급 PSAT 상황판단에서는 25문항 중 1문항이 출제되었다. 이미 언어논리에서 주로 다루는 유형이기 때문에 타 PSAT 시험보다 문항 수가 적은 7급 PSAT에서는 앞으로도 계속 1제시문 2문제 유형의 한 문제 정도를 정보의 이해 및 적용 유형으로 출제할 것으로 보인다. 그렇다고 정보의 이해 및 적용 유형을 등한시해서는 안 된다. 제시문을 정확하게 읽고 선지 정오판단을 하는 것은 상황판단의 가장 기본이 되기 때문이다. 다른 유형에 비해 쉽기 때문에 90% 이상의 정답률을 확보해야 하며, 1분에서 1분 30초 이내에 빠르게 문제를 해결해야 한다.

## ② 문제 풀이 전략

### (1) 선지 구성 원리와 합리적 예단의 적용

정보의 이해 및 적용은 제시문을 분석하여 이해한 바를 토대로 선지의 정오를 판단하는 유형이다. 일반적으로는 제시문을 먼저 읽는 경우가 많은데, 선지 구성 원리와 합리적 예단을 적용하면 시간을 절약하고 정답률을 높일 수 있기 때문에 선지를 먼저 보는 것이 좋다. 선지 분석과 합리적 예단에 대하여는 앞서 자세히 살펴보았으므로, 본 단원에서는 제시문 분석에 대해 중점적으로 알아보겠다.

### (2) 제시문 분석 - 구조 그리기, 핵심문장 연결

선지 분석의 목적은 제시문을 효과적으로 읽는 데에 있다. 선지에서 파악한 키워드를 제시문에서 빠르게 찾아보고, 이를 근거로 선지의 정오를 판단하는 과정도 중요하지만, 이를 위해서는 제시문을 어떻게 읽을 것인가도 중요하다. 제시문 분석은 복잡하게 할 필요 없이 제시문의 구조를 그려보고, 각 문단의 핵심문장을 찾아서 연결해보는 두 가지 방법으로 연습할 수 있다.

### (3) 선지와 제시문 속 정보의 1대1 매칭 - 소거법

선택지와 제시문의 정보는 매칭 구조이다. 대부분 1대 1로 매칭되기 때문에 선지 ①번의 정오를 판단하기 위해 제시문 첫 번째 문단의 어떤 정보를 활용했다면, 그 정보가 다시 활용될 가능성은 없다고 보아도 무방하다. 활용된 정보는 소거하면서 풀면 편리하다.

## ③ 제시문 분석

### (1) 구조도 그리기

제시문은 문제 출제를 위해서 임의로 재구성 된 글이기 때문에 일정한 구조를 가진다. 따라서 글 전체의 내용이 해석이 조금 어렵더라도, 제시문의 구조를 파악하면 어떤 문단이 어떤 의도로 배치되었는지를 알 수 있고 문제 풀이 과정이 수월해진다. 예제를 풀면서 제시문의 구조도를 그려보자. 표, 도식, 벤다이어그램, 그림 등 자기가 생각하기에 가장 편한 방법을 사용하면 된다.

**다음 글과 〈상황〉을 근거로 판단할 때, 甲에게 가장 적절한 유연근무제는?**

유연근무제는 획일화된 공무원의 근무형태를 개인·업무·기관별 특성에 맞게 다양화하여 일과 삶의 균형을 꾀하고 공직 생산성을 향상시키는 것을 목적으로 하며, 시간제근무, 탄력근무제, 원격근무제로 나눌 수 있다.

시간제근무는 다른 유연근무제와 달리 주 40시간보다 짧은 시간을 근무하는 것이다. 수시로 신청할 수 있으며 보수 및 연가는 근무시간에 비례하여 적용한다.

탄력근무제에는 네 가지 유형이 있다. '시차출퇴근형'은 1일 8시간 근무체제를 유지하면서 출퇴근시간을 자율적으로 조정할 수 있다. 07:00∼10:00에 30분 단위로 출근시간을 스스로 조정하여 8시간 근무 후 퇴근한다. '근무시간선택형'은 주 5일 근무를 준수해야 하지만 1일 8시간을 반드시 근무해야 하는 것은 아니다. 근무가능 시간대는 06:00∼24:00이며 1일 최대 근무시간은 12시간이다. '집약근무형'은 1일 8시간 근무체제에 구애받지 않으며, 주 3.5∼4일만을 근무한다. 근무가능 시간대는 06:00∼24:00이며 1일 최대 근무시간은 12시간이다. 이 경우 정액급식비 등 출퇴근을 전제로 지급되는 수당은 출근하는 일수만큼만 지급한다. '재량근무형'은 출퇴근 의무 없이 프로젝트 수행으로 주 40시간의 근무를 인정하는 형태이며 기관과 개인이 협의하여 수시로 신청한다.

원격근무제에는 '재택근무형'과 '스마트워크근무형'이 있는데, 실시 1주일 전까지 신청하면 된다. 재택근무형은 사무실이 아닌 자택에서 근무하는 것이며, 초과근무는 불인정된다. 스마트워크근무형은 자택 인근의 스마트워크 센터 등 별도 사무실에서 근무하며, 초과근무를 위해서는 사전에 부서장의 승인이 필요하다.

───────────┤ 상 황 ├───────────

A부서의 공무원 甲은 유연근무제를 신청하고자 한다. 甲은 원격근무보다는 A부서 사무실에 출근하여 일하는 것을 원하며, 주 40시간의 근무시간은 지킬 예정이다. 이틀은 아침 7시에 출근하여 12시간씩 근무하고, 나머지 사흘은 5∼6시간의 근무를 하고 일찍 퇴근하려는 계획을 세웠다.

① 근무시간선택형　　　　　② 시차출퇴근형
③ 시간제근무　　　　　　　④ 집약근무형
⑤ 재택근무형

앞서 연습한대로 상황과 선지 먼저 분석하고, 제시문을 읽는 방식으로 문제를 해결하도록 한다.

〈상황〉에 따르면 甲은 원격근무보다 출근을 원하며 주 40시간 근무예정, 2일은 7시 출근 12시간 근무, 3일은 5~6시간 근무하고 퇴근하는 방식으로 주 5일 출근하되 근무시간을 조절하는 방식을 원한다. 선지를 보면 ① 근무시간선택형, ② 시차출퇴근형, ④ 집약근무형 3개 모두 세 번째 문단

'탄력근무제'에 해당하는 것을 알 수 있다. 따라서 3문단이 문제를 푸는데 결정적인 역할을 할 것

임을 예측할 수 있다. 상황에서 파악한 키워드를 가지고 제시문과 비교하며 소거해나가면 정답을

구할 수 있다.

다음으로, 제시문에서 어떤 부분을 보아야 할지 추려야 하는데, 각 근무제의 개념을 빠르게 파악하는 것이 중요하다. 시간절약을 위해 각 근무제의 개념만 보면서 〈상황〉과 비교하여 소거해 나가는 방식으로 풀면 된다. 제시문 분석이 능숙하면 굳이 구도조를 그리지 않고도 이 과정을 머릿속에서 진행하며 문제를 해결할 수 있겠지만, 한 번 쯤은 직접 구조도를 그려보는 것을 추천한다.

| 1문단 | 2문단 | 3문단 | 4문단 |
|---|---|---|---|
| 유연근무제의 분류 | 시간제근무의 개념 | 탄력근무제의 유형 | 원격근무제의 유형 |
| • 시간제근무<br>• 탄력근무제<br>• 원격근무제 | 주 40시간보다 짧은 시간을 근무 | • 시차출퇴근형<br>• 근무시간선택형<br>• 집약근무형<br>• 재량근무형 | |
| 甲은 출근을 원한다.<br>따라서 원격근무제는 소거한다. 4문단은 읽지 않아도 된다.<br>⑤ 재택근무형(X) | 주 40시간 근무예정이므로 그보다 짧은 근무를 하는 시간제 근무도 소거한다.<br>③ 시간제근무(X) | 근무시간 조절을 원하고 있으므로 1일 8시간 근무 유지하는 ② 시차출퇴근형(X)<br>주5일 출근 원하므로<br>주 3.5~4일 근무하는<br>④ 집약근무형(X) | |

따라서 정답은 ① 근무시간선택형이 된다.


## (2) 핵심문장 찾기

각 문단의 핵심문장을 찾아 연결하면 제시문의 전체 내용을 요약한 글이 된다. 제시문을 제대로 독해하였다면 핵심문장을 잘 찾을 수 있다. 반대로 찾은 문장을 연결했는데 제시문의 내용이 제대로 요약되어 있지 않은 글이 나왔다면 제시문을 잘 못 읽은 것이다. 아래 예제 제시문의 각 문단 핵심 문장을 찾아 밑줄로 표시하고 연결하여 요약문을 작성해보고, 요약문으로만 문제를 풀어보자.

보름달 중에 가장 크게 보이는 보름달을 슈퍼문이라고 한다. 크게 보이는 이유는 달이 평소보다 지구에 가까이 있기 때문이다. 슈퍼문이 되려면 보름달이 되는 시점과 달이 지구에 가장 가까워지는 시점이 일치하여야 한다. 달의 공전 궤도가 완벽한 원이라면 지구에서 달까지의 거리가 항상 똑같을 것이다. 하지만 실제로는 타원 궤도여서 달이 지구에 가까워지거나 멀어지는 현상이 생긴다. 유독 달만 그런 것은 아니고 태양계의 모든 행성이 태양을 중심으로 타원 궤도로 돈다. 이것이 바로 그 유명한 케플러의 행성운동 제1법칙이다.

지구와 달의 평균 거리는 약 38만km인 반면 슈퍼문일 때는 그 거리가 35만 7,000km 정도로 가까워진다. 달의 반지름은 약 1,737km이므로, 지구와 달의 거리가 평균 정도일 때 지구
에서 보름달을 바라보는 시각도는 0.52도 정도인 반면, 슈퍼문일 때는 시각도가 0.56도로 커진다. 반대로 보름달이 가장 작게 보일 때, 다시 말해 보름달이 지구에서 제일 멀 때는 그 거리가 약 40만km여서 보름달을 보는 시각도가 0.49도로 작아진다.

밀물과 썰물이 생기는 원인은 지구에 작용하는 달과 태양의 중력 때문인데, 달이 태양보다는 지구에 훨씬 더 가깝기 때문에 더 큰 영향을 미친다. 달이 지구에 가까워지면 평소 달이 지구를 당기는 힘보다 더 강하게 지구를 당긴다. 그리고 달의 중력이 더 강하게 작용하면, 달을 향한 쪽의 해수면은 평상시보다 더 높아진다. 실제 우리나라에서도 슈퍼문일 때 제주도 등 해안가에 바닷물이 평소보다 더 높게 밀려 들어와서 일부 지역이 침수 피해를 겪기도 했다.

한편 달의 중력 때문에 높아진 해수면이 지구와 함께 자전을 하다보면 지구의 자전을 방해하게 된다. 일종의 브레이크가 걸리는 셈이다. 이 때문에 지구의 자전 속도가 느려지게 되고 그 결과 하루의 길이에 미세하게 차이가 생긴다. 실제 연구 결과에 따르면 100만 년에 17초 정도씩 길어지는 효과가 생긴다고 한다.

※ 시각도: 물체의 양 끝에서 눈의 결합점을 향하여 그은 두 선이 이루는 각을 의미한다.

① 지구에서 태양까지의 거리는 1년 동안 항상 일정하다.
② 해수면의 높이는 지구와 달의 거리와 관계가 없다.
③ 달이 지구에서 멀어지면 궤도에서 벗어나지 않기 위해 평소보다 더 강하게 지구를 잡아당긴다.
④ 지구와 달의 거리가 36만km 정도인 경우, 지구에서 보름달을 바라보는 시각도는 0.49도보다 크다.
⑤ 지구가 자전하는 속도는 점점 빨라지고 있다.

## 정답 및 해설

보름달 중에 가장 크게 보이는 보름달을 슈퍼문이라고 한다. 크게 보이는 이유는 달이 평소보다 지구에 가까이 있기 때문이다. 슈퍼문이 되려면 보름달이 되는 시점과 달이 지구에 가장 가까워지는 시점이 일치하여야 한다. 달의 공전 궤도가 완벽한 원이라면 지구에서 달까지의 거리가 항상 똑같을 것이다. 하지만 실제로는 타원 궤도여서 달이 지구에 가까워지거나 멀어지는 현상이 생긴다. 유독 달만 그런 것은 아니고 태양계의 모든 행성이 태양을 중심으로 타원 궤도로 돈다. 이것이 바로 그 유명한 케플러의 행성운동 제1법칙이다.

지구와 달의 평균 거리는 약 38만km인 반면 슈퍼문일 때는 그 거리가 35만 7,000km 정도로 가까워진다. 달의 반지름은 약 1,737km이므로, 지구와 달의 거리가 평균 정도일 때 지구에서 보름달을 바라보는 시각도는 0.52도 정도인 반면, 슈퍼문일 때는 시각도가 0.56도로 커진다. 반대로 보름달이 가장 작게 보일 때, 다시 말해 보름달이 지구에서 제일 멀 때는 그 거리가 약 40만km여서 보름달을 보는 시각도가 0.49도로 작아진다.

밀물과 썰물이 생기는 원인은 지구에 작용하는 달과 태양의 중력 때문인데, 달이 태양보다는 지구에 훨씬 더 가깝기 때문에 더 큰 영향을 미친다. 달이 지구에 가까워지면 평소 달이 지구를 당기는 힘보다 더 강하게 지구를 당긴다. 그리고 달의 중력이 더 강하게 작용하면, 달을 향한 쪽의 해수면은 평상시보다 더 높아진다. 실제 우리나라에서도 슈퍼문일 때 제주도 등 해안가에 바닷물이 평소보다 더 높게 밀려 들어와서 일부 지역이 침수 피해를 겪기도 했다.

한편 달의 중력 때문에 높아진 해수면이 지구와 함께 자전을 하다보면 지구의 자전을 방해하게 된다. 일종의 브레이크가 걸리는 셈이다. 이 때문에 지구의 자전 속도가 느려지게 되고 그 결과 하루의 길이에 미세하게 차이가 생긴다. 실제 연구 결과에 따르면 100만 년에 17초 정도씩 길어지는 효과가 생긴다고 한다.

※ 시각도: 물체의 양 끝에서 눈의 결합점을 향하여 그은 두 선이 이루는 각을 의미한다.

유독 달만 그런 것은 아니고 태양계의 모든 행성이 태양을 중심으로 타원 궤도로 돈다. 지구와 달의 거리가 평균 정도일 때 지구에서 보름달을 바라보는 시각도는 0.52도 정도인 반면, 슈퍼문일 때는 시각도가 0.56도로 커진다. 보름달이 지구에서 제일 멀 때는 그 거리가 약 40만km여서 보름달을 보는 시각도가 0.49도로 작아진다. 달이 지구에 가까워지면 평소 달이 지구를 당기는 힘보다 더 강하게 지구를 당긴다. 그리고 달의 중력이 더 강하게 작용하면, 달을 향한 쪽의 해수면은 평상시보다 더 높아진다. 이 때문에 지구의 자전 속도가 느려지게 되고 그 결과 하루의 길이에 미세하게 차이가 생긴다.

① 지구에서 태양까지의 거리는 1년 동안 항상 일정하다.
→ (X) 태양계의 모든 행성이 태양을 중심으로 타원 궤도로 돌기 때문에 지구에서 태양까지의 거리는 항상 일정하지 않다.
② 해수면의 높이는 지구와 달의 거리와 관계가 없다.
→ (X) 달이 지구에 가까워지면 달이 더 강하게 작용하고 달을 향한 쪽의 해수면이 더 높아지므로 해수면의 높이는 지구와 달의 거리와 관계가 있다.
③ 달이 지구에서 멀어지면 궤도에서 벗어나지 않기 위해 평소보다 더 강하게 지구를 잡아당긴다.
→ (X) 달이 지구에서 멀어지면 평소 달이 지구를 당기는 힘보다 약하게 지구를 당기게 되므로 제시문을 통해 추론할 수 있는 내용을 반대로 서술한 선지이다.
④ 지구와 달의 거리가 36만km 정도인 경우, 지구에서 보름달을 바라보는 시각도는 0.49도보다 크다.
→ (O) 보름달이 지구에서 제일 멀 때의 거리가 40만km이고 이 경우의 시각도가 0.49이므로 이보다 가까운 36만km 정도일 경우에는 시각도는 0.49보다 클 것이다.
⑤ 지구가 자전하는 속도는 점점 빨라지고 있다.
→ (X) 높아진 해수면의 높이 때문에 지구의 자전 속도는 느려지고 있다.

## (3) 실전에의 적용

제시문 분석을 연습하는 과정에서는 손수 핵심문장도 찾고 구도조도 그려보아야 하지만, 이 모든 과정은 결국 머릿속에서 자연스럽게 이루어져야 한다. 실전에서 '이 문단의 핵심문장이 무엇일까?', '제시문의 구조는 어떨까?' 이런 생각을 하지 않고도 선지 분석을 마치고 제시문을 읽는 과정에서 구조와 핵심문장을 파악을 적용할 수 있으려면, 오답 복습과정에서 제시문 구조 파악과 핵심문장 파악 중 약한 부분을 꾸준히 연습하는 것이 좋다.

모든 문제에 핵심문장 연결과 구조도 그리기를 적용하는 것이 좋은 것은 아니다. 예를 들어 다양한 개념이 등장하고 각 개념의 특징을 빠르게 파악하여 선지의 정오를 판단하는 유형의 문제에서는 선지 분석을 하는 과정에서 '제시문 분석은 꼼꼼하게 할 필요 없고, 개념과 키워드 중심으로 빠르게 비교해야겠다.'라는 전략 수립을 할 수 있어야 한다.

## 4 실전 연습 ⏱ 8분

문 1. 다음 글을 근거로 판단할 때 옳은 것은?

18년 5급, 7급

정책의 쟁점 관리는 정책 쟁점에 대한 부정적 인식을 최소화하여 정책의 결정 및 집행에 우호적인 환경을 조성하기 위한 행위를 말한다. 이는 정책 쟁점이 미디어 의제로 전환된 후부터 진행된다.

정책의 쟁점 관리에서는 쟁점에 대한 지식수준과 관여도에 따라 공중(公衆)의 유형을 구분하여 공중의 특성에 맞는 전략적 대응방안을 제시한다. 어떤 쟁점에 대해 지식수준과 관여도가 모두 낮은 공중은 '비활동 공중'이라고 한다. 그러나 쟁점에 대한 지식수준이 낮더라도 쟁점에 노출되어 쟁점에 대한 관여도가 높아지게 되면 이들은 '환기 공중'으로 변화한다. 이러한 환기 공중이 쟁점에 대한 지식수준까지 높아지면 지식수준과 관여도가 모두 높은 '활동 공중'으로 변하게 된다. 쟁점에 대한 지식수준이 높지만 관여도가 높지 않은 공중은 '인지 공중'이라고 한다.

인지 공중은 사회의 다양한 쟁점에 관한 지식을 가지고 있지만 적극적으로 활동하지 않아 이른바 행동하지 않는 지식인이라고도 불리는데, 이들의 관여도를 높여 활동 공중으로 이끄는 것은 매우 어렵다. 이 때문에 이들이 정책 쟁점에 긍정적 태도를 가지게 하는 것만으로도 전략적 성공이라고 볼 수 있다. 반면 환기 공중은 지식수준은 낮지만 쟁점 관여도가 높은 편이어서 문제해결에 필요한 지식을 얻게 된다면 활동 공중으로 변화한다. 따라서 이들에게는 쟁점에 대한 미디어 노출을 증가시키거나 다른 사람과 쟁점에 대해 토론하게 함으로써 지식수준을 높이는 전략을 취할 필요가 있다. 한편 활동 공중은 쟁점에 대한 지식수준과 관여도가 모두 높기 때문에 조직화될 개연성이 크고, 자신의 목적을 이루기 위해 시간과 노력을 아낌없이 투자할 자세가 되어 있다. 정책의 쟁점 관리를 제대로 하려면 이들이 정책을 우호적으로 판단할 수 있도록 하는 다양한 전략을 마련하여야 한다.

① 정책의 쟁점 관리는 정책 쟁점이 미디어 의제로 전환되기 전에 이루어진다.
② 어떤 쟁점에 대한 지식수준이 높지만 관여도가 낮은 공중을 비활동 공중이라고 한다.
③ 비활동 공중이 어떤 쟁점에 노출되면서 관여도가 높아지면 환기 공중으로 변한다.
④ 공중은 한 유형에서 다른 유형으로 변화할 수 없기 때문에 정책의 쟁점 관리를 할 필요가 없다.
⑤ 인지 공중의 경우, 쟁점에 대한 미디어 노출을 증가시키고 다른 사람과 쟁점에 대해 토론하게 만든다면 활동 공중으로 쉽게 변한다.

[ 스스로 작성해보는 해설 ]☞

①

②

③

④

⑤

> 한반도에서 연행된 곡예종목의 기원은 문헌 자료로 정확히 파악할 수 없다. 하지만 자생적 전통을 바탕으로 삼국시대에 서역과 중국으로부터 전래된 산악(散樂)과 백희(百戱)가 더해지면서 시작된 것으로 추정된다. 3세기에서 5세기경에 제작된 고구려 고분벽화에는 산악, 백희 등에 해당하는 여러 연희가 그려져 있다. 여기에는 나무다리걷기, 곤봉받기 등과 같은 곡예종목이 나타나지만, 중요한 곡예종목인 줄타기, 땅재주, 솟대타기는 등장하지 않는다. 그러나 고구려 이전 중국 한나라 고분에는 이런 종목이 많이 그려져 있다. 또 전문 연희집단이 산악과 백희를 함께 연행했다는 점을 고려하면, 고구려에서도 줄타기, 솟대타기, 땅재주 등이 연행되었을 것으로 추정된다.
>
> 곡예종목이 국내 문헌에 처음 등장하는 시기는 고려시대이다. 현재까지 발견된 곡예종목에 대한 최고(最古)의 기록은 이규보의 시인데, 여기서 고난도의 줄타기 연행을 묘사하고 있다. 또한 이규보는 「동국이상국집」에서 임금의 행차를 맞이할 때 연행했던 여러 연희를 설명하고 있다.
>
> 조선시대 연희를 보고 지은 「관나희」에는 봄에 임금과 신하가 궁궐에 모여 방울받기, 줄타기, 꼭두각시놀이, 솟대타기 등을 즐겼다는 기록이 있다. 「문종실록」에는 중국 사신 영접행사를 위해 베풀 연희에 관하여 논의하는 기록도 있다. 여기에서 줄타기, 방울받기, 땅재주는 가장 중요한 국빈인 중국 사신의 영접행사에서 빠짐없이 연행되었던 조선시대의 대표적 연희종목이었음을 확인할 수 있다. 성종 19년 조선에 왔던 명나라 사신 동월의 「조선부」를 보면, 그 시절 연희의 기교가 매우 세련되었음을 알 수 있다.
>
> ※ 연행(演行): 연출하여 행함
> ※ 연희(演戲): 말과 동작으로 많은 사람 앞에서 재주를 부름

① 고려시대와 조선시대의 임금은 연희를 볼 기회가 없었다.

② 한반도에서 연행된 곡예종목의 기원을 고려시대 문헌 자료를 통해서는 정확히 알 수 없다.

③ 한나라 고분벽화에서는 줄타기, 땅재주, 솟대타기 그림을 찾을 수 없다.

④ 중국 사신 동월은 고려시대 연희의 세련된 기교를 칭찬하는 기록을 남겼다.

⑤ 고구려에서는 나무다리걷기, 곤봉받기 등의 곡예 외에 줄타기, 땅재주, 솟대타기 등은 연행되지 않았을 것으로 추정된다.

[ 스스로 작성해보는 해설 ]

①

②

③

④

⑤

문 3. 다음 글을 근거로 추론할 때 옳은 것은?                    15년 5급 공채

> 티파티(Tea Party)는 '증세를 통한 큰 정부'를 반대하는 보수성향 유권자들을 일컫는다. 이들은 세금인하 외에도 건전한 재정 운영, 작은 정부, 국가안보 등 보수적인 가치를 내걸고 막대한 자금력을 동원해 공화당 내 강경파 보수 정치인들을 지원하고 있다.
>
> 티파티 운동이 첫 흑인 대통령 정권에서 현저해진 것은 '우연이 아니라 필연'이라는 지적이 있다. 역사를 거슬러 올라가면 1968년 공화당 후보 닉슨이 대통령 선거에서 승리하기 이전, 민주당은 뉴딜정책의 성공으로 흑인과 빈곤층, 노동자의 전폭적인 지지를 받고 있었다. 흑인의 60%가 거주하는 남부는 민주당의 표밭이었다. 닉슨은 1964년 민권법 제정 이후 흑인 투표율이 높아질 수 있다는 점을 선거에 이용했다. 닉슨은 이른바 '남부전략'으로 일컬어지는 선거전략을 통해, 흑인의 목소리가 정책에 더 많이 반영될 수 있다는 위기감을 남부 백인에게 심어주었다. 사회경제적 변화에 대한 백인의 두려움이 닉슨을 대통령에 앉힌 것이다. 이후 공화당 내 강경보수파는 증세를 통한 큰 정부 정책의 혜택이 흑인을 비롯한 소수자에게 더 많이 돌아갈 수 있다고 강조하면서, 정치적 기조를 작은 정부로 유지하였다.
>
> 티파티가 지원하는 공화당 내 강경보수파는 2010년 미국 중간선거를 기점으로 주요 정치세력으로 급부상하였다. 미국은 2010년 실시된 인구총조사에 기초하여 2012년 연방 하원의원 선거구를 재획정했다. 2000~2010년 미국 전체 유권자 중 백인 유권자 비율은 69%에서 64%로 줄었지만, 2012년 선거구 획정 시 공화당 우세 지역의 백인 유권자 비율은 73%에서 75%로 증가했다. 미국 내 인종 분포는 다양해지고 있지만 공화당이 우세한 지역구에서는 백인 유권자의 비율이 늘어났다. 선거구 개편 이후 민주당 우세 지역은 144곳에서 136곳으로 감소한 반면 공화당 우세 지역은 175곳에서 183곳으로 증가했다.

① 뉴딜정책 이후 티파티의 정치적 기반은 빈곤층과 남부의 흑인들이었다.
② 미국 선거에서 공화당이 유리해진 이유는 미국 전체 유권자 중 백인이 차지하는 비율이 증가했기 때문이다.
③ 1960년대 공화당의 남부전략은 증세정책이 백인에게 유리하다고 남부의 백인 유권자를 설득하는 것이었다.
④ 티파티는 소수인종의 복지 증진을 위하여 전반적인 세금인상을 지지한다.
⑤ 다른 조건의 변화가 없다고 가정한다면, 2016년 연방 하원의원 선거에서 공화당이 민주당보다 유리할 것이다.

**[ 스스로 작성해보는 해설 ]**

①

②

③

④

⑤

국민연금법이 정한 급여의 종류에는 노령연금, 장애연금, 유족연금, 반환일시금이 있다. 그 중 노령연금은 국민연금에 10년 이상 가입하였던 자 또는 10년 이상 가입 중인 자에게 만 60세가 된 때부터 그가 생존하는 동안 지급하는 급여를 말한다. 노령연금을 받을 권리자(노령연금 수급권자)와 이혼한 사람도 일정한 요건을 충족하면 노령연금을 분할한 일정 금액의 연금을 받을 수 있는데, 이를 분할연금이라 한다. 분할연금은 혼인기간 동안 보험료를 내는 데 부부가 힘을 합쳤으니 이혼 후에도 연금을 나누는 것이 공평하다는 취지가 반영된 것이다.

분할연금을 받기 위해서는 혼인기간(배우자의 국민연금 가입기간 중의 혼인기간만 해당)이 5년 이상인 자로서, ① 배우자와 이혼하였고, ② 배우자였던 사람이 노령연금 수급권자이며, ③ 만 60세가 되어야 한다. 이러한 요건을 모두 갖추게 된 때부터 3년 이내에 분할연금을 청구하면, 분할연금 수급권자는 생존하는 동안 분할연금을 수령할 수 있다. 분할연금 수급권은 그 수급권을 취득한 후에 배우자였던 사람이 사망 등의 사유로 노령연금을 수령할 수 없게 된 때에도 영향을 받지 않는다. 또한 분할연금은 재혼을 해도 계속해서 받을 수 있다.

분할연금액은 무조건 노령연금액을 반으로 나누는 것이 아니라, 혼인기간에 해당하는 연금을 균등하게 나눈 금액으로 한다. 그리고 분할연금을 받던 사람이 사망하면, 분할연금액은 전 배우자에게 원상복구되지 않고 그대로 소멸하게 된다. 한편 공무원연금, 군인연금, 사학연금 등에서는 연금 가입자와 이혼한 사람에게 분할연금을 인정하고 있지 않다.

① 국민연금 가입기간이 8년째인 A와 혼인한 B가 3년 만에 이혼한 경우, B는 A가 받는 노령연금에서 분할연금을 받을 수 있다.

② C와 이혼한 D가 C의 노령연금에서 30만원의 분할연금을 수령하고 있던 중 D가 사망한 경우, 이후 분할연금액 30만원은 C가 수령하게 된다.

③ E와 이혼한 F가 만 60세에 도달하지 않아도, E가 노령연금을 수령하는 때로부터 F는 분할연금을 받을 수 있다.

④ 공무원 G와 민간인 H가 이혼한 경우, G는 H가 받는 노령연금에서 분할연금을 받을 수 있고 H는 G가 받는 공무원연금에서 분할연금을 받을 수 있다.

⑤ I의 노령연금에서 분할연금을 수령하고 있던 J가 K와 결혼을 한 경우, J가 생존하는 동안 계속하여 I의 노령연금에서 분할연금을 받을 수 있다.

[ 스스로 작성해보는 해설 ]

①

②

③

④

⑤

문 5. 다음 글을 근거로 판단할 때, 〈보기〉에서 옳은 것만을 모두 고르면?  〔17년 5, 7급 민경채〕

> 주민투표제도는 주민에게 과도한 부담을 주거나 중대한 영향을 미치는 주요사항을 결정하는 과정에서 주민에게 직접 의사를 표시할 수 있는 기회를 주기 위해 2004년 1월 주민투표법에 의해 도입되었다. 주민투표법에서는 주민 투표를 실시할 수 있는 권한을 지방자치단체장에게만 부여하고 있다. 한편 중앙행정기관의 장은 지방자치단체장에게 주민투표 실시를 요구할 수 있고, 지방의회와 지역주민은 지방자치단체장에게 주민투표 실시를 청구할 수 있다.
>
> 주민이 직접 조례의 제정 및 개폐를 청구할 수 있는 주민발의제도는 1998년 8월 지방자치법의 개정으로 도입되었다. 주민발의는 지방자치단체장에게 청구하도록 되어 있는데, 지방자치단체장은 청구를 수리한 날로부터 60일 이내에 조례의 제정 또는 개폐안을 작성하여 지방의회에 부의하여야 한다. 주민발의를 지방자치단체장에게 청구하려면 선거권이 있는 19세 이상 주민 일정 수 이상의 서명을 받아야 한다. 청구에 필요한 주민의 수는 지방자치단체의 조례로 정하되 인구가 50만명 이상인 대도시에서는 19세 이상 주민 총수의 100분의 1 이상 70분의 1 이하의 범위 내에서, 그리고 그 외의 시·군 및 자치구에서는 19세 이상 주민 총수의 50분의 1 이상 20분의 1 이하의 범위 내에서 정하도록 하고 있다.
>
> 주민소환제도는 선출직 지방자치단체장 또는 지방의회의원의 위법·부당행위, 직무유기 또는 직권남용 등에 대한 책임을 묻는 제도로, 2006년 5월 지방자치법 개정으로 도입되었다. 주민소환 실시의 청구를 위해서도 주민소환에 관한 법률에 따라 일정 수 이상 주민의 서명을 받아야 한다. 광역자치단체장을 소환하고자 할 때는 선거권이 있는 19세 이상 주민 총수의 100분의 10 이상, 기초자치단체장에 대해서는 100분의 15 이상, 지방의회 지역구의원에 대해서는 100분의 20 이상의 서명을 받아야 주민소환 실시를 청구할 수 있다.

─── 보 기 ───

> ㄱ. 주민투표법에서 주민투표를 실시할 수 있는 권한은 지방자치단체장만이 가지고 있다.
> ㄴ. 인구 70만명인 甲시에서 주민발의 청구를 위해서는 19세 이상 주민 총수의 50분의 1 이상 20분의 1 이하의 범위에서 서명을 받아야 한다.
> ㄷ. 주민발의제도에 근거할 때 주민은 조례의 제정 및 개폐에 관한 사항을 지방의회에 대해 직접 청구할 수 없다.
> ㄹ. 기초자치단체인 乙시의 丙시장에 대한 주민소환 실시의 청구를 위해서는 선거권이 있는 19세 이상 주민의 100분의 20 이상의 서명을 받아야 한다.

① ㄱ, ㄷ  
② ㄱ, ㄹ  
③ ㄴ, ㄷ  
④ ㄱ, ㄴ, ㄹ  
⑤ ㄴ, ㄷ, ㄹ

[ 스스로 작성해보는 해설 ]

ㄱ.

ㄴ.

ㄷ.

ㄹ.

문 1 **정답** ③　　　　　　　　　　　　　　　　　　　　　　　　　　　　　　≫ 정보의 이해 및 적용

※ 선지 분석, 합리적 예단, 제시문 분석을 적용한 해설

① 정책의 쟁점 관리는 정책 쟁점이 미디어 의제로 전환되기 전에 이루어진다.

→ 정책의 쟁점 관리가 이루어지는 시점에 대한 선지로 정책 쟁점이 미디어 의제로 전환되기 전에 쟁점 관리가 이루어지는 것이 맞는지 제시문에서 확인이 필요하다. ( ? )

② 어떤 쟁점에 대한 지식수준이 높지만 관여도가 낮은 공중을 비활동 공중이라고 한다.

→ 비활동 공중에 대한 개념을 묻는 선지로, 비활동 공중이 지식수준이 높지만 관여도가 낮은지 제시문에서 확인해야 한다. 지식수준과 관여도 수준을 뒤바꾸면 오선지를 구성하기 쉬우므로 이 부분을 주의 깊게 보아야 한다. ( ? )

③ 비활동 공중이 어떤 쟁점에 노출되면서 관여도가 높아지면 환기 공중으로 변한다.

→ 비활동 공중 개념과 비활동 공중이 관여도가 높아지면 환기 공중으로 변화하는지를 제시문에서 파악해야 한다. 관여도 아닌 다른 변수가 달라져야 변화하는지, 환기 공중이 아닌 다른 유형으로 변화하는 것인지를 확인해야 한다. ( ? )

④ 공중은 한 유형에서 다른 유형으로 변화할 수 없기 때문에 정책의 쟁점 관리를 할 필요가 없다.

→ ③번 선지의 내용이 공중의 유형 변화에 관련된 것이고, 선지만으로 쟁점 관리의 개념은 알 수 없지만, 상식적으로 '관리'는 어떤 상황이나 변수를 원하는 방향으로 통제하는 것을 의미하므로 공중이 다른 유형으로 변화할 수 없다면 관리에 대한 논의 자체가 필요 없을 것이다. 또한 옳은 것을 고르는 문제이므로 오선지 구분에 엄격한 기준을 적용하여, 상식에 부합하지 않는 오선지라고 합리적 예단을 내릴 수 있다. ( X )

⑤ 인지 공중의 경우, 쟁점에 대한 미디어 노출을 증가시키고 다른 사람과 쟁점에 대해 토론하게 만든다면 활동 공중으로 쉽게 변한다.

→ 인지 공중이 미디어 노출과 토론을 통해 활동 공중으로 쉽게 변하는지는 제시문에서 확인해 보아야 한다. 인지 공중이 활동 공중으로 변하는 요건이 다르거나, 인지 공중이 미디어 노출과 토론을 통해 변하는 유형이 활동 공중이 아닌 다른 유형인지가 중요하다. ( ? )

이 제시문은 다양한 개념이 등장하는 유형으로 핵심문장을 찾아 연결한다고 해서 제시문 전체의 흐름이 한 눈에 파악되지는 않는다. 이런 유형은 선지에서 파악한 키워드를 제시문에서 빠르게 찾아 비교하며 정오 판단을 해야 한다. 다만, 각 개념이 유기적으로 연결되어 있어 구도조를 그려보면 제시문의 내용 파악에 도움이 된다.

> 정책의 쟁점 관리는 정책 쟁점에 대한 부정적 인식을 최소화하여 정책의 결정 및 집행에 우호적인 환경을 조성하기 위한 행위를 말한다. 이는 정책 쟁점이 미디어 의제로 전환된 후부터 진행된다.
> 정책의 쟁점 관리에서는 쟁점에 대한 지식수준과 관여도에 따라 공중(公衆)의 유형을 구분하여 공중의 특성에 맞는 전략적 대응방안을 제시한다. 어떤 쟁점에 대해 지식수준과 관여도가 모두 낮은 공중은 '비활동 공중'이라고 한다. 그러나 쟁점에 대한 지식수준이 낮더라도 쟁점에 노출되어 쟁점에 대한 관여도가 높아지게 되면 이들은 '환기 공중'으로 변화한다. 이러한 환기 공중이 쟁점에 대한 지식수준까지 높아지면 지식수준과 관여도가 모두 높은 '활동 공중'으로 변하게 된다. 쟁점에 대한 지식수준이 높지만 관여도가 높지 않은 공중은 '인지 공중'이라고 한다.
> 인지 공중은 사회의 다양한 쟁점에 관한 지식을 가지고 있지만 적극적으로 활동하지 않아 이른바 행동하지 않는 지식인이라고도 불리는데, 이들의 관여도를 높여 활동 공중으로 이끄는 것은 매우 어렵다. 이 때문에 이들이 정책 쟁점에 긍정적 태도를 가지게 하는 것만으로도 전략적 성공이라고 볼 수 있다. 반면 환기 공중은 지식수준은 낮지만 쟁점 관여도가 높은 편이어서 문제해결에 필요한 지식을 얻게 된다면 활동 공중으로 변화한다. 따라서 이들에게는 쟁점에 대한 미디어 노출을 증가시키거나 다른 사람과 쟁점에 대해 토론하게 함으로써 지식수준을 높이는 전략을 취할 필요가 있다. 한편 활동 공중은 쟁점에 대한 지식수준과 관여도가 모두 높기 때문에 조직화될 개연성이 크고, 자신의 목적을 이루기 위해 시간과 노력을 아낌없이 투자할 자세가 되어 있다. 정책의 쟁점 관리를 제대로 하려면 이들이 정책을 우호적으로 판단할 수 있도록 하는 다양한 전략을 마련하여야 한다.

| 1문단 | 2문단 | | | | 3문단 |
|---|---|---|---|---|---|
| 쟁점 관리 개념/시기 | 공중의 유형과 변화 | | | | 유형별 대응 |
| • 정책 쟁점에 대한 부정적 인식 최소화<br>• 정책 쟁점의 미디어 쟁점 전환 후 | 비활동 | 환기 | 활동 | 인지 | • 인지 공중은 관여도 높여도 활동 공중 되기 어려움<br>• 활동 공중에 대한 쟁점 관리 하려면 다양한 전략이 필요함 |
| | 지식수준 ↓ | 지식수준 ↓ | 지식수준 ↑ | 지식수준 ↑ | |
| | 관여도 ↓ | 관여도 ↑ | 관여도 ↑ | 관여도 ↓ | |
| | 관여도 높이면 환기 공중 → | 지식수준 높이면 활동 공중 → | | | |
| ① 정책 쟁점 관리는 정책 쟁점이 미디어 의제 전환 후에 이루어짐(X) | ② 지식수준 높지만 관여도 낮은 공중은 인지 공중(X)<br>③ 비활동 공중이 관여도가 높아지면 환기 공중이 됨(O)<br>④ 한 유형에서 다른 유형으로 변화할 수 없는 것은 인지 공중에 해당되는 내용이며, 유형간 변화가 가능함(X) | | | | ⑤ 인지 공중은 활동 공중으로 쉽게 변하지 않음(X) |

2문단까지만 확인하면 ③번이 답임을 알 수 있고, 합리적 예단을 적용한대로 ④번은 오선지다. 실제 시험이라면 굳이 3문단까지 읽을 필요는 없다.

**문 2** 정답 ②                                    ≫정보의 이해 및 적용

※ 선지 분석, 합리적 예단, 제시문 분석을 적용한 해설

① 고려시대와 조선시대의 임금은 연희를 볼 기회가 없었다.

→ 고려와 조선시대의 임금이 연희를 볼 기회가 없었는지는 제시문에서 확인해보아야 하나, 고려와 조선의 임금이 모두 연희를 보지 못했다고 서술하고 있으므로 단정적 선지로 보아 오선지라고 의심해볼 수 있겠다. ( △ )

② 한반도에서 연행된 곡예종목의 기원을 고려시대 문헌 자료를 통해서는 정확히 알 수 없다.

→ 한반도에서 연행된 곡예종목의 기원을 고려의 문헌으로 알 수 있는지는 제시문에서 확인해보아야 한다. ( ? )

③ 한나라 고분벽화에서는 줄타기, 땅재주, 솟대타기 그림을 찾을 수 없다.

→ 제시문에서 한나라 고분벽화에 줄타기, 땅재주, 솟대타기 그림이 있는지 여부를 찾아보아야 한다. ( ? )

④ 중국 사신 동월은 고려시대 연희의 세련된 기교를 칭찬하는 기록을 남겼다.

→ 동월이 중국사신이 맞는지, 고려시대 연희에 대한 언급인지, 기교를 칭찬한 것인지 비난한 것인지 3개를 제시문에서 찾아보아야 한다. ( ? )

⑤ 고구려에서는 나무다리걷기, 곤봉받기 등의 곡예 외에 줄타기, 땅재주, 솟대타기 등은 연행되지 않았을 것으로 추정된다.

→ 고구려에서는 나무다리걷기와 곤봉받기만 연행되고, 줄타기, 땅재주, 솟대타기 등은 연행되지 않았을 것으로 보이는지는 제시문에서 확인해보아야 한다. 만약 옳지 않은 것을 고르는 문제였다면 '추정된다.'라고 조심스러운 표현을 사용한 이 선지는 정선지로 예측하겠지만, 옳은 것을 고르는 문제이므로 곡예 종목을 바꿔 오선지로 만들었는지 보아야 한다. ( ? )

다양한 개념이 등장하므로 선지의 키워드 중심으로 제시문과 비교하며 정오 판단하는 것이 좋다.

한반도에서 연행된 곡예종목의 기원은 문헌 자료로 정확히 파악할 수 없다. 하지만 자생적 전통을 바탕으로 삼국시대에 서역과 중국으로부터 전래된 산악(散樂)과 백희(百戲)가 더해지면서 시작된 것으로 추정된다. 3세기에서 5세기경에 제작된 고구려 고분벽화에는 산악, 백희 등에 해당하는 여러 연희가 그려져 있다. 여기에는 나무다리걷기, 곤봉받기 등과 같은 곡예종목이 나타나지만, 중요한 곡예종목인 줄타기, 땅재주, 솟대타기는 등장하지 않는다. 그러나 고구려 이전 중국 한나라 고분에는 이런 종목이 많이 그려져 있다. 또 전문 연희집단이 산악과 백희를 함께 연행했다는 점을 고려하면, 고구려에서도 줄타기, 솟대타기, 땅재주 등이 연행되었을 것으로 추정된다.

곡예종목이 국내 문헌에 처음 등장하는 시기는 고려시대이다. 현재까지 발견된 곡예종목에 대한 최고(最古)의 기록은 이규보의 시인데, 여기서 고난도의 줄타기 연행을 묘사하고 있다. 또한 이규보는 「동국이상국집」에서 임금의 행차를 맞이할 때 연행했던 여러 연희를 설명하고 있다.

조선시대 연희를 보고 지은 「관나희」에는 봄에 임금과 신하가 궁궐에 모여 방울받기, 줄타기, 꼭두각시놀이, 솟대타기 등을 즐겼다는 기록이 있다. 「문종실록」에는 중국 사신 영접행사를 위해 베풀 연희에 관하여 논의하는 기록도 있다. 여기에서 줄타기, 방울받기, 땅재주는 가장 중요한 국빈인 중국 사신의 영접행사에서 빠짐없이 연행되었던 조선시대의 대표적 연희종목이었음을 확인할 수 있다. 성종 19년 조선에 왔던 명나라 사신 동월의 「조선부」를 보면, 그 시절 연희의 기교가 매우 세련되었음을 알 수 있다.

| 1문단 | 2문단 | 3문단 |
| --- | --- | --- |
| 한반도 곡예종목의 기원 | 고려 문헌에 등장하는 곡예 | 조선시대의 연희종목 |
| • 한반도 곡예종목의 기원은 문헌 자료로 정확히 파악불가.<br>• 고구려 벽화 나무다리걷기, 곤봉받기 등장, 줄타기, 땅재주, 솟대타기 등장하지 않으나 고구려에서도 줄타기, 솟대타기, 땅재주 등이 연행되었을 것으로 추정됨.<br>• 한나라 고분에는 이런 종목이 많이 그려져 있음. | • 이규보의 시에서 고난도의 줄타기 연행을 묘사.<br>• 이규보의 동국이상국집에서 임금의 행차를 맞이할 때 연행했던 여러 연희를 설명. | • 조선시대 연희에서 임금과 신하가 방울받기, 줄타기, 꼭두각시놀이, 솟대타기를 즐김.<br>• 조선에 왔던 명나라 사신 동월의 조선부를 보면, 그 시절 연희의 기교가 매우 세련되었음을 알 수 있음. |
| ② 한반도에서 연행된 곡예종목의 기원을 고려시대 문헌 자료를 통해서는 정확히 알 수 없다. (O)<br>③ 한나라 고분벽화에서는 줄타기, 땅재주, 솟대타기 그림을 찾을 수 있다. (X)<br>⑤ 고구려에서도 나무다리걷기, 곤봉받기 등의 곡예 외에 줄타기, 땅재주, 솟대타기 등은 연행되었을 것으로 추정된다. (X) | ① 고려시대의 임금은 연희를 볼 기회가 있었다. (X) | ④ 중국 사신 동월은 조선시대 연희의 세련된 기교를 칭찬 (X) |

1문단을 통해 ②번이 정답임을 알 수 있다. 실제 시험이라면 선지분석을 마치고 제시문을 읽는 과정에서 1문단까지만 보고 다음 문제로 넘어갈 수 있어야 한다.

**문 3** 정답 ⑤　　　　　　　　　　　　　　　　　　　　　　　　≫ 정보의 이해 및 적용

※ 선지 분석, 합리적 예단, 제시문 분석을 적용한 해설

① 뉴딜정책 이후 티파티의 정치적 기반은 빈곤층과 남부의 흑인들이었다.
→ 뉴딜정책 이후 티파티의 기반이 변화하였는지, 빈곤층과 남부의 흑인 두 집단이 모두 티파티의 기반이 되었는지를 제시문에서 찾아보아야 한다. ( ? → △ )

② 미국 선거에서 공화당이 유리해진 이유는 미국 전체 유권자 중 백인이 차지하는 비율이 증가했기 때문이다.
→ 전체 유권자 중 백인의 비율이 증가한 것이 선거에서 공화당이 유리해진 이유인지를 제시문에서 확인해야 한다. 일반적으로 공화당 지지층이 백인이므로 상식에는 반하지 않지만, 인과관계를 바꿔 오선지로 구성할 수 있으므로 주의해야 한다. ( ? )

③ 1960년대 공화당의 남부전략은 증세정책이 백인에게 유리하다고 남부의 백인 유권자를 설득하는 것이었다.
→ 60년대 공화당의 남부전략이 백인에게 증세정책이 유리하다고 설득하는 것인지를 제시문에서 확인해보아야 한다. ( ? )

④ 티파티는 소수인종의 복지 증진을 위하여 전반적인 세금인상을 지지한다.
→ 소수인종의 복지 증진 위해 세금인상을 지지하는 유권자들이 티파티 구성원이 맞는지 제시문에서 찾아보아야 한다. ①에서 언급한대로 티파티의 구성원이 빈곤층과 남부의 흑인들이라면 상식적으로 ④번도 옳은 내용이 될 수 있는데, 옳은 것을 고르는 문제이므로 ①, ④번이 동시에 정선지가 될 수는 없다. 그러므로 ①, ④ 모두 오선지가 아닌지 의심해보자. ( △ )

⑤ 다른 조건의 변화가 없다고 가정한다면, 2016년 연방 하원의원 선거에서 공화당이 민주당보다 유리할 것이다.
→ 공화당이 민주당보다 2016년 하원의원 선거에서 유리한지 제시문에서 확인이 필요하다. ( ? )

선지 분석을 통해 제시문에서 티파티의 구성원과 정치적 성향을 주의해서 보아야 함을 파악할 수 있다. 선지만으로는 알 수 없었지만 티파티와 공화당의 관계를 파악하는 것이 문제해결의 키 포인트라는 것도 생각하면 좋겠다.

티파티(Tea Party)는 '증세를 통한 큰 정부'를 반대하는 보수성향 유권자들을 일컫는다. 이들은 세금인하 외에도 건전한 재정 운영, 작은 정부, 국가안보 등 보수적인 가치를 내걸고 막대한 자금력을 동원해 공화당 내 강경파 보수 정치인들을 지원하고 있다.
티파티 운동이 첫 흑인 대통령 정권에서 현저해진 것은 '우연이 아니라 필연'이라는 지적이 있다. 역사를 거슬러 올라가면 1968년 공화당 후보 닉슨이 대통령 선거에서 승리하기 이전, 민주당은 뉴딜정책의 성공으로 흑인과 빈곤층, 노동자의 전폭적인 지지를 받고 있었다. 흑인의 60%가 거주하는 남부는 민주당의 표밭이었다. 닉슨은 1964년 민권법 제정 이후 흑인 투표율이 높아질 수 있다는 점을 선거에 이용했다. 닉슨은 이른바 '남부전략'으로 일컬어지는 선거전략을 통해, 흑인의 목소리가 정책에 더 많이 반영될 수 있다는 위기감을 남부 백인에게 심어주었다. 사회경제적 변화에 대한 백인의 두려움이 닉슨을 대통령에 앉힌 것이다. 이후 공화당 내 강경보수파는 증세를 통한 큰 정부 정책의 혜택이 흑인을 비롯한 소수자에게 더 많이 돌아갈 수 있다고 강조하면서, 정치적 기조를 작은 정부로 유지하였다.
티파티가 지원하는 공화당 내 강경보수파는 2010년 미국 중간선거를 기점으로 주요 정치세력으로 급부상하였다. 미국은 2010년 실시된 인구총조사에 기초하여 2012년 연방 하원의원 선거구를 재획정했다. 2000~2010년 미국 전체 유권자 중 백인 유권자 비율은 69%에서 64%로 줄었지만, 2012년 선거구 획정 시 공화당 우세 지역의 백인 유권자 비율은 73%에서 75%로 증가했다. 미국 내 인종 분포는 다양해지고 있지만 공화당이 우세한 지역구에서는 백인 유권자의 비율이 늘어났다. 선거구 개편 이후 민주당 우세 지역은 144곳에서 136곳으로 감소한 반면 공화당 우세 지역은 175곳에서 183곳으로 증가했다.

| 1문단 | 2문단 | 3문단 |
|---|---|---|
| 티파티의 구성원과 지원 대상 | 남부전략의 효과 | 선거구 개편 이후의 상황 |
| 티파티는 '증세 통한 큰 정부'를 반대하는 보수성향 유권자<br>공화당 내 강경파 보수 정치인들을 지원 | 닉슨의 남부전략 이후, 공화당 내 강경보수파는 큰 정부의 혜택이 흑인과 소수자에게 돌아갈 수 있다고 강조, 정치적 기조를 작은 정부로 유지함 | • 공화당이 우세한 지역구에서 백인 유권자의 비율 증가.<br>• 선거구 개편 이후 민주당 우세 지역은 감소 공화당 우세지역은 증가 |
| ④ 티파티는 '증세를 통한 큰 정부'를 반대하는 보수성향 유권자이므로 세금인상을 지지하지 않는다. (X) | ③ 1960년대 공화당의 남부전략은 흑인의 목소리가 정책에 더 많이 반영될 수 있다는 위기감을 남부 백인에게 심어주는 것이었다. (X) | ② 미국 전체 유권자 중 백인의 비율은 줄었다. (X)<br>⑤ 다른 조건의 변화가 없다고 가정한다면, 2016년 연방 하원의원 선거에서 공화당이 민주당보다 유리할 것이다. (O) |

① 티파티는 공화당 내 강경파 보수 정치인들을 지지하는 보수 성향 유권자들로, 공화당 내 강경보수파는 증세를 통한 큰 정부 정책의 혜택이 흑인을 비롯한 소수자에게 더 많이 돌아갈 수 있다고 강조하면서 정치적 기조를 작은 정부로 유지한 점과, 공화당 우세 지역구에서 백인 유권자 비율이 증가한 점으로 미루어 볼 때 티파티의 정치적 기반이 빈곤층과 흑인일 수 없다. (X)

이 문제의 경우, 결국 제시문을 끝까지 읽어야 정답을 찾을 수 있으므로 난도가 높은 편이라고 할 수 있다. 그만큼 연습하기 좋은 문제이므로 틀렸다면 복습하는 과정에서 꼼꼼하게 분석해보자.

## 문 4 정답 ⑤　　　　　　　　　　　　　　　　　　》》 정보의 이해 및 적용

※ 선지 분석, 합리적 예단, 제시문 분석을 적용한 해설

① 국민연금 가입기간이 8년째인 A와 혼인한 B가 3년 만에 이혼한 경우, B는 A가 받는 노령연금에서 분할연금을 받을 수 있다.

→ 제시문에서 분할연금의 개념과 연금수령 요건을 충족 여부 확인이 필요하다. ( ? )

② C와 이혼한 D가 C의 노령연금에서 30만원의 분할연금을 수령하고 있던 중 D가 사망한 경우, 이후 분할연금액 30만원은 C가 수령하게 된다.

→ 이혼한 배우자가 분할연금 수령 중에 사망하면 본래의 연금수령자가 다시 그 금액을 수령하는지는 제시문을 읽어보아야 정오를 판단할 수 있다. ( ? )

③ E와 이혼한 F가 만 60세에 도달하지 않아도, E가 노령연금을 수령하는 때로부터 F는 분할연금을 받을 수 있다.

→ 이혼한 배우자가 만 60세에 도달하지 않더라도 노령연금 수령자가 연금을 받기 시작하면 이혼한 배우자도 분할연금을 받는지 제시문에서 확인해야 한다. ( ? )

④ 공무원 G와 민간인 H가 이혼한 경우, G는 H가 받는 노령연금에서 분할연금을 받을 수 있고 H는 G가 받는 공무원 연금에서 분할연금을 받을 수 있다.

→ 노령연금 수령자의 배우자가 공무원인 경우에도 노령연금에서 분할연금 받을 수 있는지, 반대로 공무원인 배우자의 공무원 연금에서 분할연금을 받을 수 있는지를 확인해야 한다. ( ? )

⑤ I의 노령연금에서 분할연금을 수령하고 있던 J가 K와 결혼을 한 경우, J가 생존하는 동안 계속하여 I의 노령연금에서 분할연금을 받을 수 있다.

→ 분할연금 수령자가 재혼한 경우에도 계속하여 이전 배우자의 노령연금에서 분할연금을 수령할 수 있는지 제시문에서 확인해야 한다. ( ? )

합리적 예단을 할 수 있는 선지는 없었지만, 이렇게 제시문에서 확인해야 할 것이 무엇인지를 미리 파악하지 않고 제시문을 먼저 읽었다면 선지의 정오 판단에 많은 시간이 필요했을 것이다.

국민연금법이 정한 급여의 종류에는 노령연금, 장애연금, 유족연금, 반환일시금이 있다. 그 중 노령연금은 국민연금에 10년 이상 가입하였던 자 또는 10년 이상 가입 중인 자에게 만 60세가 된 때부터 그가 생존하는 동안 지급하는 급여를 말한다. 노령연금을 받을 권리자(노령연금 수급권자)와 이혼한 사람도 일정한 요건을 충족하면 노령연금을 분할한 일정 금액의 연금을 받을 수 있는데, 이를 분할연금이라 한다. 분할연금은 혼인기간 동안 보험료를 내는 데 부부가 힘을 합쳤으니 이혼 후에도 연금을 나누는 것이 공평하다는 취지가 반영된 것이다.

분할연금을 받기 위해서는 혼인기간(배우자의 국민연금 가입기간 중의 혼인기간만 해당)이 5년 이상인 자로서, ① 배우자와 이혼하였고, ② 배우자였던 사람이 노령연금 수급권자이며, ③ 만 60세가 되어야 한다. 이러한 요건을 모두 갖추게 된 때부터 3년 이내에 분할연금을 청구하면, 분할연금 수급권자는 생존하는 동안 분할연금을 수령할 수 있다. 분할연금 수급권은 그 수급권을 취득한 후에 배우자였던 사람이 사망 등의 사유로 노령연금을 수령할 수 없게 된 때에도 영향을 받지 않는다. 또한 분할연금은 재혼을 해도 계속해서 받을 수 있다.

분할연금액은 무조건 노령연금액을 반으로 나누는 것이 아니라, 혼인기간에 해당하는 연금을 균등하게 나눈 금액으로 한다. 그리고 분할연금을 받던 사람이 사망하면, 분할연금액은 전 배우자에게 원상복구되지 않고 그대로 소멸하게 된다. 한편 공무원연금, 군인연금, 사학연금 등에서는 연금 가입자와 이혼한 사람에게 분할연금을 인정하고 있지 않다.

| 1문단 | 2문단 | 3문단 |
|---|---|---|
| 노령연금과 분할연금의 개념 | 분할연금 수령의 요건 | 분할연금 액수와 소멸, 수령불가 조건 |
| • 노령연금은 국민연금 10년 이상 가입자가 만 60세가 된 때부터 그가 생존하는 동안 지급하는 급여.<br>• 분할연금은 노령연금을 받을 권리자와 이혼한 사람도 일정한 요건 충족 시 노령연금을 분할한 일정 금액의 연금을 받을 수 있도록 한 것. | • 연금 가입 중 혼인 5년 이상, 이혼, 배우자가 노령연금 수급권자, 만 60세, 3년 이내에 분할연금 청구하면 생존하는 동안 분할연금 수령.<br>• 분할연금 수급권 취득한 후에 배우자였던 사람이 사망 등의 사유로 노령연금을 수령할 수 없더라도 영향 없음.<br>• 분할연금은 재혼해도 수령. | • 혼인기간에 해당하는 연금을 균등하게 나눈 금액으로 한다.<br>• 분할연금을 받던 사람이 사망하면, 분할연금액은 전 배우자에게 원상복구되지 않고 그대로 소멸하게 된다.<br>• 공무원연금, 군인연금, 사학연금 등에서는 연금 가입자와 이혼한 사람에게 분할연금을 인정하고 있지 않다. |
| | ① 국민연금 가입기간이 8년째인 A와 혼인한 B가 3년 만에 이혼한 경우 분할연금을 받을 수 없다. (X)<br>③ F 자신이 만 60세에 도달해야 분할연금 받을 수 있다. (X)<br>⑤ 분할연금은 재혼해도 계속 받을 수 있으므로, J는 계속 분할연금을 받을 수 있다. (O) | ② D가 C의 노령연금에서 분할연금 수령하다가 D가 사망한 경우, 이후 분할연금액은 소멸한다. (X)<br>④ 공무원 G는 민간인 H의 노령연금에서 분할연금을 받을 수 있을지 모르나, 민간인 H는 G가 받는 공무원연금에서 분할연금을 받을 수 없다. (X) |

1문단에서는 개념만 파악하고 빠르게 2문단으로 넘어가서 선지의 정오를 판단하여 ⑤번이 답임을 찾을 수 있다. 실전이라면 3문단은 굳이 읽지 않아도 된다.

※ 선지 분석, 합리적 예단, 제시문 분석을 적용한 해설

ㄱ. 주민투표법에서 주민투표를 실시할 수 있는 권한은 지방자치단체장만이 가지고 있다.

→ 주민투표 실시 권한자가 지방지지단체장만 있는지 확인해야 한다. 단정적 선지이므로 오선지가 아닌지 의심해볼 수
   있다. ( △ )

ㄴ. 인구 70만명인 甲시에서 주민발의 청구를 위해서는 19세 이상 주민 총수의 50분의 1 이상 20분의 1 이하의 범위
   에서 서명을 받아야 한다.

→ 인구 70만명 甲시의 주민발의 청구를 위한 서명 요건을 제시문에서 확인해야 한다. ( ? )

ㄷ. 주민발의제도에 근거할 때 주민은 조례의 제정 및 개폐에 관한 사항을 지방의회에 대해 직접 청구할 수 없다.

→ 주민발의제도에서 조례 제정, 개폐에 대하여 주민이 지방의회에 직접 청구할 수 있는지 여부를 제시문에서 확인해보
   아야 한다. ( ? )

ㄹ. 기초자치단체인 乙시의 丙시장에 대한 주민소환 실시의 청구를 위해서는 선거권이 있는 19세 이상 주민의 100분의
   20 이상의 서명을 받아야 한다.

→ 기초자치단체장에 대한 주민소환실시 청구를 위한 요건을 제시문에서 확인해야 한다. ( ? )

선지 분석을 통해 주민투표, 주민발의, 주민소환 3가지 제도에 대하여 묻는 제시문임을 알 수 있다. 각 제도의 실시 권
한자, 청구 요건, 청구 대상이 키워드이므로 제시문에서 이 키워드를 찾아 빠르게 선지의 정오를 판단해야 한다.

---

주민투표제도는 주민에게 과도한 부담을 주거나 중대한 영향을 미치는 주요사항을 결정하는 과정에서 주민에게 직접
의사를 표시할 수 있는 기회를 주기 위해 2004년 1월 주민투표법에 의해 도입되었다. 주민투표법에서는 주민 투표
를 실시할 수 있는 권한을 지방자치단체장에게만 부여하고 있다. 한편 중앙행정기관의 장은 지방자치단체장에게 주민
투표 실시를 요구할 수 있고, 지방의회와 지역주민은 지방자치단체장에게 주민투표 실시를 청구할 수 있다.
주민이 직접 조례의 제정 및 개폐를 청구할 수 있는 주민발의제도는 1998년 8월 지방자치법의 개정으로 도입되었
다. 주민발의는 지방자치단체장에게 청구하도록 되어 있는데, 지방자치단체장은 청구를 수리한 날로부터 60일 이내에
조례의 제정 또는 개폐안을 작성하여 지방의회에 부의하여야 한다. 주민발의를 지방자치단체장에게 청구하려면 선거
권이 있는 19세 이상 주민 일정 수 이상의 서명을 받아야 한다. 청구에 필요한 주민의 수는 지방자치단체의 조례로
정하되 인구가 50만명 이상인 대도시에서는 19세 이상 주민 총수의 100분의 1 이상 70분의 1 이하의 범위 내에
서, 그리고 그 외의 시·군 및 자치구에서는 19세 이상 주민 총수의 50분의 1 이상 20분의 1 이하의 범위 내에서
정하도록 하고 있다.
주민소환제도는 선출직 지방자치단체장 또는 지방의회의원의 위법·부당행위, 직무유기 또는 직권남용 등에 대한 책
임을 묻는 제도로, 2006년 5월 지방자치법 개정으로 도입되었다. 주민소환 실시의 청구를 위해서도 주민소환에 관한
법률에 따라 일정 수 이상 주민의 서명을 받아야 한다. 광역자치단체장을 소환하고자 할 때는 선거권이 있는 19세
이상 주민 총수의 100분의 10 이상, 기초자치단체장에 대해서는 100분의 15 이상, 지방의회 지역구의원에 대해서
는 100분의 20 이상의 서명을 받아야 주민소환 실시를 청구할 수 있다.

| 1문단 | 2문단 | 3문단 |
|---|---|---|
| 주민투표제도 | 주민발의제도 | 주민소환제도 |
| • 실시권한 = 지방자치단체장<br>• 실시요구 = 중앙행정기관의 장<br>• 청구권 = 지방의회, 지역주민 | • 의의 = 주민이 직접 조례 제정 및 개폐를 청구<br>• 청구대상 = 지방자치단체장<br>• 요건 = 선거권 있는 19세 이상 주민 일정 수 이상 서명 필요. 50만명 이상인 대도시에서는 19세 이상 주민 총수의 100분의 1 이상 70분의 1 이하, 그 외의 시·군 및 자치구에서는 19세 이상 주민 총수의 50분의 1 이상 20분의 1 이하 | • 광역자치단체장 소환 요건은 선거권 있는 19세 이상 주민 100분의 10 이상의 서명<br>• 기초자치단체장 소환 요건은 선거권 있는 19세 이상 주민 100분의 15 이상의 서명<br>• 지방의회 지역구의원 소환은 선거권 있는 19세 이상 주민 100분의 20 이상의 서명을 받아야 주민소환 실시 청구가능 |
| ㄱ. 주민투표법에서 주민투표를 실시할 수 있는 권한은 지방자치단체장만이 가지고 있다. (O) | ㄴ. 인구 70만명인 甲시에서 주민발의 청구를 위해서는 19세 이상 주민 총수의 <u>100분의 1 이상 70분의 1 이하</u>의 범위에서 서명을 받아야 한다. (X)<br>ㄷ. 주민발의제도에 근거할 때 주민은 조례의 제정 및 개폐에 관한 사항을 지방의회에 대해 직접 청구할 수 없다. (O) | ㄹ. 기초자치단체인 乙시의 丙시장에 대한 주민소환 실시의 청구를 위해서는 선거권이 있는 19세 이상 주민의 <u>100분의 15 이상의 서명</u>을 받아야 한다. (X) |

MEMO

실전 최적화

# PSAT

상황판단의 비결

# CHAPTER 05

# 규정의 이해 및 적용

# 규정의 이해 및 적용

## 1 유형의 이해

규정의 이해 및 적용은 2021년 7급 PSAT 상황판단에서 25문항 중 7문항이 출제되었다. 예상했던 것보다 선지가 복잡하지 않았고, 단서조항이 없거나 간단하게 제시되었다. 또한 주어지는 상황이 단순하여 5급 문제에 비해 난도가 수월했을 것으로 보인다. 실무적성을 직접적으로 평가할 수 있는 유형이니만큼 앞으로는 좀 더 복잡하고 어려운 문제들이 출제될 것으로 예상되며, 문항 수도 최대 9문항까지 출제될 수 있다고 본다.

법조문에 익숙하지 않다면, 문장 서술과 구성이 낯설어 처음에는 어렵다고 느낄 수 있지만, 익숙해지면 어디서 문제가 출제될 것인지, 어떤 부분이 혼동을 유발하므로 주의해야 하는지 금방 감을 잡을 수 있으므로 거의 다 맞춘다는 마음가짐으로 문제를 풀어야 한다. 문제 풀이 시간은 1분 30초에서 최대 2분 정도로 이 유형에서 시간을 최대한 절약해야 수리추론과 논리퀴즈의 난도 높은 문제들을 풀 시간을 확보할 수 있다.

## 2 문제 풀이 전략

### (1) 법명과 법조문명의 파악

규정의 이해와 적용 유형은 보통 하나의 법의 조문들로 문제가 구성된다. 여기서 법명과 법조문명이란, 예를 들어 '국가공무원법 제14조(소청심사위원회의 결정)'에서 '국가공무원법'이 법명이고, 괄호 안의 '소청심사위원회의 결정'이 법조문명이다.

난도가 높은 문제의 경우에는 하나의 법과 동법(同法) 시행령을 가지고 문제를 구성하기도 하는데 이를 하나의 법으로 착각하면 오답을 고르기 쉬우므로, 우리는 문제를 풀기 전에 먼저 어떤 법의 어떤 조문으로 문제가 구성되었는지를 파악할 필요가 있다. 법명과 법조문명을 파악한 후 선지를 분석하면 제시문의 어떤 부분과 비교해야할지 쉽게 찾을 수 있다.

### (2) 법조문의 구성 - 선지 구성 원리와 합리적 예단의 적용

법조문은 크게 ① 원칙과 예외, ② 요건과 효과, ③ 권리와 의무로 구성된다. 또한 우리의 상식과 경험칙에 부합하는 내용들로 이루어진다. 따라서 법조문에 익숙해지기만 한다면, 규정의 이해와 적용 유형에는 선지 구성 원리와 합리적 예단을 적용한 선지 분석이 더욱 수월하고, 1~2개의 선지는 확실하게 걸러낸 상태에서 제시문 분석으로 넘어갈 수 있다. 다음에서 법조문의 구성에 대해 자세히 알아보고 이를 활용하는 연습을 해보자.

## 1) 원칙과 예외

법조문은 어떤 사실관계를 규정하는 원칙이다. 그런데 원칙만으로는 모든 사실관계를 규정할 수 없기 때문에, 대부분의 법조문은 예외 사항과 그 예외의 예외들을 포함한다. 예외에 해당하는 문장 앞에는 '단', '다만'이라는 표현이 사용되고, 이를 '단서'라고 부른다.

> 헌법 제12조 ③체포・구속・압수 또는 수색을 할 때에는 적법한 절차에 따라 검사의 신청에 의하여 법관이 발부한 영장을 제시하여야 한다. 다만, 현행범인인 경우와 장기 3년 이상의 형에 해당하는 죄를 범하고 도피 또는 증거인멸의 염려가 있을 때에는 사후에 영장을 청구할 수 있다.

위 법조문에 따르면 원칙적으로 체포나 구속, 압수나 수색을 하는 경우 영장을 제시해야한다. 그런데 실제 현장에서는 영장을 먼저 제시하기 어려운 경우가 있을 수 있으므로 예외적으로 사후영장 제시가 가능한 경우를 규정해 둔 것이다. 문제를 풀 때에는 원칙보다 예외가 더 중요하므로 단서를 보면 집중해야 한다. 보통 예외에 해당하는 내용으로 선지를 구성하기 때문이다.

## 2) 요건과 효과

법조문은 어떤 요건을 충족하면 법적으로 어떤 효과가 발생되는지 규정한다. 대부분의 법조문에서 요건과 효과를 하나의 문장으로 서술하고 있으므로 초심자들은 요건과 효과를 구분하기가 어려울 수 있지만, 반드시 이를 구분하여 읽는 연습을 해야 한다. 요건 중 하나만 살짝 바꾸거나, 같은 법조문 안에 있는 요건과 효과를 뒤바꿔 연결시키면 그럴듯한 오선지가 되기 때문이다. 아래 조문을 보자.

> 형법 제136조 (공무집행방해) ① 직무를 집행하는 공무원에 대하여 폭행 또는 협박한 자는 5년 이하의 징역 또는 1천만원 이하의 벌금에 처한다.

위 법조문에서 요건은 '직무를 집행하는 / 공무원에 대해 / 폭행 또는 협박을 한 / 사람'이며, 효과는 '5년 이하의 징역 또는 1천만원 이하의 벌금에 처한다.'이다. 효과는 행위의 결과이므로 여러 개로 나누어 구별해야 하는 경우가 적지만, 요건은 적게는 2개에서 많게는 7개 정도로 구성되어 있으므로 결국 요건을 찾아내는 것이 법조문 파악의 핵심이 된다.

법조문에서 요건은 **'주체, 시간, 장소, 객체, 목적, 방법, 행위'**로 구성되어 있고, 선지와 제시문을 분석함에 있어서 이 7개가 키워드가 된다. 아래 조문을 보면서 함께 연습해보자.

> 형법 제330조 (야간주거침입절도) 야간에 / 사람의 주거, 간수하는 저택, 건조물이나 선박 또는 점유하는 방실에 / 침입하여 / 타인의 재물을 / 절취한 / 자는 / 10년 이하의 징역에 처한다.

야간(시간)에 사람의 주거(장소)에 침입(방법)하여 타인의 재물(객체)을 절취(행위)한 자(주체)가 야간주거침입절도죄의 요건이 된다. 만약에 주간에 침입했다면 '시간' 요건을 결하게 되고, 집 주인이 들어오라고 문을 직접 열어줬다면 '방법' 요건을 결하게 될 수 있다. 또한 타인의 재물이 아닌 어제 놓고 갔던 자기 소유의 물건을 가져간 것이라면 '객체' 요건을 결하게 된다. 이처럼 한 가지 요건만 충족되지 않더라도 야간주거침입절도의 죄책을 물을 수 없으므로 요건의 파악은 아무리 강조해도 지나치지 않다.

## 3) 권리와 의무

법조문은 권리와 의무를 규정한다. 법률에 규정된 요건을 충족한 권리자가 적법한 상대방에게 일정한 청구를 하면 법적 의무가 발생한다. 따라서 우리는 누가 권리자가 되는지, 의무자(상대방)가 누가 되는지를 잘 파악해야 한다. 아래 조문을 보자.

> 지방자치법 제15조(조례의 제정과 개폐 청구) ① **19세 이상의 주민으로서** 다음 각 호의 어느 하나에 해당하는 사람(「공직선거법」 제18조에 따른 **선거권이 없는 자는 제외한다.** 이하 이 조 및 제16조에서 "19세 이상의 주민"이라 한다)은 시 · 도와 제175조에 따른 인구 50만 이상 대도시에서는 19세 이상 주민 총수의 100분의 1 이상 70분의 1 이하, 시 · 군 및 자치구에서는 19세 이상 주민 총수의 50분의 1 이상 20분의 1 이하의 범위에서 지방자치단체의 조례로 정하는 19세 이상의 주민 수 이상의 연서(連署)로 해당 **지방자치단체의 장에게** 조례를 제정하거나 개정하거나 폐지할 것을 **청구할 수 있다.**

지방자치법상 조례의 제정과 개폐 청구권을 가진 자는 '선거권을 가진 19세 이상의 주민'이며, 이들이 법조문에서 정한 수 이상의 주민 연서로 조례의 제정이나 개정, 폐지를 청구하면, '해당 지방자치단체의 장'에게는 이 청구에 대하여 법에 정해진 행위를 할 의무가 발생한다. 청구권자가 되기 위한 요건이나, 청구의 상대방(의무자)를 살짝 바꾸면 매력적인 오선지가 되기 때문에, 규정의 이해와 적용 유형 고득점을 위해서는 반드시 정복해야하는 부분이다.

## (3) 조문의 연결

쉬운 문제에서는 조문을 연결하여 선지의 정오를 판단하는 경우가 없지만, 규정의 이해와 적용 유형은 향후 난도가 높아질 것으로 예상되므로 서로 다른 조문을 연결하여 풀어야 하는 문제가 출제될 수 있고, 그러므로 조문의 연결을 연습해 두어야 한다.

> **행정심판법**
>
> 제23조(심판청구서의 제출) ① 행정심판을 청구하려는 자는 **제28조에 따라** 심판청구서를 작성하여 피청구인이나 위원회에 제출하여야 한다. 이 경우 피청구인의 수만큼 심판청구서 부본을 함께 제출하여야 한다.
>
> 제28조(심판청구의 방식) ① 심판청구는 **서면으로** 하여야 한다.
> ② 처분에 대한 심판청구의 경우에는 심판청구서에 **다음 각 호의 사항이 포함**되어야 한다.
> 1. 청구인의 이름과 주소 또는 사무소(주소 또는 사무소 외의 장소에서 송달받기를 원하면 송달장소를 추가로 적어야 한다)
> 2. 피청구인과 위원회
> 3. 심판청구의 대상이 되는 처분의 내용
> (후략)

이처럼 같은 법 안에서 서로 다른 조문이 연결되기도 하고, 서두에서 언급했던 것처럼 하나의 법과 동법(同法) 시행령을 연결하여 문제를 풀어야 하는 경우도 있다.

○○법 제00조 ① 특별보존지구에서는 다음 각 호의 어느 하나에 해당하는 행위를 할 수 없다. 다만 문화체육관광부장관의 허가를 받은 행위는 할 수 있다.
4. 그 밖에 역사문화환경에 영향을 미칠 우려가 있는 **대통령령으로 정하는 행위**

○○법 시행령 제△△조 ① 법 제00조 제1항 제4호에서 '대통령령으로 정하는 행위'란 다음 각 호의 어느 하나에 해당하는 행위를 말한다.
1. 토지 및 수면의 매립·절토(切土)·성토(盛土)·굴착·천공(穿孔) 등 지형을 변경시키는 행위
2. 수로·수질 및 수량을 변경시키는 행위

○○법 제00조 제1항 제4호와 ○○법 시행령 제△△조 제1항이 연결된다. 시행령까지 활용하는 문제가 많이 출제되지는 않겠지만, 미리 연습해두면 고난도의 문제가 출제되었을 때 당황하지 않고 풀 수 있을 것이다.

## ③ 실전 연습 ///

🕐 17분

**문 1.** 다음 글을 근거로 판단할 때, 〈보기〉에서 옳은 것만을 모두 고르면?

19년 5, 7급 민경채

제00조 지방자치단체의 장은 행정재산에 대하여 그 목적 또는 용도에 장애가 되지 않는 범위에서 사용 또는 수익을 허가할 수 있다.

제00조 ① 행정재산의 사용·수익허가기간은 그 허가를 받은 날부터 5년 이내로 한다.

② 지방자치단체의 장은 허가기간이 끝나기 전에 사용·수익 허가를 갱신할 수 있다.

③ 제2항에 따라 사용·수익허가를 갱신 받으려는 자는 사용·수익허가기간이 끝나기 1개월 전에 지방자치단체의 장에게 사용·수익허가의 갱신을 신청하여야 한다.

제00조 ① 지방자치단체의 장은 행정재산의 사용·수익을 허가하였을 때에는 매년 사용료를 징수한다.

② 지방자치단체의 장은 행정재산의 사용·수익을 허가할 때 다음 각 호의 어느 하나에 해당하면 제1항에도 불구하고 그 사용료를 면제할 수 있다.

1. 국가나 다른 지방자치단체가 직접 해당 행정재산을 공용·공공용 또는 비영리 공익사업용으로 사용하려는 경우

2. 천재지변이나 재난을 입은 지역주민에게 일정기간 사용·수익을 허가하는 경우

제00조 ① 지방자치단체의 장은 행정재산의 사용·수익허가를 받은 자가 다음 각 호의 어느 하나에 해당하면 그 허가를 취소할 수 있다.

1. 지방자치단체의 장의 승인 없이 사용·수익의 허가를 받은 행정재산의 원상을 변경한 경우

2. 해당 행정재산의 관리를 게을리하거나 그 사용 목적에 위배되게 사용한 경우

② 지방자치단체의 장은 사용·수익을 허가한 행정재산을 국가나 지방자치단체가 직접 공용 또는 공공용으로 사용하기 위하여 필요로 하게 된 경우에는 그 허가를 취소할 수 있다.

③ 제2항의 경우에 그 취소로 인하여 해당 허가를 받은 자에게 손실이 발생한 경우에는 이를 보상한다.

┤ 보 기 ├

ㄱ. A시의 장은 A시의 행정재산에 대하여 B기업에게 사용 허가를 했더라도 국가가 그 행정재산을 직접 공용으로 사용하기 위해 필요로 하게 된 경우, 그 허가를 취소할 수 있다.

ㄴ. C시의 행정재산에 대하여 C시의 장이 천재지변으로 주택을 잃은 지역주민에게 임시 거처로 사용하도록 허가한 경우, C시의 장은 그 사용료를 면제할 수 있다.

ㄷ. D시의 행정재산에 대하여 사용허가를 받은 E기업이 사용 목적에 위배되게 사용한다는 이유로 허가가 취소되었다면, D시의 장은 E기업의 손실을 보상하여야 한다.

ㄹ. 2014년 3월 1일에 5년 기한으로 F시의 행정재산에 대하여 수익허가를 받은 G가 허가 갱신을 받으려면, 2019년 2월 28일까지 허가 갱신을 신청하여야 한다.

① ㄱ, ㄴ
② ㄴ, ㄷ
③ ㄷ, ㄹ
④ ㄱ, ㄴ, ㄹ
⑤ ㄴ, ㄷ, ㄹ

ㄱ.

ㄴ.

ㄷ.

ㄹ.

문 2. 다음 〈○○도 지방보조금 관리규정〉을 근거로 판단할 때, 〈보기〉에서 옳은 것만을 모두 고르면?

19년 5급 공채

〈○○도 지방보조금 관리규정〉

제00조(보조대상사업) 도는 도가 권장하는 사업으로서 지방보조금을 지출하지 아니하면 수행할 수 없는 사업(지방보조사업)인 경우 그 사업에 필요한 경비의 일부 또는 전부를 보조할 수 있다.

제00조(용도외 사용금지 등) ① 지방보조사업을 수행하는 자(이하 '지방보조사업자'라 한다)는 그 지방보조금을 다른 용도에 사용하여서는 아니 된다.

② 지방보조사업자는 수익성 악화 등 사정의 변경으로 지방보조사업의 내용을 변경하거나 지방보조사업에 드는 경비의 배분을 변경하려면 도지사의 승인을 얻어야 한다. 다만 경미한 내용변경이나 경미한 경비 배분변경의 경우에는 그러하지 아니하다.

③ 지방보조사업자는 수익성 악화 등 사정의 변경으로 그 지방보조사업을 다른 사업자에게 인계하거나 중단 또는 폐지하려면 미리 도지사의 승인을 얻어야 한다.

제00조(지방보조금의 대상사업과 도비보조율) 도지사는 시·군에 대한 보조금에 대하여는 보조금이 지급되는 대상 사업·경비의 종목·도비보조율 및 금액을 매년 예산으로 정한다. 단, 지방보조금의 예산반영신청 및 예산편성에 있어서 지방보조사업별로 적용하는 도비보조율은 다음 각 호에서 정한 분야별 범위 내에서 정한다.

1. 보건·사회: 총사업비의 30% 이상 70% 이하
2. 상하수·치수: 총사업비의 30% 이상 50% 이하
3. 문화·체육: 총사업비의 30% 이상 60% 이하

제00조(시·군비 부담의무) 시장·군수는 도비보조사업에 대한 시·군비 부담액을 다른 사업에 우선하여 해당연도 시·군 예산에 반영하여야 한다.

┤ 보 기 ├

ㄱ. ○○도 지방보조사업자는 모든 경비배분이나 내용의 변경에 대해서 ○○도 도지사의 승인을 얻어야 한다.

ㄴ. ○○도 지방보조사업자가 수익성 악화를 이유로 자신이 수행하는 지방보조사업을 다른 사업자에게 인계하기 위해서는 미리 ○○도 도지사의 승인을 얻어야 한다.

ㄷ. ○○도 A시 시장은 도비보조사업과 무관한 자신의 공약사업 예산을 도비보조사업에 대한 시비 부담액보다 우선적으로 해당연도 A시 예산에 반영해야 한다.

ㄹ. ○○도 도지사는 지방보조금 지급대상사업인 '상하수도 정비사업(총사업비 40억원)'에 대하여 최대 20억원을 지방보조금 예산으로 정할 수 있다.

① ㄱ, ㄴ      ② ㄱ, ㄷ
③ ㄴ, ㄷ      ④ ㄴ, ㄹ
⑤ ㄷ, ㄹ

ㄱ.

ㄴ.

ㄷ.

ㄹ.

## 문 3. 다음 글을 근거로 판단할 때 옳은 것은?

> 제00조 ① 재산명시절차의 관할법원은 재산명시절차에서 채무자가 제출한 재산목록의 재산만으로 집행채권의 만족을 얻기에 부족한 경우, 그 재산명시를 신청한 채권자의 신청에 따라 개인의 재산 및 신용에 관한 전산망을 관리하는 공공기관·금융기관·단체 등에 채무자 명의의 재산에 관하여 조회할 수 있다.
> ② 채권자가 제1항의 신청을 할 경우에는 조회할 기관·단체를 특정하여야 하며 조회에 드는 비용을 미리 내야 한다.
> ③ 법원이 제1항의 규정에 따라 조회할 경우에는 채무자의 인적 사항을 적은 문서에 의하여 해당 기관·단체의 장에게 채무자의 재산 및 신용에 관하여 그 기관·단체가 보유하고 있는 자료를 한꺼번에 모아 제출하도록 요구할 수 있다.
> ④ 공공기관·금융기관·단체 등은 정당한 사유 없이 제1항 및 제3항의 조회를 거부하지 못한다.
> ⑤ 제1항 및 제3항의 조회를 받은 기관·단체의 장이 정당한 사유 없이 거짓 자료를 제출하거나 자료를 제출할 것을 거부한 때에는 결정으로 500만원 이하의 과태료에 처한다.
> 제00조 ① 누구든지 재산조회의 결과를 강제집행 외의 목적으로 사용하여서는 안 된다.
> ② 제1항의 규정에 위반한 사람은 2년 이하의 징역 또는 500만원 이하의 벌금에 처한다.

① 채무자 甲이 제출한 재산목록의 재산만으로 집행채권의 만족을 얻기 부족한 경우에는 재산명시절차의 관할법원은 직권으로 금융기관에 甲 명의의 재산에 관해 조회할 수 있다.

② 재산명시절차의 관할법원으로부터 채무자 명의의 재산에 관해 조회를 받은 공공기관은 정당한 사유가 있는 경우 이를 거부할 수 있다.

③ 채무자 乙의 재산조회 결과를 획득한 채권자 丙은 해당 결과를 강제집행 외의 목적으로도 사용할 수 있다.

④ 재산명시절차의 관할법원으로부터 채무자 명의의 재산에 관해 조회를 받은 기관의 장이 정당한 사유 없이 자료제출을 거부하였다면, 법원은 결정으로 500만원의 벌금에 처한다.

⑤ 채권자 丁이 채무자 명의의 재산에 관한 조회를 신청할 경우, 조회에 드는 비용은 재산조회가 종료된 후 납부하면 된다.

[ 스스로 작성해보는 해설 ]

①

②

③

④

⑤

제00조 ① 증인신문은 증인을 신청한 당사자가 먼저 하고, 다음에 다른 당사자가 한다.

② 재판장은 제1항의 신문이 끝난 뒤에 신문할 수 있다.

③ 재판장은 제1항과 제2항의 규정에 불구하고 언제든지 신문할 수 있다.

④ 재판장은 당사자의 의견을 들어 제1항과 제2항의 규정에 따른 신문의 순서를 바꿀 수 있다.

⑤ 당사자의 신문이 중복되거나 쟁점과 관계가 없는 때, 그 밖에 필요한 사정이 있는 때에 재판장은 당사자의 신문을 제한할 수 있다.

⑥ 합의부원은 재판장에게 알리고 신문할 수 있다.

제00조 ① 증인은 따로따로 신문하여야 한다.

② 신문하지 않은 증인이 법정 안에 있을 때에는 법정에서 나가도록 명하여야 한다. 다만 필요하다고 인정한 때에는 신문할 증인을 법정 안에 머무르게 할 수 있다.

제00조 재판장은 필요하다고 인정한 때에는 증인 서로의 대질을 명할 수 있다.

제00조 증인은 서류에 의하여 진술하지 못한다. 다만 재판장이 허가하면 그러하지 아니하다.

※ 당사자: 원고, 피고를 가리킨다.

──────── 상 황 ────────

원고 甲은 피고 乙을 상대로 대여금반환청구의 소를 제기하였다. 이후 절차에서 甲은 丙을, 乙은 丁을 각각 증인으로 신청하였으며 해당 재판부(재판장 A, 합의부원 B와 C)는 丙과 丁을 모두 증인으로 채택하였다.

① 丙을 신문할 때 A는 乙보다 먼저 신문할 수 없다.

② 甲의 丙에 대한 신문이 쟁점과 관계가 없는 때, A는 甲의 신문을 제한할 수 있다.

③ A가 丁에 대한 신문을 乙보다 甲이 먼저 하게 하려면, B와 C의 의견을 들어야 한다.

④ 丙과 丁을 따로따로 신문해야 하는 것이 원칙이지만, B는 필요하다고 인정한 때 丙과 丁의 대질을 명할 수 있다.

⑤ 丙이 질병으로 인해 서류에 의해 진술하려는 경우 A의 허가를 요하지 않는다.

[ 스스로 작성해보는 해설 ]

①

②

③

④

⑤

## 문 5. 다음 글을 근거로 판단할 때, 〈보기〉에서 옳은 것만을 모두 고르면?

18년 5, 7급 민경채

제○○조 ① 사업자는 소비자를 속이거나 소비자로 하여금 잘못 알게 할 우려가 있는 표시·광고 행위로서 공정한 거래질서를 해칠 우려가 있는 다음 각 호의 행위를 하거나 다른 사업자로 하여금 하게 하여서는 안 된다.

1. 거짓·과장의 표시·광고
2. 기만적인 표시·광고
3. 부당하게 비교하는 표시·광고
4. 비방적인 표시·광고

② 제1항을 위반하여 제1항 각 호의 행위를 하거나 다른 사업자로 하여금 하게 한 사업자는 2년 이하의 징역 또는 1억 5천만원 이하의 벌금에 처한다.

제△△조 ① 공정거래위원회는 상품 등이나 거래 분야의 성질에 비추어 소비자 보호 또는 공정한 거래질서 유지를 위하여 필요한 경우에는 사업자가 표시·광고에 포함하여야 하는 사항(이하 '중요정보'라 한다)과 표시·광고의 방법을 고시할 수 있다.

② 공정거래위원회는 제1항에 따라 고시를 하려면 관계 행정기관의 장과 미리 협의하여야 한다. 이 경우 필요하다고 인정하면 공청회를 개최하여 사업자단체, 소비자단체, 그 밖의 이해관계인 등의 의견을 들을 수 있다.

③ 사업자가 표시·광고 행위를 하는 경우에는 제1항에 따라 고시된 중요정보를 표시·광고하여야 한다.

제□□조 ① 사업자가 제△△조 제3항을 위반하여 고시된 중요정보를 표시·광고하지 않은 경우에는 1억원 이하의 과태료를 부과한다.

② 제1항에 따른 과태료는 공정거래위원회가 부과·징수한다.

─── 보 기 ───

ㄱ. 공정거래위원회가 중요정보 고시 여부를 결정함에 있어 상품 등이나 거래 분야는 고려의 대상이 아니다.

ㄴ. 사업자A가 다른 사업자B로 하여금 공정한 거래질서를 해칠 우려가 있는 비방적인 표시·광고를 하게 한 경우, 공정거래위원회는 사업자A에게 과태료를 부과한다.

ㄷ. 사업자가 표시·광고 행위를 하면서 고시된 중요정보를 표시·광고하지 않은 경우, 공정거래위원회는 5천만원의 과태료를 부과할 수 있다.

ㄹ. 공정거래위원회는 소비자 보호를 위해 필요한 경우, 사업자가 표시·광고에 포함하여야 하는 사항과 함께 그 표시·광고의 방법도 고시할 수 있다.

① ㄱ, ㄴ        ② ㄱ, ㄷ
③ ㄴ, ㄷ        ④ ㄴ, ㄹ
⑤ ㄷ, ㄹ

[ 스스로 작성해보는 해설 ]

ㄱ.

ㄴ.

ㄷ.

ㄹ.

문 6. 다음 글을 근거로 판단할 때, (A)~(E)의 요건과 〈상황〉의 ㉮~㉺를 옳게 짝지은 것은?

19년 7급 예시문제

민법 제00조는 "고의 또는 과실로 인한 위법행위로 타인에게 손해를 가한 자는 그 손해를 배상할 책임이 있다."고 규정하고 있다. 이는 가해자의 불법행위로 피해자가 손해를 입은 경우, 가해자의 손해배상책임을 인정하는 규정이다. 이 규정에 따라 손해배상책임이 인정되기 위해서는 다음의 (A)~(E) 다섯 가지 요건을 모두 충족하여야 한다.

(A) 가해자에게 고의 또는 과실이 있어야 한다. 고의란 가해자가 불법행위의 결과를 인식하고 받아들이는 심리상태이며, 과실이란 가해자에게 무엇인가 준수해야 할 의무가 있음에도 부주의로 그 의무의 이행을 다하지 아니한 것을 말한다.

(B) 피해자의 손해를 야기할 수 있는 가해자의 행위(가해행위)가 있어야 한다.

(C) 가해행위가 위법한 행위이어야 한다. 일반적으로 법규에 어긋나는 행위는 위법한 행위에 해당한다.

(D) 피해자에게 손해가 발생해야 한다.

(E) 가해행위와 손해발생 사이에 인과관계가 있어야 한다. 가해행위가 없었더라면 손해가 발생하지 않았을 경우에 인과관계가 인정된다.

┤ 상 황 ├

甲이 차량을 운전하다가 보행자 교통신호의 지시에 따라 횡단보도를 건너던 乙을 치어 乙에게 부상을 입혔다. 이 경우, ㉮ 甲이 차량으로 보행자 乙을 친 것, ㉯ 甲의 차량이 교통신호를 지키지 않아 도로교통법을 위반한 것, ㉰ 甲이 교통신호를 준수할 의무를 부주의로 이행하지 않은 것, ㉱ 횡단보도를 건너던 乙이 부상을 입은 것, ㉲ 甲의 차량이 보행자 乙을 치지 않았다면 乙이 부상을 입지 않았을 것이 (A)~(E) 요건을 각각 충족하기 때문에 甲의 손해배상책임이 인정된다.

① (A) − ㉱
② (B) − ㉮
③ (C) − ㉲
④ (D) − ㉰
⑤ (E) − ㉯

[ 스스로 작성해보는 해설 ]

①

②

③

④

⑤

문 **7.** 다음 글과 〈상황〉을 근거로 판단할 때, A지방자치단체 지방의회의 의결에 관한 설명으로 옳은 것은?

15년 5급 공채

---

제00조(의사정족수) ① 지방의회는 재적의원 3분의 1 이상의 출석으로 개의(開議)한다.

② 회의 중 제1항의 정족수에 미치지 못할 때에는 의장은 회의를 중지하거나 산회(散會)를 선포한다.

제00조(의결정족수) ① 의결사항은 재적의원 과반수의 출석과 출석의원 과반수의 찬성으로 의결한다.

② 의장은 의결에서 표결권을 가지며, 찬성과 반대가 같으면 부결된 것으로 본다.

③ 의장은 제1항에 따라 의결하지 못한 때에는 다시 그 일정을 정한다.

제00조(지방의회의 의결사항) 지방의회는 다음 사항을 의결한다.

1. 조례의 제정·개정 및 폐지

2. 예산의 심의·확정

※ 지방의회의원 중 사망한 자, 제명된 자, 확정판결로 의원직을 상실한 자는 재적의원에 포함되지 않는다.

---

─────── 상 황 ───────

• A지방자치단체의 지방의회 최초 재적의원은 111명이다. 그 중 2명은 사망하였고, 3명은 선거법 위반으로 구속되어 재판이 진행 중이며, 2명은 의회에서 제명되어 현재 총 104명이 의정활동을 하고 있다.

• A지방자치단체 ○○조례 제정안이 상정되었다.

• A지방자치단체의 지방의회는 의장을 포함한 53명이 출석하여 개의하였다.

---

① 의결할 수 없다.

② 부결된 것으로 본다.

③ 26명 찬성만으로 의결할 수 있다.

④ 27명 찬성만으로 의결할 수 있다.

⑤ 28명 찬성만으로 의결할 수 있다.

---

[ 스스로 작성해보는 해설 ]

①

②

③

④

⑤

**다음 글과 〈상황〉을 근거로 판단할 때 옳은 것은?**

---

제00조(과세대상) 주권(株券)의 양도에 대해서는 이 법에 따라 증권거래세를 부과한다.

제00조(납세의무자) 주권을 양도하는 자는 납세의무를 진다. 다만 금융투자업자를 통하여 주권을 양도하는 경우에는 해당 금융투자업자가 증권거래세를 납부하여야 한다.

제00조(과세표준) 주권을 양도하는 경우에 증권거래세의 과세표준은 그 주권의 양도가액(주당 양도금액에 양도 주권수를 곱한 금액)이다.

제00조(세율) 주권의 양도에 대한 세율은 양도가액의 1천분의 5로 한다.

제00조(탄력세율) X 또는 Y증권시장에서 양도되는 주권에 대하여는 제00조(세율)의 규정에도 불구하고 다음의 세율에 의한다.

1. X증권시장: 양도가액의 1천분의 1.5
2. Y증권시장: 양도가액의 1천분의 3

---

┤ 상 황 ├

투자자 甲은 금융투자업자 乙을 통해 다음 3건의 주권을 양도하였다.

- A회사의 주권 100주를 주당 15,000원에 양수하였다가 이를 주당 30,000원에 X증권시장에서 전량 양도하였다.
- B회사의 주권 200주를 주당 10,000원에 Y증권시장에서 양도하였다.
- C회사의 주권 200주를 X 및 Y증권시장을 통하지 않고 주당 50,000원에 양도하였다.

---

① 증권거래세는 甲이 직접 납부하여야 한다.

② 납부되어야 할 증권거래세액의 총합은 6만원 이하다.

③ 甲의 3건의 주권 양도는 모두 탄력세율을 적용받는다.

④ 甲의 A회사 주권 양도에 따른 증권거래세 과세표준은 150만원이다.

⑤ 甲이 乙을 통해 Y증권시장에서 C회사의 주권 200주 전량을 주당 50,000원에 양도할 수 있다면 증권거래세액은 2만원 감소한다.

---

[ **스스로 작성해보는 해설** ]☞

① 

② 

③ 

④ 

⑤

**문 9.** 다음 글과 〈상황〉을 근거로 판단할 때, 〈보기〉에서 옳은 것만을 모두 고르면? 18년 5, 7급 민경채

> 제00조(유치권의 내용) 타인의 물건 또는 유가증권을 점유한 자는 그 물건이나 유가증권에 관하여 생긴 채권이 변제기에 있는 경우에는 변제를 받을 때까지 그 물건 또는 유가증권을 유치할 권리가 있다.
>
> 제00조(유치권의 불가분성) 유치권자는 채권 전부의 변제를 받을 때까지 유치물 전부에 대하여 그 권리를 행사할 수 있다.
>
> 제00조(유치권자의 선관의무) ① 유치권자는 선량한 관리자의 주의로 유치물을 점유하여야 한다.
>
> ② 유치권자는 채무자의 승낙 없이 유치물의 사용, 대여 또는 담보제공을 하지 못한다. 그러나 유치물의 보존에 필요한 사용은 그러하지 아니하다.
>
> 제00조(경매) 유치권자는 채권의 변제를 받기 위하여 유치물을 경매할 수 있다.
>
> 제00조(점유상실과 유치권소멸) 유치권은 점유의 상실로 인하여 소멸한다.
>
> ※ 유치: 물건 등을 일정한 지배 아래 둠

── 상 황 ──

甲은 아버지의 양복을 면접시험에서 입으려고 乙에게 수선을 맡겼다. 수선비는 다음 날까지 계좌로 송금하기로 하고 옷은 일주일 후 찾기로 하였다. 甲은 수선비를 송금하지 않은 채 일주일 후 옷을 찾으러 갔고, 옷 수선을 마친 乙은 수선비를 받을 때까지 수선한 옷을 돌려주지 않겠다며 유치권을 행사하고 있다.

── 보 기 ──

ㄱ. 甲이 수선비의 일부라도 지급한다면 乙은 수선한 옷을 돌려주어야 한다.

ㄴ. 甲이 수선한 옷을 돌려받지 못한 채 면접시험을 치렀고 이후 필요가 없어 옷을 찾으러 가지 않겠다고 한 경우, 乙은 수선비의 변제를 받기 위해 그 옷을 경매할 수 있다.

ㄷ. 甲이 수선을 맡긴 옷을 乙이 도둑맞아 점유를 상실하였다면 乙의 유치권은 소멸한다.

ㄹ. 甲이 수선비를 지급할 때까지 乙은 수선한 옷을 甲의 승낙없이 다른 사람에게 대여할 수 있다.

① ㄱ, ㄴ                    ② ㄱ, ㄹ

③ ㄴ, ㄷ                    ④ ㄷ, ㄹ

⑤ ㄴ, ㄷ, ㄹ

[ 스스로 작성해보는 해설 ]

ㄱ.

ㄴ.

ㄷ.

ㄹ.

다음 글과 〈상황〉을 근거로 판단할 때 옳은 것은?

민사소송에서 판결은 다음의 어느 하나에 해당하면 확정되며, 확정된 판결에 대해서 당사자는 더 이상 상급심 법원에 상소를 제기할 수 없게 된다.

첫째, 판결은 선고와 동시에 확정되는 경우가 있다. 예컨대 대법원 판결에 대해서는 더 이상 상소할 수 없기 때문에 그 판결은 선고 시에 확정된다. 그리고 하급심 판결이라도 선고 전에 당사자들이 상소하지 않기로 합의하고 이 합의서를 법원에 제출할 경우, 판결은 선고 시에 확정된다.

둘째, 상소기간이 만료된 때에 판결이 확정되는 경우가 있다. 상소는 패소한 당사자가 제기하는 것으로, 상소를 하고자 하는 자는 판결문을 송달받은 날부터 2주 이내에 상소를 제기해야 한다. 이 기간 내에 상소를 제기하지 않으면 더 이상 상소할 수 없게 되므로, 판결은 상소기간 만료 시에 확정된다. 또한 상소기간 내에 상소를 제기하였더라도 그 후 상소를 취하하면 상소기간 만료 시에 판결은 확정된다.

셋째, 상소기간이 경과되기 전에 패소한 당사자가 법원에 상소포기서를 제출하면, 제출 시에 판결은 확정된다.

─────────────┤ 상 황 ├─────────────

원고 甲은 피고 乙을 상대로 ○○지방법원에 매매대금지급 청구소송을 제기하였다. ○○지방법원은 甲에게 매매대금지급 청구권이 없다고 판단하여 2016년 11월 1일 원고 패소 판결을 선고하였다. 이 판결문은 甲에게는 2016년 11월 10일 송달되었고, 乙에게는 2016년 11월 14일 송달되었다.

① 乙은 2016년 11월 28일까지 상소할 수 있다.

② 甲이 2016년 11월 28일까지 상소하지 않으면, 같은 날 판결은 확정된다.

③ 甲이 2016년 11월 11일 상소한 후 2016년 12월 1일 상소를 취하하였다면, 취하한 때 판결은 확정된다.

④ 甲과 乙이 상소하지 않기로 하는 내용의 합의서를 2016년 10월 25일 법원에 제출하였다면, 판결은 2016년 11월 1일 확정된다.

⑤ 甲이 2016년 11월 21일 법원에 상소포기서를 제출하면, 판결은 2016년 11월 1일 확정된 것으로 본다.

[ 스스로 작성해보는 해설 ]☞

①

②

③

④

⑤

## 정답 및 해설

문 1 정답 ①

'지방자치단체 행정재산의 사용/수익에 관련된 규정'임을 파악했다면, 〈보기〉로 내려간다.

ㄱ. A시의 장은 A시의 행정재산에 대하여 B기업에게 사용 허가를 했더라도 국가가 그 행정재산을 직접 공용으로 사용하기 위해 필요로 하게 된 경우, 그 허가를 취소할 수 있다.

→ A시 행정재산에 대하여 사기업에 사용허가를 한 후 국가가 공용사용을 위해 필요로 한 경우 허가 취소 가능한지 제시문에서 확인해야 한다. 다만, 공공의 이익을 위해 사용되어야 하는 행정재산을 공용으로 사용할 필요가 발생한 경우 기존의 사용 허가를 취소하는 것은 상식에 부합하므로 옳은 선지로 합리적 예단할 수 있다. 또한 '취소한다.'라는 단정적 선지가 아니라 '취소할 수 있다.'라고 하고 있으므로 여기에서도 오선지보다는 정선지에 가깝다고 판단할 수 있다. ( O )

ㄴ. C시의 행정재산에 대하여 C시의 장이 천재지변으로 주택을 잃은 지역주민에게 임시 거처로 사용하도록 허가한 경우, C시의 장은 그 사용료를 면제할 수 있다.

→ C시 행정재산을 천재지변 겪은 지역주민에게 임시거처로 사용하도록 C시의 시장이 사용허가한 경우 C시의 시장이 사용료 면제 권한 있는지 제시문에서 확인이 필요하다. 상식적으로는 C시의 시장이 C시의 행정재산을 C시 주민에게 천재지변을 사유로 사용허가 한 경우 사용료면제를 할 수 있다는 것은 합리적이므로 옳은 선지라고 합리적 예단을 할 수 있겠다. ( O )

ㄷ. D시의 행정재산에 대하여 사용허가를 받은 E기업이 사용 목적에 위배되게 사용한다는 이유로 허가가 취소되었다면, D시의 장은 E기업의 손실을 보상하여야 한다.

→ D시 행정재산 사용허가 받은 E기업이 목적에 위배된 사용으로 허가 취소 된 경우에 D시의 시장이 E기업 손실을 보상하여야 한다는 선지는 상식과 경험칙에 부합하지 않으므로 오선지라고 합리적 예단을 내릴 수 있다. ( X )

ㄹ. 2014년 3월 1일에 5년 기한으로 F시의 행정재산에 대하여 수익허가를 받은 G가 허가 갱신을 받으려면, 2019년 2월 28일까지 허가 갱신을 신청하여야 한다.

→ 행정재산 수익허가 갱신 신청과 관련된 선지로 제시문에서 허가 갱신 신청 관련 조문을 찾아 비교해 보아야 한다. ( ? )

선지분석을 통해 내린 합리적 예단과 파악한 키워드를 중심으로 제시문을 발췌독하며 빠르게 선지의 정오를 판단한다.

제00조 지방자치단체의 장은 행정재산에 대하여 그 목적 또는 용도에 장애가 되지 않는 범위에서 사용 또는 수익을 허가할 수 있다.

제00조 ① 행정재산의 사용 · 수익허가기간은 그 허가를 받은 날부터 5년 이내로 한다.

② 지방자치단체의 장은 허가기간이 끝나기 전에 사용 · 수익 허가를 갱신할 수 있다.

③ 제2항에 따라 사용 · 수익허가를 갱신 받으려는 자는 사용 · 수익허가기간이 끝나기 1개월 전에 지방자치단체의 장에게 사용 · 수익허가의 갱신을 신청하여야 한다.

→ ㄹ. 2014년 3월 1일에 5년 기한으로 수익허가 받은 G가 허가 갱신을 받으려면, 허가기간이 끝나는 2019년 2월 28일이 아니라, 기간 만료 1개월 전인 2019년 1월 중에는 허가 갱신을 신청하여야 한다. 단순 불일치 오선지이다. (X) 실제 시험이라면 ㄹ이 포함된 ③, ④, ⑤번은 소거하고 ㄱ과 ㄷ만 정오를 판단하면 된다.

제00조 ① 지방자치단체의 장은 행정재산의 사용 · 수익을 허가하였을 때에는 매년 사용료를 징수한다.

② 지방자치단체의 장은 행정재산의 사용 · 수익을 허가할 때 다음 각 호의 어느 하나에 해당하면 제1항에도 불구하고 그 사용료를 면제할 수 있다.

1. 국가나 다른 지방자치단체가 직접 해당 행정재산을 공용 · 공공용 또는 비영리 공익사업용으로 사용하려는 경우
2. 천재지변이나 재난을 입은 지역주민에게 일정기간 사용 · 수익을 허가하는 경우

→ ㄴ. C시의 장이 C시의 행정재산을 천재지변으로 주택을 잃은 지역주민에게 임시 거처로 사용하도록 허가한 경우, C시의 장은 그 사용료를 면제할 수 있다. (O)

제00조 ① 지방자치단체의 장은 행정재산의 사용·수익허가를 받은 자가 다음 각 호의 어느 하나에 해당하면 그 허가를 취소할 수 있다.

1. 지방자치단체의 장의 승인 없이 사용·수익의 허가를 받은 행정재산의 원상을 변경한 경우

2. 해당 행정재산의 관리를 게을리하거나 그 사용 목적에 위배되게 사용한 경우

→ ㄷ. D시의 행정재산에 대하여 사용허가 받은 E기업이 사용 목적에 위배되게 사용하면 D시 시장은 허가를 취소할 수 있다. 그러나 취소로 인한 E기업의 손실을 보상할 의무는 없다.

제3항의 내용과 잘못된 연결로 구성된 오선지이다. (X) 실제 시험에서는 여기까지 판단했다면 ①번을 선택하고 다음 문제로 넘어갈 수 있어야 한다.

② 지방자치단체의 장은 사용·수익을 허가한 행정재산을 국가나 지방자치단체가 직접 공용 또는 공공용으로 사용하기 위하여 필요로 하게 된 경우에는 그 허가를 취소할 수 있다.

→ ㄱ. A시 시장이 A시 행정재산에 대하여 B기업에게 사용 허가 했더라도 국가가 공용 사용을 위해 필요로 하게 된 경우, 그 허가를 취소할 수 있다. (O)

③ 제2항의 경우에 그 취소로 인하여 해당 허가를 받은 자에게 손실이 발생한 경우에는 이를 보상한다.

---

문 2 [정답] ④                ≫ 규정의 이해 및 적용

'지방보조사업에 대한 지방보조금 관련 규정'임을 확인하고 〈보기〉로 내려가 선지를 분석한다.

ㄱ. ○○도 지방보조사업자는 모든 경비배분이나 내용의 변경에 대해서 ○○도 도지사의 승인을 얻어야 한다.

→ 지방보조사업자가 경비배분, 내용의 변경에 도지사 승인을 얻어야 하는지 제시문에서 확인이 필요하다. 다만, '모든', '얻어야 한다.'라는 단정적 표현이 사용되었으므로 오선지라고 합리적 예단을 해볼 수 있겠다. ( X )

ㄴ. ○○도 지방보조사업자가 수익성 악화를 이유로 자신이 수행하는 지방보조사업을 다른 사업자에게 인계하기 위해서는 미리 ○○도 도지사의 승인을 얻어야 한다.

→ 지방보조사업자가 수익성 악화를 이유로 사업을 인계할 경우 미리 도지사 승인이 필요한지 제시문에서 확인해야 한다. 상식과 경험칙에 부합하는 내용이므로 정선지라고 합리적 예단을 할 수 있다. ( O )

ㄷ. ○○도 A시 시장은 도비보조사업과 무관한 자신의 공약사업 예산을 도비보조사업에 대한 시비부담액보다 우선적으로 해당연도 A시 예산에 반영해야 한다.

→ 시장의 공약사업 예산을 도비보조사업에 대한 시 부담액보다 우선적으로 시 예산에 반영한다는 것은 상식과 경험칙에 부합하지 않는 내용이므로 오선지라고 예단해도 좋다. ( X )

ㄹ. ○○도 도지사는 지방보조금 지급대상사업인 '상하수도 정비사업(총사업비 40억원)'에 대하여 최대 20억원을 지방보조금 예산으로 정할 수 있다.

→ 도지사가 총사업비 40억원인 상하수도 정비사업에 최대 20억원까지 지방보조금 예산으로 정할 수 있는 권한이 있는지 제시문에서 확인해보아야 한다. ( ? )

〈○○도 지방보조금 관리규정〉
제00조(보조대상사업) 도는 도가 권장하는 사업으로서 지방보조금을 지출하지 아니하면 수행할 수 없는 사업(지방보조사업)인 경우 그 사업에 필요한 경비의 일부 또는 전부를 보조할 수 있다.
제00조(용도외 사용금지 등) ① 지방보조사업을 수행하는 자(이하 '지방보조사업자'라 한다)는 그 지방보조금을 다른 용도에 사용하여서는 아니 된다.

② 지방보조사업자는 수익성 악화 등 사정의 변경으로 <u>지방보조사업의 내용을 변경</u>하거나 <u>지방보조사업에 드는 경비</u>
<u>의 배분을 변경</u>하려면 <u>도지사의 승인을 얻어야</u> 한다. <u>다만 경미한 내용변경이나 경미한 경비배분변경의 경우에는</u>
<u>그러하지 아니하다.</u>

→ ㄱ. 단서를 보면, 경미한 내용변경, 경비배분변경의 경우 도지사 승인 얻을 필요는 없다. (X)

　ㄱ이 포함된 ①, ②번은 소거할 수 있다.

③ <u>지방보조사업자는 수익성 악화 등 사정의 변경</u>으로 그 <u>지방보조사업을 다른 사업자에게 인계</u>하거나 중단 또는 폐
지하려면 <u>미리 도지사의 승인을 얻어야</u> 한다.

→ ㄴ. ○○도 지방보조사업자가 수익성 악화를 이유로 자신이 수행하는 지방보조사업을 다른 사업자에게 인계하기
위해서는 미리 ○○도 도지사의 승인을 얻어야 한다. (○) ㄴ이 포함되지 않은 ⑤을 소거할 수 있다.

제00조(지방보조금의 대상사업과 도비보조율) 도지사는 시·군에 대한 보조금에 대하여는 보조금이 지급되는 대상
사업·경비의 종목·도비보조율 및 금액을 매년 예산으로 정한다. 단, 지방보조금의 예산반영신청 및 예산편성에 있
어서 지방보조사업별로 적용하는 도비보조율은 다음 각 호에서 정한 분야별 범위 내에서 정한다.
1. 보건·사회: 총사업비의 30% 이상 70% 이하
<u>2. 상하수·치수: 총사업비의 30% 이상 50% 이하</u>

→ ㄹ. ○○도 도지사는 지방보조금 지급대상사업인 '상하수도 정비사업(총사업비 40억원)'에 대하여 총사업비의
50% 이하까지 도비보조율을 정할 수 있으므로 40억원의 50%인 20억원까지 지방보조금 예산으로 정할 수 있
다. (○) 실제 시험이라면 ④번을 선택하고 다음 문제로 넘어가야 한다.

3. 문화·체육: 총사업비의 30% 이상 60% 이하
제00조(시·군비 부담의무) 시장·군수는 <u>도비보조사업에 대한 시·군비 부담액을 다른 사업에 우선하여 해당연도</u>
<u>시·군 예산에 반영</u>하여야 한다.

→ ㄷ. A시 시장이 도비보조사업과 무관한 자신의 공약사업 예산을 도비보조사업에 대한 시비 부담액보다 우선적으
로 해당연도 A시 예산에 반영하면 위법하다. 제시문의 정보와 반대의 내용을 서술한 선지이다. (X)

## 문 3 　정답 ②　　　　　　　　　　　　　　　　　　　　　　　　　　》규정의 이해 및 적용

'재산명시절차와 재산 조회 관련 규정'임을 파악하고 선지로 내려가 분석한다.

① <u>채무자 甲이 제출한 재산목록의 재산만으로 집행채권의 만족을 얻기 부족한 경우</u>에는 <u>재산명시 절차의 관할법원은</u>
<u>직권으로 금융기관에 甲 명의의 재산에 관해 조회</u>할 수 있다.

→ 채무자 제출 재산목록의 재산이 집행채권을 만족시키기에 부족한 경우 관할법원에 재산 조회권한이 있는지는 제시문
에서 확인이 필요하다. 다만, 민사소송의 이상이 공정, 신속, 경제라는 점을 고려하면 채권집행절차의 신속한 진행을
위해 관할법원이 직권으로 재산조회를 할 수 있다고 함은 상식에 반하지 않는다. 따라서 정선지로 합리적 예단 할
수 있다. ( ○ )

② <u>재산명시절차의 관할법원으로부터</u> 채무자 명의의 재산에 관해 <u>조회를 받은 공공기관은</u> <u>정당한 사유가 있는 경우</u> 이
를 <u>거부할 수 있다.</u>

→ 재산 조회를 받은 공공기관의 일정한 경우 거부할 수 있는지는 제시문에서 살펴보아야 한다.

　다만, 법에는 늘 원칙과 예외가 있으므로, 법원이 조회를 하려는 경우에도 정당한 사유가 있다면 이를 거부할 수 있
<u>음은 상식과 경험칙에 반하지 않는다.</u> 정선지라고 합리적 예단을 할 수 있겠다.

③ <u>채무자 乙의 재산조회 결과를 획득한 채권자 丙은 해당 결과를 강제집행 외의 목적으로도 사용할 수 있다.</u>

→ 재산조회는 채권자의 채권 만족을 위해 예외적으로 채무자의 재산 상태를 볼 수 있도록 한것이므로 이 재산조회 결과
를 다른 목적으로 사용하는 것은 불합리하여 상식에 반하는 내용이다. 따라서 오선지라고 합리적 예단을 할 수 있다.
( X )

④ 재산명시절차의 관할법원으로부터 채무자 명의의 재산에 관해 <u>조회를 받은 기관의 장이 정당한 사유 없이 자료제출</u><u>을 거부하였다면, 법원은 결정으로 500만원의 벌금에 처한다.</u>

→ 재산 조회를 받은 기관의 장이 정당한 사유 없이 거부하는 경우, '<u>법원</u>'이 '<u>결정</u>'으로 '<u>500만원</u>'의 '<u>벌금</u>'에 처하는지는 제시문에서 확인해야 한다. ( ? )

벌금, 과료, 과태료, 과징금, 범칙금은 잘못된 행위에 대해 '돈'을 납부한다는 점에서 큰 차이가 없다고 볼 수 있으나, 법적으로 각각 다른 개념이므로 주의해야 한다. 벌금과 과료는 형벌의 종류 중 하나이며, 과태료와 과징금은 행정법상 의무위반 또는 의무불이행 시 행정기관이 부과하는 행정처분이다. 마지막으로 범칙금은 일상생활 중에 일어나는 경미 범죄에 부과하는 행정처분이지만, 미납 시 형사 처벌(벌금 부과)이 진행된다. 또한 벌금과 과징금은 병행하여 부과할 수 있다. 벌금은 위반 행위의 반사회성과 형법 위반에 대한 처벌이고, 과징금은 위반행위로 얻은 경제적 이득을 박탈하는 행정제재로 목적과 취지에 차이가 있기 때문이다. 이 같은 배경지식에 따르면 법원의 재산 조회를 정당한 사유 없이 거부한 것이 형법을 위반한 범죄는 아니므로 벌금이 아닌 과태료를 부과함이 타당하다. 따라서 <u>오선지라고 예단할 수 있다.</u> ( ? → X )

⑤ 채권자 丁이 채무자 명의의 재산에 관한 조회를 신청할 경우, 조회에 드는 비용은 재산조회가 종료된 후 납부하면 된다.

→ 재산조회에 드는 비용의 납부 시기는 제시문에서 파악해야 한다. ( ? )

---

제00조 ① <u>재산명시절차의 관할법원</u>은 재산명시절차에서 <u>채무자가 제출한 재산목록의 재산만으로 집행채권의 만족을</u> <u>얻기에 부족한 경우</u>, 그 <u>재산명시를 신청한 채권자의 신청에 따라</u> 개인의 재산 및 신용에 관한 전산망을 관리하는 공공기관·금융기관·단체 등에 <u>채무자 명의의 재산에 관하여 조회할 수 있다.</u>

→ ① 채무자 甲이 제출한 재산목록의 재산만으로 집행채권의 만족을 얻기 부족한 경우에는 재산명시 절차의 관할법원은 직권이 아닌 채권자의 신청에 따라 금융기관에 甲 명의의 재산에 관해 조회할 수 있다. (X)

② 채권자가 제1항의 신청을 할 경우에는 조회할 기관·단체를 특정하여야 하며 <u>조회에 드는 비용을 미리 내야 한다.</u>

→ ⑤ 채권자가 채무자 재산 조회를 신청할 경우, 조회에 드는 비용은 재산조회가 종료된 후가 아니라 미리 납부해야 한다. (X)

③ 법원이 제1항의 규정에 따라 조회할 경우에는 채무자의 인적 사항을 적은 문서에 의하여 해당 기관·단체의 장에게 채무자의 재산 및 신용에 관하여 그 기관·단체가 보유하고 있는 자료를 한꺼번에 모아 제출하도록 요구할 수 있다.

④ <u>공공기관·금융기관·단체</u> 등은 <u>정당한 사유 없이</u> 제1항 및 제3항의 <u>조회를 거부하지 못한다.</u>

→ ② 재산명시절차의 관할법원으로부터 채무자 명의의 재산에 관해 조회를 받은 공공기관은 정당한 사유가 있는 경우 이를 거부할 수 있다. (O)

⑤ 제1항 및 제3항의 조회를 받은 기관·단체의 장이 정당한 사유 없이 거짓 자료를 제출하거나 자료를 제출할 것을 거부한 때에는 결정으로 500만원 이하의 과태료에 처한다.

→ ④ 재산명시절차의 관할법원으로부터 채무자 명의의 재산에 관해 조회를 받은 기관의 장이 정당한 사유 없이 자료제출을 거부한 때, 법원은 결정으로 500만원의 벌금이 아닌 과태료에 처한다. (X)

제00조 ① 누구든지 <u>재산조회의 결과를 강제집행 외의 목적으로 사용하여서는 안 된다.</u>

→ ③ 채무자 乙의 재산조회 결과를 획득한 채권자 丙은 해당 결과를 강제집행 외의 목적으로 사용하여서는 안 된다. (X)

② 제1항의 규정에 위반한 사람은 2년 이하의 징역 또는 500만원 이하의 벌금에 처한다.

문 4 **정답** ② ≫ 규정의 이해 및 적용

'증인신문에 관련된 규정'이라는 것을 파악하고 〈상황〉과 선지를 먼저 분석한다.

┌─ 상 황 ─┐

원고 甲은 피고 乙을 상대로 대여금반환청구의 소를 제기하였다. 이후 절차에서 甲은 丙을, 乙은 丁을 각각 증인으로 신청하였으며 해당 재판부(재판장 A, 합의부원 B와 C)는 丙과 丁을 모두 증인으로 채택하였다.

① 丙을 신문할 때 A는 乙보다 먼저 신문할 수 없다.
→ 민사재판에서 증인신문은 교호신문을 원칙으로 한다. 이에 따르면 증인을 신청한 당사자가 먼저 하고 다음에 상대방 당사자가 하고 그 후에 재판장이 신문한다(민사소송법 제327조 제1항 및 제2항). 다만, 예외적으로 재판장이 증인신문의 순서를 바꿀 수 있고, 필요한 경우 언제든지 증인을 신문할 수 있다. 이러한 법률적 지식이 있다면 이 선지는 상식과 경험칙에 부합하지 않는 오선지라고 합리적 예단을 할 수 있다. ( X )
② 甲의 丙에 대한 신문이 쟁점과 관계가 없는 때, A는 甲의 신문을 제한할 수 있다.
→ 쟁점과 관계없는 신문을 하는 경우 재판장이 신문을 제한할 수 있게 하는 것은 상식과 경험칙에 부합하는 내용이므로 정선지라고 합리적 예단을 내릴 수 있다. ( O )
③ A가 丁에 대한 신문을 乙보다 甲이 먼저 하게 하려면, B와 C의 의견을 들어야 한다.
→ 재판장이 증인신문의 순서를 바꿀 때 당사자의 의견을 들어야 하는지는 제시문에서 확인해 보아야 한다. ( ? )
④ 丙과 丁을 따로따로 신문해야 하는 것이 원칙이지만, B는 필요하다고 인정한 때 丙과 丁의 대질을 명할 수 있다.
→ 증인을 따로따로 신문하는 것이 원칙인지와 재판장이 아닌 합의부원이 대질을 명할 수 있는 권한이 있는지는 제시문에서 살펴보아야 한다. ( ? ) 보통 재판은 재판장이 진행하도록 되어 있으므로 오선지로 의심해볼 수도 있겠다. ( △ )
⑤ 丙이 질병으로 인해 서류에 의해 진술하려는 경우 A의 허가를 요하지 않는다.
→ 소송에서 증인의 직접 진술이 가장 신뢰도(증명력)가 높다. 서면의 경우에는 조작 등의 가능성이 있어 증거채택 과정부터 까다로우므로, 재판장의 허가 없이 서류에 의해 진술하는 것은 상식과 경험칙에 부합하지 않는다. 따라서 오선지라고 합리적 예단을 할 수 있겠다. ( X )

합리적 예단을 통해 정선지라고 생각했던 ②번의 정오를 먼저 판단하는 것이 효율적이다.

제00조 ① 증인신문은 증인을 신청한 당사자가 먼저 하고, 다음에 다른 당사자가 한다.
② 재판장은 제1항의 신문이 끝난 뒤에 신문할 수 있다.
③ 재판장은 제1항과 제2항의 규정에 불구하고 언제든지 신문할 수 있다.
→ ① 丙을 신문할 때 A는 재판장이므로 乙보다 먼저 신문할 수 있다. (X)
④ 재판장은 당사자의 의견을 들어 제1항과 제2항의 규정에 따른 신문의 순서를 바꿀 수 있다.
→ ③ A가 丁에 대한 신문을 乙보다 甲이 먼저 하게 하려면, B와 C의 의견을 반드시 들어야 하는 것이 아니다. 의견을 들었더라도 재판장은 신문 순서를 바꾸지 않을 재량이 있다. (X)
⑤ 당사자의 신문이 중복되거나 쟁점과 관계가 없는 때, 그 밖에 필요한 사정이 있는 때에 재판장은 당사자의 신문을 제한할 수 있다.
→ ② 甲의 丙에 대한 신문이 쟁점과 관계없으면, 재판장 A는 甲의 신문을 제한할 수 있다. (O)
⑥ 합의부원은 재판장에게 알리고 신문할 수 있다.
제00조 ① 증인은 따로따로 신문하여야 한다.
② 신문하지 않은 증인이 법정 안에 있을 때에는 법정에서 나가도록 명하여야 한다. 다만 필요하다고 인정한 때에는 신문할 증인을 법정 안에 머무르게 할 수 있다.
제00조 재판장은 필요하다고 인정한 때에는 증인 서로의 대질을 명할 수 있다.
→ ④ 丙과 丁을 따로따로 신문해야 하는 것이 원칙임은 옳은 내용이지만, 합의부원인 B는 丙과 丁의 대질을 명할 수 있는 권한이 없다. (X)
제00조 증인은 서류에 의하여 진술하지 못한다. 다만 재판장이 허가하면 그러하지 아니하다.
→ ⑤ 丙이 질병으로 인해 서류에 의해 진술하려는 경우 재판장인 A의 허가를 요한다. (X)

'광고와 공정거래에 관련된 규정'임을 파악하고 나면, 보기를 먼저 분석한다.

ㄱ. 공정거래위원회가 중요정보 고시 여부를 결정함에 있어 상품 등이나 거래 분야는 고려의 대상이 아니다.

→ 중요정보 고시여부를 결정할 때의 고려 대상을 제시문에서 확인해야 한다. 다만 상품과 거래분야는 광고에서 중요한 부분이므로 상식적으로 공정거래위원회의 중요정보 고시여부 결정과 밀접한 관련이 있을 것으로 보인다. 따라서 오선지라고 합리적 예단을 해볼 수 있다. ( X )

ㄴ. 사업자A가 다른 사업자B로 하여금 공정한 거래질서를 해칠 우려가 있는 비방적인 표시·광고를 하게 한 경우, 공정거래위원회는 사업자A에게 과태료를 부과한다.

→ 다른 사업자를 이용한 비방적인 표시나 광고를 한 경우 배후의 사업자에게 과태료를 부과하는지를 제시문에서 확인할 필요가 있다. 배후의 사업자와 실행한 사업자 모두에게 과태료를 부과하는지, 실행한 사업자에게만 과태료를 부과하는지 주의해서 보아야 한다. 또한 과태료가 아닌 벌금이나 과료 등을 부과하는지도 확인하자. ( ? )

ㄷ. 사업자가 표시·광고 행위를 하면서 고시된 중요정보를 표시·광고하지 않은 경우, 공정거래위원회는 5천만원의 과태료를 부과할 수 있다.

→ 고시된 중요정보를 표시, 광고하지 않은 경우의 과태료 액수와 과태료 부과 주체가 공정거래위원회가 맞는지 확인해 보아야 한다. ( ? )

ㄹ. 공정거래위원회는 소비자 보호를 위해 필요한 경우, 사업자가 표시·광고에 포함하여야 하는 사항과 함께 그 표시·광고의 방법도 고시할 수 있다.

→ 소비자 보호를 목적으로 표시, 광고에 포함할 사항과 더불어 표시, 광고의 방법도 고시할 수 있는지 여부를 제시문에서 확인해보아야 한다. 상식과 경험칙에 비추어 보면 소비자 보호도 공정거래 장려의 중요한 목적이기 때문에 표시, 광고에 포함할 사항뿐 아니라 방법까지 고시할 수 있다는 것은 정선지라고 합리적 예단을 할 수 있다. ( O )

---

제○○조 ① 사업자는 소비자를 속이거나 소비자로 하여금 잘못 알게 할 우려가 있는 표시·광고 행위로서 공정한 거래질서를 해칠 우려가 있는 다음 각 호의 행위를 하거나 다른 사업자로 하여금 하게 하여서는 안 된다.
1. 거짓·과장의 표시·광고
2. 기만적인 표시·광고
3. 부당하게 비교하는 표시·광고
4. 비방적인 표시·광고
② 제1항을 위반하여 제1항 각 호의 행위를 하거나 다른 사업자로 하여금 하게 한 사업자는 2년 이하의 징역 또는 1억 5천만원 이하의 벌금에 처한다.

→ ㄴ. 사업자A가 다른 사업자B로 하여금 공정한 거래질서를 해칠 우려가 있는 비방적인 표시·광고를 하게 한 경우, 공정거래위원회는 사업자A에게 과태료가 아닌 벌금을 부과한다. (X)

ㄴ이 포함되지 않은 ①, ③, ④번은 소거한다.

제△△조 ① 공정거래위원회는 상품 등이나 거래 분야의 성질에 비추어 소비자 보호 또는 공정한 거래질서 유지를 위하여 필요한 경우에는 사업자가 표시·광고에 포함하여야 하는 사항(이하 '중요정보'라 한다)과 표시·광고의 방법을 고시할 수 있다.

→ ㄱ. 공정거래위원회가 중요정보 고시 여부 결정에 상품 등 거래 분야는 고려 대상이다. (X)

→ ㄹ. 공정거래위원회는 소비자 보호를 위해 필요한 경우, 사업자가 표시·광고에 포함하여야 하는 사항과 함께 그 표시·광고의 방법도 고시할 수 있다. (O)

ㄱ이 포함된 ②번은 소거하고 ⑤번을 답으로 선택할 수 있다. 실제 시험이라면 ㄷ의 정오를 굳이 확인하지 않고 다음 문제로 넘어갈 수 있어야 한다.

② 공정거래위원회는 제1항에 따라 고시를 하려면 관계 행정기관의 장과 미리 협의하여야 한다. 이 경우 필요하다고 인정하면 공청회를 개최하여 사업자단체, 소비자단체, 그 밖의 이해관계인 등의 의견을 들을 수 있다.

③ 사업자가 표시·광고 행위를 하는 경우에는 제1항에 따라 고시된 중요정보를 표시·광고하여야 한다.
제□□조 ① 사업자가 제△△조 제3항을 위반하여 고시된 중요정보를 표시·광고하지 않은 경우에는 1억원 이하의 과태료를 부과한다.
② 제1항에 따른 과태료는 공정거래위원회가 부과·징수한다.
→ ㄷ. 사업자가 표시·광고 행위를 하면서 고시된 중요정보를 표시·광고하지 않은 경우, 공정거래위원회는 5천만 원의 과태료를 부과할 수 있다. (O)

문 6 **정답** ② ≫ 규정의 이해 및 적용
'민법상 손해배상과 관련된 규정'임을 파악하고 〈상황〉을 먼저 분석한다.

──── 상 황 ────

甲이 차량을 운전하다가 보행자 교통신호의 지시에 따라 횡단보도를 건너던 乙을 치어 乙에게 부상을 입혔다. 이 경우, ㉮ 甲이 차량으로 보행자 乙을 친 것, ㉯ 甲의 차량이 교통신호를 지키지 않아 도로교통법을 위반한 것, ㉰ 甲이 교통신호를 준수할 의무를 부주의로 이행하지 않은 것, ㉱ 횡단보도를 건너던 乙이 부상을 입은 것, ㉲ 甲의 차량이 보행자 乙을 치지 않았다면 乙이 부상을 입지 않았을 것이 (A)~(E) 요건을 각각 충족하기 때문에 甲의 손해배상책임이 인정된다.

㉮는 甲의 행위, ㉯는 甲의 법률 위반(위법성), ㉰는 甲의 부주의(과실), ㉱는 甲의 행위로 인한 결과발생(乙의 손해발생), ㉲는 甲의 행위와 乙의 손해발생 사이의 인과관계를 의미한다. 제시문에서 이 다섯 가지 키워드를 찾아서 바르게 비교해야 한다.

민법 제00조는 "고의 또는 과실로 인한 위법행위로 타인에게 손해를 가한 자는 그 손해를 배상할 책임이 있다."고 규정하고 있다. 이는 가해자의 불법행위로 피해자가 손해를 입은 경우, 가해자의 손해배상책임을 인정하는 규정이다. 이 규정에 따라 손해배상책임이 인정되기 위해서는 다음의 (A)~(E) 다섯 가지 요건을 모두 충족하여야 한다.
(A) 가해자에게 고의 또는 과실이 있어야 한다. 고의란 가해자가 불법행위의 결과를 인식하고 받아들이는 심리상태이며, 과실이란 가해자에게 무엇인가 준수해야 할 의무가 있음에도 부주의로 그 의무의 이행을 다하지 아니한 것을 말한다. → ㉰ **甲의 부주의(과실)**
(B) 피해자의 손해를 야기할 수 있는 가해자의 행위(가해행위)가 있어야 한다. → ㉮는 **甲의 행위**
※ **실제시험에서는 ②번이 정답임을 확인하면 (C)~(E)는 확인하지 않고 다음문제로 넘어가야 한다.**

(C) 가해행위가 위법한 행위이어야 한다. 일반적으로 법규에 어긋나는 행위는 위법한 행위에 해당한다. → ㉯는 **甲의 법률 위반(위법성)**
(D) 피해자에게 손해가 발생해야 한다. → ㉱는 **甲의 행위로 인한 결과발생(乙의 손해발생)**
(E) 가해행위와 손해발생 사이에 인과관계가 있어야 한다. 가해행위가 없었더라면 손해가 발생하지 않았을 경우에 인과관계가 인정된다. → ㉲는 **甲 행위와 乙의 손해발생 사이의 인과관계**

① (A) – ㉱
② (B) – ㉮

'지방자치단체 지방의회 의결의 의사정족수, 의결정족수 관련 규정'임을 파악하고 〈상황〉과 선지를 분석한다.

┌─────────────────────── 상 황 ───────────────────────┐

· A지방자치단체의 지방의회 <u>최초 재적의원은 111명이다.</u> 그 중 <u>2명은 사망하였고,</u> <u>3명은 선거법 위반으로 구</u>
  <u>속되어 재판이 진행 중이며,</u> <u>2명은 의회에서 제명되어</u> 현재 <u>총 104명이 의정활동을</u> 하고 있다.

· A지방자치단체 <u>○○조례 제정안이 상정되었다.</u>

· A지방자치단체의 지방의회는 <u>의장을 포함한 53명이 출석하여 개의하였다.</u>

└──────────────────────────────────────────────────────┘

재적의원 111명 중에 사망 2명, 구속 재판 중 3명, 제명 2명인데, 이렇게 3가지 경우가 주어졌다면 <u>이 중 1~2개의 경</u>
<u>우는 재적의원 수에서 제외되지 않도록 문제가 구성된다.</u> 이를 주의해야 한다.

의장을 포함한 53명이 출석하였다고 하는데, <u>의장도 변수가 된다.</u> <u>의장이 재적의원 수나, 출석의원 수에 포함이 되는지</u>
를 제시문에서 찾아보아야 한다.

① 의결할 수 없다.

→ <u>의장 포함 53명만으로는 의결이 불가능한지</u> 제시문을 통해 판단해야 한다. ( ? )

② 부결된 것으로 본다.

→ <u>의장 포함 53명의 출석만으로는 부결된 것으로 보아야 하는지</u> 확인해보아야 한다. ( ? )

③ 26명 찬성만으로 의결할 수 있다.

→ 만약 개의가 유효하다면 의장을 포함한 53명이 출석한 상황에서, <u>의장을 제외하더라도 26명 찬성으로는 과반수를</u>
  <u>넘지 못 한다.</u>(의장은 의결정족수에 포함되지 않는 경우가 일반적이며 의결은 과반수로 하는 경우가 많으므로) 따라
  서 ③번은 오선지라고 예단할 수 있다. (X)

④ 27명 찬성만으로 의결할 수 있다.

⑤ 28명 찬성만으로 의결할 수 있다.

→ ④, ⑤번 모두 제시문과 비교해보아야 정오를 판단할 수 있다. ( ? )

제시문에서 ※표시를 보면 가장 먼저 어떤 내용인지 파악하는 것이 좋다. 문제를 해결하는데 중요한 정보나 변수를 포
함하고 있기 때문이다. 제시문에서도 먼저 ※표시의 내용을 살펴보도록 하자.

┌──────────────────────────────────────────────────────┐

제00조(의사정족수) ① 지방의회는 재적의원 3분의 1 이상의 출석으로 개의(開議)한다.

② 회의 중 제1항의 정족수에 미치지 못할 때에는 의장은 회의를 중지하거나 산회(散會)를 선포한다.

제00조(의결정족수) ① <u>의결사항은 재적의원 과반수의 출석과 출석의원 과반수의 찬성으로 의결한다.</u>

→ 세 번째 조 제1호에 따르면 조례의 제정은 지방의회 의결사항으로 두 번째 조 제1항이 적용된다. ※에서 파악한
  정보에 따르면 재적의원은 107명이므로, 54명부터 과반수이다. 의장을 포함한 53명의 출석으로는 과반수가 되지
  않아 의결할 수 없다. 따라서 ①번이 정답이다.

② 의장은 의결에서 표결권을 가지며, 찬성과 반대가 같으면 부결된 것으로 본다.

③ 의장은 제1항에 따라 의결하지 못한 때에는 다시 그 일정을 정한다.

제00조(지방의회의 의결사항) <u>지방의회는 다음 사항을 의결한다.</u>

<u>1. 조례의 제정·개정 및 폐지</u>

2. 예산의 심의·확정

※ 지방의회의원 중 <u>사망한 자, 제명된 자, 확정판결로 의원직을 상실한 자는 재적의원에 포함되지 않는다.</u>

→ 사망한 2명, 제명된 2명은 재적의원에 포함되지 않으나, 아직 재판이 진행 중인 3명은 재적의원에 포함된다.
  따라서 재적의원은 107명이 된다.

└──────────────────────────────────────────────────────┘

문 8 정답 ⑤

앞서 오선지의 구성 원리를 공부하면서 풀었던 문제다. 기억이 났던 수험생도 있겠지만, 대부분은 인식하지 못했을 것이다. 다시 한 번 강조하지만 단순히 문제를 많이 푸는 것은 상황판단 성적을 향상시키는데 큰 도움이 되지 않는다. 자신이 틀렸던 문제를 꼼꼼하게 분석하면서 문제에 대한 접근 방식과 사고과정을 바꾸려고 노력해야 한다.

오선지 구성 원리에서 보았던 해설과 아래의 해설을 비교하면서 그동안 익혔던 문제 풀이 전략에 얼마나 익숙해졌는지 살펴보고, 아직 부족한 부분이 있다면 틀린 문제나 어려웠던 문제의 해설을 직접 작성하는 복습방법을 꼭 활용해보기를 바란다.

'증권거래세 부과 관련 규정'임을 파악한 후, 〈상황〉과 선지를 분석한다.

---
┌─ 상 황 ─┐

투자자 甲은 금융투자업자 乙을 통해 다음 3건의 주권을 양도하였다.
- A회사의 주권 100주를 주당 15,000원에 양수하였다가 이를 주당 30,000원에 X증권시장에서 전량 양도하였다.
- B회사의 주권 200주를 주당 10,000원에 Y증권시장에서 양도하였다.
- C회사의 주권 200주를 X 및 Y증권시장을 통하지 않고 주당 50,000원에 양도하였다.
---

3건의 주권 양도가 모두 다른 경우이므로 각각 증권거래세 부과가 다르게 될 것임을 알 수 있다.
매도차익에 대한 증권거래세 적용이 어떻게 되는지, X증권시장과 Y증권시장에 적용되는 증권거래세가 어떻게 다른지, 증권시장을 통하지 않고 주권을 양도하였을 때 적용되는 증권거래세가 어떤지 세 가지를 제시문에서 파악해야 한다.

① 증권거래세는 甲이 직접 납부하여야 한다.
→ 투자자가 세금을 직접 납부하는지 금융투자업자를 통해 납부하는지는 제시문을 통해 확인이 필요하다. ( ? )
② 납부되어야 할 증권거래세액의 총합은 6만원 이하다.
→ 제시문을 통해 세율을 확인한 후 계산을 해야 정오를 판단할 수 있다. ( ? )
③ 甲의 3건의 주권 양도는 모두 탄력세율을 적용받는다.
→ 3건 모두 탄력세율을 적용받는지 제시문을 통해 확인해보아야 하나, '모두'라는 단정적 표현이 사용된 경우 오선지일 확률이 높으므로 의심을 해본다. ( △ )
④ 甲의 A회사 주권 양도에 따른 증권거래세 과세표준은 150만원이다.
→ 제시문을 통해 확인이 필요한 선지이다. ( ? )
⑤ 甲이 乙을 통해 Y증권시장에서 C회사의 주권 200주 전량을 주당 50,000원에 양도할 수 있다면 증권거래세액은 2만원 감소한다.
→ 금융투자업자를 통해 Y증권시장에서 C회사 주권을 양도하면 증권거래세액이 감소하는지, 2만원 감소가 맞는지 제시문에서 확인이 필요하다. ( ? ) ②, ④, ⑤ 선지를 보고 이 문제를 해결하기 위해서는 계산이 필요할 수 있음을 파악해야 한다.

---
제00조(과세대상) 주권(株券)의 양도에 대해서는 이 법에 따라 증권거래세를 부과한다.
제00조(납세의무자) 주권을 양도하는 자는 납세의무를 진다. 다만 금융투자업자를 통하여 주권을 양도하는 경우에는 해당 금융투자업자가 증권거래세를 납부하여야 한다.
→ ① 甲은 금융투자업자 乙을 통해 주권을 양도하였으므로 증권거래세는 甲이 직접 납부하지 않고, 乙이 납부하여야 한다. 잘못된 정보의 연결로 구성된 오선지이다. (X)
제00조(과세표준) 주권을 양도하는 경우에 증권거래세의 과세표준은 그 주권의 양도가액(주당 양도금액에 양도 주권 수를 곱한 금액)이다.
→ ④ A회사의 주권 양도에 대한 과세표준은 30,000원 × 100주 = 300만원이다. 150만원은 양도가액이 아닌 양수금액을 기준으로 계산한 것으로 잘못된 정보를 연결한 선지이다. (X)
---

제00조(세율) 주권의 양도에 대한 세율은 양도가액의 1천분의 5로 한다.

제00조(탄력세율) X 또는 Y증권시장에서 양도되는 주권에 대하여는 제00조(세율)의 규정에도 불구하고 다음의 세율에 의한다.

→ ③ 甲의 3건의 주권 양도 중 A회사와 B회사의 주권양도만 탄력세율을 적용받는다. (X)

1. X증권시장: 양도가액의 1천분의 1.5
2. Y증권시장: 양도가액의 1천분의 3

→ ⑤ 증권시장에서 양도하면 일반세율보다 낮은 탄력세율이 적용되어 세율이 낮아지므로 증권거래세액은 감소한다.
C회사 주권을 증권시장에서 거래하지 않으면 일반세율인 1천분의 5가 적용되어 50,000원 세액이 부과되나, Y증권시장에서 거래하면 1천분의 3의 탄력세율이 적용되므로 30,000원의 세액이 부과되어 증권거래세액이 2만원 감소한다. (O)
C회사 주권의 양도가액이 1천만원이므로 1000분의 5와 1000분의 3의 차이는 굳이 계산을 해보지 않아도 2만원임을 쉽게 알 수 있다.

→ ② 위에서 ⑤번을 해결할 때와는 다르게, 반드시 계산을 해야 세액 총합이 6만원 이하인지 알 수 있기 때문에 가급적이면 가장 마지막에 ②번을 보는 것을 추천한다. 계산해보면 A회사 주권을 X증권시장에서 양도하면 세액은 4,500원, B회사의 주권을 Y증권시장에서 양도하면 세액은 6,000원. C회사의 주권을 양도하면 세액은 50,000원이므로 합하면 60,500원으로 납부되어야 할 증권거래세액의 총합은 6만원 초과가 된다. 대소관계 변경한 오선지이다. (X)

**문 9** 정답 ③ 　　　　　　　　　　　　　　　　　　　　　≫규정의 이해 및 적용

'유치권과 관련된 규정'임을 파악한 후 〈상황〉과 〈보기〉를 먼저 분석한다.

┤ 상 황 ├

甲은 아버지의 양복을 면접시험에서 입으려고 乙에게 수선을 맡겼다. 수선비는 다음 날까지 계좌로 송금하기로 하고 옷은 일주일 후 찾기로 하였다. 甲은 수선비를 송금하지 않은 채 일주일 후 옷을 찾으러 갔고, 옷 수선을 마친 乙은 수선비를 받을 때까지 수선한 옷을 돌려주지 않겠다며 유치권을 행사하고 있다.

ㄱ. 甲이 수선비의 일부라도 지급한다면 乙은 수선한 옷을 돌려주어야 한다.
→ 수선비의 전부가 아닌 일부를 지급한 경우에도 수선한 옷을 돌려주어야 하는지 제시문에서 확인해야 한다. ( ? )
ㄴ. 甲이 수선한 옷을 돌려받지 못한 채 면접시험을 치렀고 이후 필요가 없어 옷을 찾으러 가지 않겠다고 한 경우, 乙은 수선비의 변제를 받기 위해 그 옷을 경매할 수 있다.
→ 수선비 변제를 받기 위해 옷을 경매할 수 있는지 제시문에서 확인이 필요하다. ( ? )
ㄷ. 甲이 수선을 맡긴 옷을 乙이 도둑맞아 점유를 상실하였다면 乙의 유치권은 소멸한다.
→ 보관자가 점유를 상실하면 유치권을 주장할 수 없는지는 제시문을 보아야 알 수 있다. ( ? )
ㄹ. 甲이 수선비를 지급할 때까지 乙은 수선한 옷을 甲의 승낙 없이 다른 사람에게 대여할 수 있다.
→ 채권변제를 받을 때까지 채무자의 승낙 없이 유치권자가 물건을 대여 가능한지 여부는 제시문에서 확인해보아야 한다. ( ? )

유치권의 개념을 모른다면 〈보기〉를 분석했을 때 합리적 예단을 하기 어렵다. 이렇게 생소한 개념이 나왔을 경우, 키워드만을 체크하고 바르게 제시문 분석으로 넘어가서 문제를 풀어야 하겠다.

제00조(유치권의 내용) 타인의 물건 또는 유가증권을 점유한 자는 그 물건이나 유가증권에 관하여 생긴 채권이 변제기에 있는 경우에는 변제를 받을 때까지 그 물건 또는 유가증권을 유치할 권리가 있다.

제00조(유치권의 불가분성) 유치권자는 채권 전부의 변제를 받을 때까지 유치물 전부에 대하여 그 권리를 행사할 수 있다.

→ ㄱ. 甲이 수선비를 전부 지급할 때까지 乙은 옷에 대하여 유치권을 행사할 수 있다. (X)

제00조(유치권자의 선관의무) ① 유치권자는 선량한 관리자의 주의로 유치물을 점유하여야 한다.

② 유치권자는 채무자의 승낙 없이 유치물의 사용, 대여 또는 담보제공을 하지 못한다. 그러나 유치물의 보존에 필요한 사용은 그러하지 아니하다.

→ ㄹ. 甲이 수선비를 지급할 때까지 乙은 수선한 옷을 甲의 승낙 없이 다른 사람에게 대여할 수 없다. (X)

제00조(경매) 유치권자는 채권의 변제를 받기 위하여 유치물을 경매할 수 있다.

→ ㄴ. 甲이 옷을 찾으러 가지 않겠다고 한 경우, 乙은 수선비의 변제를 받기 위해 옷을 경매할 수 있다. (O)

제00조(점유상실과 유치권소멸) 유치권은 점유의 상실로 인하여 소멸한다.

→ ㄷ. 甲이 수선맡긴 옷을 乙이 도둑맞아 점유를 상실하였다면 乙의 유치권은 소멸한다. (O)

문 10  정답 ④　　　　　　　　　　　　　　　　　　　　　　≫ 규정의 이해 및 적용

'민사소송의 판결과 상소에 대한 제시문'임을 파악한 후 〈상황〉과 선지를 분석한다. 당해 문제는 법조문 형식으로 출제된 것은 아니지만, 민사소송법 규정을 토대로 만들어진 문제이고, 이렇게 생소한 개념을 접했을 때 어떻게 풀어야 하는지 연습을 해보기 위해 선정했다.

─┤ 상 황 ├─

원고 甲은 피고 乙을 상대로 ○○지방법원에 매매대금지급 청구소송을 제기하였다. ○○지방법원은 甲에게 매매대금지급 청구권이 없다고 판단하여 2016년 11월 1일 원고 패소 판결을 선고하였다. 이 판결문은 甲에게는 2016년 11월 10일 송달되었고, 乙에게는 2016년 11월 14일 송달되었다.

① 乙은 2016년 11월 28일까지 상소할 수 있다.
→ 乙에게는 2016년 11월 14일에 판결문 송달되었으므로 14일 이내인 11월 28일까지 상소하면 적법한지 또한 승소한 乙이 상소할 수 있는지 제시문에서 확인이 필요하다. ( ? )

② 甲이 2016년 11월 28일까지 상소하지 않으면, 같은 날 판결은 확정된다.
→ 甲에게는 2016년 11월 10일에 판결문이 송달되었고, 18일이 경과하도록 상소하지 않으면 판결이 확정되는지 송달과 판결확정일 사이의 기간을 제시문에서 확인해야 한다. ( ? )

③ 甲이 2016년 11월 11일 상소한 후 2016년 12월 1일 상소를 취하하였다면, 취하한 때 판결은 확정된다.
→ 11월 11일에 상소한 후 21일 후인 12월 1일에 상소를 취하할 수 있는지 여부와, 상소취하 시 판결이 확정되는지 여부, 두 가지를 제시문에서 확인해야 한다. ( ? )

④ 甲과 乙이 상소하지 않기로 하는 내용의 합의서를 2016년 10월 25일 법원에 제출하였다면, 판결은 2016년 11월 1일 확정된다.
→ 불상소 합의서를 판결 선고 전에 제출한 경우, 판결 선고 시 바로 판결이 확정되는지 제시문에서 확인이 필요하다. ( ? )

⑤ 甲이 2016년 11월 21일 법원에 상소포기서를 제출하면, 판결은 2016년 11월 1일 확정된 것으로 본다.
→ 甲이 판결문 송달 받고 11일 지난 11월 21일에 상소포기서 제출하면 판결 선고일인 11월 1일에 판결이 확정되었던 것으로 보는지 확인해야 한다. ( ? )

상황과 선지 분석을 통해 걸러낼 수 있는 선지는 없었다. <u>적법한 상소기간, 상소하지 않을 때 판결확정, 상소취하 시 판결확정, 불상소 합의와 판결확정, 상소포기 시 판결확정</u> 이 다섯 가지 키워드를 제시문에서 찾아 빠르게 선지의 정오를 판단하도록 하자.

---

민사소송에서 판결은 다음의 어느 하나에 해당하면 확정되며, 확정된 판결에 대해서 당사자는 더 이상 상급심 법원에 상소를 제기할 수 없게 된다.

첫째, 판결은 선고와 동시에 확정되는 경우가 있다. 예컨대 대법원 판결에 대해서는 더 이상 상소할 수 없기 때문에 그 판결은 선고 시에 확정된다. 그리고 하급심 판결이라도 선고 전에 당사자들이 상소하지 않기로 합의하고 이 합의서를 법원에 제출할 경우, 판결은 선고 시에 확정된다.

→ ④ 甲과 乙이 불상소 합의서를 2016년 10월 25일 법원에 제출하였다면, 판결은 선고 시인 2016년 11월 1일 확정된다. (O) **실제 시험이라면 여기까지만 읽고 정답을 선택한 후 다음 문제로 넘어간다. 선지를 먼저 분석한 덕분에 제시문 읽는 시간을 절약한 것이다.**

둘째, 상소기간이 만료된 때에 판결이 확정되는 경우가 있다. 상소는 패소한 당사자가 제기하는 것으로, 상소를 하고자 하는 자는 판결문을 송달받은 날부터 2주 이내에 상소를 제기해야 한다. 이 기간 내에 상소를 제기하지 않으면 더 이상 상소할 수 없게 되므로, 판결은 상소기간 만료 시에 확정된다. 또한 상소기간 내에 상소를 제기하였더라도 그 후 상소를 취하하면 상소기간 만료 시에 판결은 확정된다.

→ ① 상소는 패소한 당사자가 제기하는 것이므로 승소한 乙은 상소할 수 없다. (X)

→ ② 甲에게는 2016년 11월 10일에 판결문이 송달되었으므로 송달받은 날부터 2주 이내인 2016년 11월 24일까지 상소를 제기해야 한다. 2016년 11월 28일까지 상소하지 않았다면, 2016년 11월 24일에 이미 판결은 확정된다. (X)

→ ③ 甲이 2016년 11월 11일 상소한 후 2016년 12월 1일 상소를 취하하였다면, 취하한 때가 아닌 상소기간 만료시인 11월 24일에 판결은 확정된다. (X)

셋째, 상소기간이 경과되기 전에 패소한 당사자가 법원에 상소포기서를 제출하면, 제출 시에 판결은 확정된다.

→ ⑤ 甲이 2016년 11월 21일 법원에 상소포기서를 제출하면, 판결은 판결 선고일인 2016년 11월 1일이 아니라, 상소포기서 제출시인 2016년 11월 21일에 확정된다. (X)

---

실전 최적화
# PSAT
상황판단의 비결

# CHAPTER 06

# 수리추론

## 1 유형의 이해

수리추론은 2021년 7급 PSAT 상황판단에서 25문항 중 9문항이 출제되었다. 수리추론의 유형은 크게 ① 연산형 ② 비교·대입형 ③ 복합형의 세 유형으로 분류된다. 먼저 '연산형'은 주어진 수식(계산법)에 상황과 조건을 적용하여 계산하는 것으로 수월한 유형이다. '비교형'은 수식에 상황과 조건을 적용하여 계산하는 것은 연산형과 유사하나, 다양한 상황에 따라 여러 번 계산을 하고 그 결과를 비교하거나, 일부 정보가 주어지지 않아 다른 상황 및 조건을 통해 그 정보를 추론하여 계산을 해야 하는 유형이다. 마지막으로 '복합형'은 주어진 상황과 조건들을 통하여 직접 수식을 구성하여 계산해야 하는 고난도 유형이다. 고난도라고 하는 것은 풀지 못할 정도로 어렵다는 것이 아니라, 시간이 많이 걸리거나 문제해결 과정에서 오류발생 가능성이 높다는 뜻이다. 이렇게 유형을 분류한 것은 자신 있게 풀 수 있는 유형과 Skip하고 나중에 해결할 유형을 구분하기 위함이다.

## 2 문제 풀이 전략

### (1) 과감한 Skip

수리추론 유형은 특별히 어렵게 출제되지는 않지만 바로 이 부분이 함정이다. 9문항이 출제되면 2~3문항 정도는 계산에 시간이 오래 걸리거나, 다소 복잡한 문제가 출제되는데 이런 문제들까지 순서대로 다 풀다보면 시간 관리에 실패할 가능성이 높기 때문이다. 수리추론에서는 6문제는 반드시 맞추는 것으로 목표를 설정하자. 고난도 문제(주로 복합형)가 나오면 과감하게 Skip하고 다음 문제를 풀어야 25번까지 완주할 수 있다. 문제를 푸는 중간에도 계산이 잘 안 맞거나 수식을 잘못 세웠다는 것을 알았다면, Skip 해야 한다. 미련을 못 버리는 순간 5분이 금방 지나간다.

### (2) 도표를 보는 관점

수리추론에 도표는 자주 등장한다. 표는 정보를 정리하기 위한 도구이므로, 표를 통해 전체와 부분을 빠르고 정확하게 파악할 수 있도록 해야 한다. 만약 제시문에 표가 주어지지 않고, 정보가 나열되어 있다면 표를 작성할 필요도 있다. 아래 표를 보자.

|  | 갑 | 을 | 병 |
|---|---|---|---|
| A 과목 | 60 | 70 | 20 |
| B 과목 |  | 100 | a |
| C 과목 | 70 | 60 | b |
| 총 점 | 220 |  | 190 |

※ A, B, C 각 과목의 만점은 100점이며, 10점 단위로 점수가 결정된다.

갑의 총점이 220점이므로 갑의 B과목 점수는 90점임을 알 수 있다. 전체를 통해 부분을 추론하고 알아낸 정보를 수식에 대입하는 것은 수리추론의 기본이다.

을의 경우 표의 칸은 모두 채워져 있는데, 총점은 주어지지 않았다. 수리추론에서 이런 표를 만나면 습관처럼 총합을 적어놓는 것이 좋다. 을의 총점은 230점이다.

병의 경우에는 총점이 190점이고 A과목 점수는 20점이므로 a + b = 170임을 알 수 있다. a와 b는 반비례 관계이고, ※에서 주어진 정보를 적용하면 가능한 경우의 수는 70점/100점, 80점/90점이다. 여기에 다른 정보가 주어지면 a, b의 각 점수를 알 수 있다.

도표를 보는 관점은 수리추론의 기본이 된다. 도표만 보고도 무엇을 물어보는 문제인지 예측할 수 있도록 도표가 등장하는 문제들만 집중적으로 풀면서 감각을 키우도록 하자.

## (3) 계산을 최소화하는 풀이 방법

수리추론은 수학이 아니다. 요령과 센스를 발휘하여 최대한 계산을 적게 하는 것이 좋다. 문제에 주어진 '조건'이나 '단서'를 잘 활용하면 계산하기 전에 조건을 충족하지 못하거나, 단서에 해당되어 계산할 필요가 없는 경우를 찾아낼 수 있다. 계산이 필요하긴 하나, 중간 과정에서 답을 찾을 수 있는 경우도 있고, 반대로 계산과정을 끝내고 결과 값을 구해야만 풀리는 경우도 있다. 따라서 수리추론을 연습하면서 중점을 두어야 하는 부분은, 계산이 필요한지를 알아채는 감각을 키우는 것이다.

수리추론에 출제되는 문제들은 중, 고등학교 과정을 마친 사람들이라면 누구나 풀 수 있다. 중요한 것은 정답을 맞추는 것이 아니라 '시간관리'이므로, 생략할 수 있는 계산을 하지는 않았는지, 조건과 단서를 잘 적용하지 못하여 시간낭비를 하지 않았는지를 생각하는 습관을 가질 수 있도록 하자.

## 3 연산형

제시문에 주어진 수식에 상황과 조건을 적용하여 정답을 찾는 유형이다. 수식이 주어지는 경우도 있고, 문장으로 계산방법을 알려주는 경우도 있다. 또한 필요한 정보를 다 제시되기도 하지만, 일부 정보는 기존에 주어진 정보들을 통해 추론해야 하는 경우도 있다. 1~2문항 정도 출제되며, 난이도가 낮으므로 다 맞춘다고 생각해야 한다. 아래 예제를 풀어보자.

예제 | **다음 〈조건〉과 〈상황〉을 근거로 판단할 때, 甲이 향후 1년간 자동차를 유지하는 데 소요될 총비용은?**

17년 5, 7급 민경채

─┤ 조 건 ├─

1. 자동차 유지비는 연 감가상각비, 연 자동차 보험료, 연 주유비용으로 구성되며 그 외의 비용은 고려하지 않는다.
2. 연 감가상각비 계산 공식
    연 감가상각비＝(자동차 구매비용 − 운행가능기간 종료 시 잔존가치) ÷ 운행가능기간(년)
3. 연 자동차 보험료

──────────── 조 건 ────────────

(단위: 만원)

| 구분 | | 차종 | | |
|---|---|---|---|---|
| | | 소형차 | 중형차 | 대형차 |
| 보험가입 시 운전경력 | 1년 미만 | 120 | 150 | 200 |
| | 1년 이상 2년 미만 | 110 | 135 | 180 |
| | 2년 이상 3년 미만 | 100 | 120 | 160 |
| | 3년 이상 | 90 | 105 | 140 |

※ 차량 구매 시 보험 가입은 필수이며 1년 단위로 가입
※ 보험 가입 시 해당 차량에 블랙박스가 설치되어 있으면 보험료 10% 할인
4. 주유비용
   1리터당 10km를 운행할 수 있으며, 리터당 비용은 연중 내내 1,500원이다.

──────────── 상 황 ────────────

· 甲은 1,000만원에 중형차 1대를 구입하여 바로 운행을 시작하였다.
· 차는 10년 동안 운행가능하며, 운행가능기간 종료 시 잔존가치는 100만원이다.
· 자동차 보험 가입 시, 甲의 운전 경력은 2년 6개월이며 차에는 블랙박스가 설치되어 있다.
· 甲은 매달 500km씩 차를 운행한다.

① 192만원                    ② 288만원
③ 298만원                    ④ 300만원
⑤ 330만원

## 정답 및 해설

결과 값을 구하는 문제로, 수식이 주어진 항목, 주어진 상황을 표에 적용해야 하는 항목, 계산을 요하는 항목이 있다.
· 연 감가상각비: (1000 - 100) ÷ 10 = 90만원
· 연 자동차 보험료: 2년 이상 3년 미만 중형차로 120만원인데, 블랙박스가 설치되어 있으므로 10% 할인을 받아 108만원이다.
· 연 주유비용: 매달 500km씩 1년간 6,000km를 운행하고, 1리터당 10km운행할 수 있으므로 연간 600리터를 사용한다. 리터당 비용이 1,500원이므로 600 × 1,500원 = 90만원이다.
선지에는 비용이 각각 제시되지 않고 합산되어 제시되어 있으므로 감가상각비, 보험료, 주유비용을 모두 더해야 한다. 甲이 1년간 자동차를 유지하는데 소요될 총비용은 ② 288만원이다.

## 4 비교 · 대입형

제시문에 주어진 계산방식에 상황과 조건을 적용하여 구한 수개의 결과 값을 비교하거나 상황을 주어진 조건이나 도표에 대입하여 결과 값을 구하는 유형으로 연산형보다 적용해야 할 상황이 다양하거나, 계산방식이 2개 이상 제시되는 경우도 있으며, 결과 값을 구해서 표의 빈칸을 채운 후 정답을 찾는 유형도 있다. 2~4문항 정도 출제되며, 연산형보다 난도가 다소 높더라도 모두 맞추는 것을 목표로 해야 한다.

예제 **다음 〈상황〉을 근거로 판단할 때, 〈대안〉의 월 소요예산 규모를 비교한 것으로 옳은 것은?**

18년 5급 공채

┌─────────────── 상 황 ───────────────┐

- 甲사무관은 빈곤과 저출산 문제를 해결하기 위한 대안을 분석 중이다.
- 전체 1,500가구는 자녀 수에 따라 네 가지 유형으로 구분할 수 있는데, 그 구성은 무자녀 가구 300가구, 한자녀 가구 600가구, 두 자녀 가구 500가구, 세 자녀 이상 가구 100가구이다.
- 전체 가구의 월 평균 소득은 200만원이다.
- 각 가구 유형의 30%는 맞벌이 가구이다.
- 각 가구 유형의 20%는 빈곤 가구이다.

└────────────────────────────────────┘

┌─────────────── 대 안 ───────────────┐

- A안: 모든 빈곤 가구에게 전체 가구 월 평균 소득의 25%에 해당하는 금액을 가구당 매월 지급한다.
- B안: 한 자녀 가구에는 10만원, 두 자녀 가구에는 20만원, 세 자녀 이상 가구에는 30만원을 가구당 매월 지급한다.
- C안: 자녀가 있는 모든 맞벌이 가구에 자녀 1명당 30만원을 매월 지급한다. 다만 세 자녀 이상의 맞벌이 가구에는 일률적으로 가구당 100만원을 매월 지급한다.

└────────────────────────────────────┘

① A 〈 B 〈 C
② A 〈 C 〈 B
③ B 〈 A 〈 C
④ B 〈 C 〈 A
⑤ C 〈 A 〈 B

## 정답 및 해설

먼저 선지를 보면 결과 값을 구하여 순위를 비교하는 문제임을 파악할 수 있다. 수식은 주어지지 않았지만, 〈상황〉과 〈대안〉의 A, B, C안을 조합하면 어떻게 계산을 해야 하는지 알 수 있다.

A: 모든 빈곤 가구에게 월 평균 소득의 25%를 지급한다. 따라서 자녀수에 따라 구분할 필요가 없이 총 빈곤가구를 계산하면 된다. 1500가구 × 0.2 × 200만원 × 0.25 = 1억 5천만원이다.

B: 한 자녀 가구(600)에는 10만원, 두 자녀 가구(500)에는 20만원, 세 자녀 이상 가구(100)에는 30만원을 지급한다. 600가구 × 10만원 + 500가구 × 20만원 + 100가구 × 30만원 = 1억 9천만원이다.

C: 자녀가 있는 모든 맞벌이 가구에 자녀 1명당 30만원을 매월 지급하고, 세 자녀 이상의 맞벌이 가구에는 가구당 100만원을 매월 지급한다는 것은 한 자녀인 맞벌이 가구에 30만원, 두 자녀인 맞벌이 가구에는 60만원, 세 자녀 이상인 맞벌이 가구에는 100만원을 지급하는 것이다.

600가구 × 0.3 × 30만원 + 500가구 × 0.3 × 60만원 + 100가구 × 0.3 × 100만원 = 1억 7천 4백만원이다.

따라서 소요되는 예산의 규모를 비교하면 정답은 ② A ⟨ C ⟨ B 이다.

## 5 복합형(수식형)

제시문의 내용과 주어진 조건과 상황을 토대로 수식을 세워 풀어야 하는 유형이다. 방정식을 이용하여 미지수를 구하는 유형과 최댓값과 최솟값을 구하는 유형이 주로 출제된다. 2~3문항 정도 출제되며 난도가 높으므로 실제 시험에서는 풀 수 있는지 여부를 떠나서 Skip하고 마지막에 푸는 것을 추천한다. 다 맞춰야 한다는 부담을 가질 필요는 없다. 1~2개만 맞추면 충분하다고 생각하자.

### (1) 방정식을 이용하는 유형

어떤 것을 미지수로 설정할 것인지, 어떻게 수식을 세울 것인지를 빠르게 결정하는 것이 핵심이다. 미지수가 1개인 경우는 거의 없고, 보통은 2개 이상의 미지수를 구해야 하는 경우가 많으므로, 주로 연립방정식을 이용하여 문제를 풀게 된다.

예제 | 다음 글을 근거로 판단할 때, '친구 단위'로 입장한 사람의 수와 '가족 단위'로 입장한 사람의 수를 옳게 짝지은 것은?

21년 5급 공채

A놀이공원은 2명의 친구 단위 또는 4명의 가족 단위로만 입장이 가능하다. 발권기계는 2명의 친구 단위 또는 4명의 가족 단위당 1장의 표를 발권한다. 놀이공원의 입장객은 총 158명이며, 모두 50장의 표가 발권되었다.

| | '친구 단위'로 입장한 사람의 수 | '가족 단위'로 입장한 사람의 수 |
|---|---|---|
| ① | 30 | 128 |
| ② | 34 | 124 |
| ③ | 38 | 120 |
| ④ | 42 | 116 |
| ⑤ | 46 | 112 |

정답 및 해설

선지를 보니 입장객의 수를 구해야 하는데, 제시문에는 발권된 표의 개수와 입장객의 유형에 따른 발권규칙이 소개되어 있다. 방정식을 이용하여 해결하는 전형적인 문제이다.

A놀이공원은 2명의 친구 단위 또는 4명의 가족 단위로만 입장이 가능하므로 친구 단위로 발권된 표의 수를 X, 가족 단위로 발권된 표의 수를 Y라고 하면 총 입장객의 수는 '2X + 4Y = 158'이다.
미지수가 2개이므로 수식이 하나 더 필요하겠다. 모두 50장의 표가 발권되었으므로 'X + Y = 50'이다.
이 두 식을 연립하여 풀면 Y = 29, X = 21이다. 따라서 친구단위로 입장한 사람의 수는 21 × 2 = 42명, 가족단위로 입장한 사람의 수는 29 × 4 = 116명이다. 따라서 정답은 ④번이다.

여기에서도 선지가 모두 다른 수로 구성되어 있으므로, 시간 절약을 위해서 친구 단위로 입장한 사람의 수만 계산하고 가족 단위로 입장한 사람의 수는 굳이 계산하지 않아도 좋다.

## (2) 최대, 최소를 구하는 유형

문제에서 최댓값과 최솟값을 직접적으로 묻는 경우가 많아 구별하는 것은 어렵지 않다. 방정식을 이용하는 유형처럼 수식을 세우는 것보다는 최대공약수와 최소공배수를 찾는다던지, 일정한 규칙을 찾아야하고, 계산을 여러 번 하기 때문에 중간에 실수를 하거나 착각을 하여 틀리는 경우가 많다. 계산이나, 규칙을 찾는 과정을 시험지에 깔끔하게 쓰면 중간 과정부터 복기하기 용이하므로 가급적 보기 좋게 풀이과정을 적는 것을 권장한다.

예제 | **다음 글을 근거로 판단할 때, 甲금속회사가 생산한 제품 A, B를 모두 판매하여 얻을 수 있는 최대 금액은?**

`17년 5급 공채`

- 甲금속회사는 특수구리합금 제품 A와 B를 생산 및 판매한다.
- 특수구리합금 제품 A, B는 10kg 단위로만 생산된다.
- 제품 A의 1kg당 가격은 300원이고, 제품 B의 1kg당 가격은 200원이다.
- 甲금속회사는 보유하고 있던 구리 710kg, 철 15kg, 주석 33kg, 아연 155kg, 망간 30kg 중 일부를 활용하여 아래 표의 질량 배합 비율에 따라 제품 A를 300kg 생산한 상태이다.(단, 개별 금속의 추가구입은 불가능 하다)
- 합금 제품별 질량 배합 비율은 아래와 같으며 배합 비율을 만족하는 경우에만 제품이 될 수 있다.

(단위: %)

| 구분 | 구리 | 철 | 주석 | 아연 | 망간 |
|------|------|-----|------|------|------|
| A | 60 | 5 | 0 | 25 | 10 |
| B | 80 | 0 | 5 | 15 | 0 |

※ 배합된 개별 금속 질량의 합은 생산된 합금 제품의 질량과 같다.

① 195,000원
② 196,000원
③ 197,000원
④ 198,000원
⑤ 199,000원

133

## 정답 및 해설

문제와 선지를 통해 최댓값을 구해야 함을 파악한 후 제시문을 보면 가장 먼저 보이는 것은 A가 B보다 1kg당 100원 더 비싸게 판매된다는 것이다. 따라서 A를 많이 생산하는 것이 유리하다. 이미 A는 300kg을 생산하였으므로 남은 재료로 A를 더 생산할 수 있는지 알아보고, 가능한 만큼 A를 더 생산한 후에 B의 생산 가능량을 계산하여 더하면 최댓값을 알 수 있겠다. A를 300kg 생산하고 남는 재료는 아래와 같다.

- 구리: 710 − 300 × 0.6 = 530kg
- 철: 15 − 300 × 0.05 = 0
- 주석: 33kg
- 아연: 155 − 300 × 0.25 = 80kg
- 망간: 30 − 300 × 0.1 = 0

제품 A의 생산에 필요한 철과 망간이 소진되어 A는 더 이상 생산할 수 없다. B의 생산에는 철과 망간이 필요 없으므로 B의 생산량을 계산하여 A 판매금액인 300kg × 300원 = 90,000원과 더하면 답을 찾을 수 있다. 제품 B의 생산량을 계산하면 아래와 같다.

- 구리: 530 ÷ 0.8 = 662.5
- 주석: 33 ÷ 0.05 = 660
- 아연: 80 ÷ 0.15 = 533.333...

이 중 가장 작은 값이 B의 생산량이 되고, B는 10kg단위로 생산된다고 하였으므로 530kg을 생산할 수 있다. 그렇다면 530kg × 200원 = 106,000원이 B의 판매금액이고, 106,000 + 90,000 = 196,000원 이므로 정답은 ②번이다.

※ 계산을 최소화 하는 풀이 방법

甲금속회사는 이미 A를 300kg 생산하였고, A생산에 철이 5% 필요한데 A회사가 보유한 철이 15kg이다. 300kg의 5%는 15kg이므로 A는 더 이상 생산할 수 없음을 파악할 수 있다. B생산에 필요한 구리와 아연의 남은 양만 계산하면 된다. 또한 구리, 주석, 아연 중에서 남은 재료의 양을 필요한 재료의 비율로 나눴을 때 가장 작은 값이 B의 생산 가능량이므로 구리는 계산하지 않아도 좋다. 아연과 주석만 계산하면 되는데, 여기서도 33 ÷ 5 〉 80 ÷ 15를 생각할 수 있다면 아연만 계산하여 B의 생산량이 530kg임을 구할 수 있다.

**문 1.** 다음 글과 〈상황〉을 근거로 판단할 때, 과거에 급제한 아들이 분재 받은 밭의 총 마지기 수는?

19년 7급 예시문제

조선시대의 분재(分財)는 시기가 재주(財主) 생전인지 사후인지에 따라 구분할 수 있다. 별급(別給)은 재주 생전에 과거급제, 생일, 혼인, 출산, 감사표시 등 특별한 사유로 인해 이루어지는 분재였으며, 깃급[衿給]은 특별한 사유 없이 재주가 임종이 가까울 무렵에 하는 일반적인 분재였다.

재주가 재산을 분배하지 못하고 죽는 경우 재주 사후에 그 자녀들이 모여 재산을 분배하게 되는데, 이를 화회(和會)라고 했다. 화회는 재주의 3년 상(喪)을 마친 후에 이루어졌다. 자녀들이 재산을 나눌 때 재주의 유서나 유언이 남아 있으면 이에 근거하여 분재가 되었으나, 그렇지 못한 경우에는 합의하여 재산을 나누어 가졌다. 조선 전기에는 「경국대전」의 규정에 따랐는데, 친자녀 간 균분 분재를 원칙으로 하나 제사를 모실 자녀에게는 다른 친자녀 한 사람 몫의 5분의 1이 더 분재되었다. 그러나 이때에도 양자녀에게는 차별을 두도록 되어 있었다. 조선 중기 이후에는 「경국대전」의 규정이 그대로 지켜지지 못하고 장남에게 많은 재산이 우선적으로 분재되었다. 깃급과 화회 대상 재산에는 별급으로 받은 재산이 포함되지 않았다.

※ 분재: 재산을 나누어 줌
※ 재주: 분재되는 재산의 주인

─── 상 황 ───

· 유서와 유언 없이 사망한 재주 甲의 분재 대상자는 아들 2명과 딸 2명이며, 이 중 딸 1명은 양녀이고 나머지 3명은 친자녀이다.
· 甲이 별급한 재산은 과거에 급제한 아들 1명에게 밭 20마지기를 준 것과 두 딸이 시집갈 때 각각 밭 10마지기씩을 준 것이 전부였다.
· 화회 대상 재산은 밭 100마지기이며 화회는 「경국대전」의 규정에 따라 이루어졌다.
· 과거에 급제한 아들이 제사를 모시기로 하였으며, 양녀는 제사를 모시지 않는 친자녀 한 사람이 화회로 받은 몫의 5분의 4를 받았다.

① 30
② 35
③ 40
④ 45
⑤ 50

**[ 스스로 작성해보는 해설 ]**☞

**문 2.** 다음 글과 〈상황〉을 근거로 판단할 때, 미란이가 지원받을 수 있는 주택보수비용의 최대 액수는?

17년 5급 공채

• 주택을 소유하고 해당 주택에 거주하는 가구를 대상으로 주택 노후도 평가를 실시하여 그 결과(경·중·대보수)에 따라 아래와 같이 주택보수비용을 지원

〈주택보수비용 지원 내용〉

| 구분 | 경보수 | 중보수 | 대보수 |
|---|---|---|---|
| 보수항목 | 도배 혹은 장판 | 수도시설 혹은 난방시설 | 지붕 혹은 기둥 |
| 주택당 보수비용 지원한도액 | 350만원 | 650만원 | 950만원 |

• 소득인정액에 따라 위 보수비용 지원한도액의 80~100%를 차등지원

| 구분 | 중위소득 25% 미만 | 중위소득 25% 이상 35% 미만 | 중위소득 35% 이상 43% 미만 |
|---|---|---|---|
| 지원률 | 100% | 90% | 80% |

─── 상 황 ───

미란이는 현재 거주하고 있는 A주택의 소유자이며, 소득인정액이 중위소득 40%에 해당한다.
A주택의 노후도 평가 결과, 지붕의 수선이 필요한 주택보수비용 지원 대상에 선정되었다.

① 520만원 　　　　　　　② 650만원
③ 760만원 　　　　　　　④ 855만원
⑤ 950만원

[ 스스로 작성해보는 해설 ]

문 3. 다음 〈상황〉을 근거로 판단할 때, 준석이가 가장 많은 식물을 재배할 수 있는 온도와 상품가치의 총합이 가장 큰 온도는?(단, 주어진 조건 외에 다른 조건은 고려하지 않는다) `17년 5, 7급 민경채`

─ 상 황 ─

- 준석이는 같은 온실에서 5가지 식물(A~E)을 하나씩 동시에 재배하고자 한다.
- A~E의 재배가능 온도와 각각의 상품가치는 다음과 같다.

| 식물 종류 | 재배가능 온도($^\circ$C) | 상품가치(원) |
|---|---|---|
| A | 0 이상 20 이하 | 10,000 |
| B | 5 이상 15 이하 | 25,000 |
| C | 25 이상 55 이하 | 50,000 |
| D | 15 이상 30 이하 | 15,000 |
| E | 15 이상 25 이하 | 35,000 |

- 준석이는 온도만 조절할 수 있으며, 식물의 상품가치를 결정하는 유일한 것은 온도이다.
- 온실의 온도는 0℃를 기준으로 5℃간격으로 조절할 수 있고, 한 번 설정하면 변경할 수 없다.

| | 가장 많은 식물을 재배할 수 있는 온도 | 상품가치의 총합이 가장 큰 온도 |
|---|---|---|
| ① | 15℃ | 15℃ |
| ② | 15℃ | 20℃ |
| ③ | 15℃ | 25℃ |
| ④ | 20℃ | 20℃ |
| ⑤ | 20℃ | 25℃ |

[ 스스로 작성해보는 해설 ]

문 4. 다음 글을 근거로 판단할 때, 〈보기〉에서 옳은 것만을 모두 고르면?  18년 5급 민경채

┤ 상 황 ├

• 甲회사는 A기차역에 도착한 전체 관객을 B공연장까지 버스로 수송해야 한다.
• 이때 甲회사는 아래 표와 같이 콘서트 시작 4시간 전부터 1시간 단위로 전체 관객 대비 A기차역에 도착하는 관객의 비율을 예측하여 버스를 운행하고자 한다. 단, 콘서트 시작 시간까지 관객을 모두 수송해야 한다.

| 시각 | 전체 관객 대비 비율(%) |
|---|---|
| 콘서트 시작 4시간 전 | a |
| 콘서트 시작 3시간 전 | b |
| 콘서트 시작 2시간 전 | c |
| 콘서트 시작 1시간 전 | d |
| 계 | 100 |

• 전체 관객 수는 40,000명이다.
• 버스는 한 번에 대당 최대 40명의 관객을 수송한다.
• 버스가 A기차역과 B공연장 사이를 왕복하는 데 걸리는 시간은 6분이다.

※ 관객의 버스 승·하차 및 공연장 입·퇴장에 소요되는 시간은 고려하지 않는다.

┤ 보 기 ├

ㄱ. a = b = c = d = 25라면, 甲회사가 전체 관객을 A기차역에서 B공연장으로 수송하는 데 필요한 버스는 최소 20대이다.
ㄴ. a = 10, b = 20, c = 30, d = 40이라면, 甲회사가 전체 관객을 A기차역에서 B공연장으로 수송하는 데 필요한 버스는 최소 40대이다.
ㄷ. 만일 콘서트가 끝난 후 2시간 이내에 전체 관객을 B공연장에서 A기차역까지 버스로 수송해야 한다면, 이때 甲회사에게 필요한 버스는 최소 50대이다.

① ㄱ
② ㄴ
③ ㄱ, ㄴ
④ ㄱ, ㄷ
⑤ ㄴ, ㄷ

[ 스스로 작성해보는 해설 ]

**다음 글을 근거로 판단할 때, 우수부서 수와 기념품 구입 개수를 옳게 짝지은 것은?**

20년 5급 공채

A기관은 탁월한 업무 성과로 포상금 5,000만원을 지급받았다. 〈포상금 사용기준〉은 다음과 같다.

〈포상금 사용기준〉

• 포상금의 40% 이상은 반드시 각 부서에 현금으로 배분한다.
  - 전체 15개 부서를 우수부서와 보통부서 두 그룹으로 나누어 우수부서에 150만원, 보통부서에 100만원을 현금으로 배분한다.
  - 우수부서는 최소한으로 선정한다.
• 포상금 중 2,900만원은 직원 복지 시설을 확충하는 데 사용한다.
• 직원 복지 시설을 확충하고 부서별로 현금을 배분한 후 남은 금액을 모두 사용하여 개당 1만원의 기념품을 구입한다.

|     | 우수부서 수 | 기념품 구입 개수 |
| --- | --- | --- |
| ① | 9개 | 100개 |
| ② | 9개 | 150개 |
| ③ | 10개 | 100개 |
| ④ | 10개 | 150개 |
| ⑤ | 11개 | 50개 |

[ 스스로 작성해보는 해설 ]

# 정답 및 해설

## 문 1 <small>정답</small> ⑤          ≫ 수리추론 〉 연산형

'조선시대 분재에 관련된 제시문'임을 파악했다면, 〈상황〉과 선지를 분석한다. 제시문에 수식이 없었지만, 선지가 숫자로만 이루어져 있으므로 계산이 필요한 수리추론 문제임을 알 수 있다.

┌─────────────── 상 황 ───────────────┐

- 유서와 유언 없이 사망한 재주 甲의 분재 대상자는 <u>아들 2명과 딸 2명</u>이며, 이 중 <u>딸 1명은 양녀이고 나머지 3명은 친자녀</u>이다.
- 甲이 별급한 재산은 과거에 급제한 아들 1명에게 밭 20마지기를 준 것과 두 딸이 시집갈 때 각각 밭 10마지기씩을 준 것이 전부였다.
- 화회 대상 재산은 밭 100마지기이며 화회는 「경국대전」의 규정에 따라 이루어졌다.
- 과거에 급제한 아들이 제사를 모시기로 하였으며, <u>양녀는 제사를 모시지 않는 친자녀 한 사람이 화회로 받은 몫의 5분의 4를 받았다.</u>

└──────────────────────────────────────┘

상황을 보고 과거 급제한 아들, 아들, 양녀, 친딸 4명의 자녀가 있고, 분재(화회) 대상 재산은 밭 100마지기라는 것을 먼저 파악해야 한다. 나머지 조건들은 제시문과 비교해가면서 어떻게 적용되는지 계산해야 한다.

┌──────────────────────────────────────┐

(전략)

재주가 재산을 분배하지 못하고 죽는 경우 재주 사후에 그 자녀들이 모여 재산을 분배하게 되는데, 이를 화회(和會)라고 했다. 화회는 재주의 3년 상(喪)을 마친 후에 이루어졌다. 자녀들이 재산을 나눌 때 재주의 유서나 유언이 남아 있으면 이에 근거하여 분재가 되었으나, 그렇지 못한 경우에는 합의하여 재산을 나누어 가졌다. <u>조선 전기에는 「경국대전」의 규정에 따랐는데, 친자녀 간 균분 분재를 원칙으로 하나 제사를 모실 자녀에게는 다른 친자녀 한 사람 몫의 5분의 1이 더 분재되었다. 그러나 이때에도 양자녀에게는 차별을 두도록 되어 있었다.</u> 조선 중기 이후에는 「경국대전」의 규정이 그대로 지켜지지 못하고 장남에게 많은 재산이 우선적으로 분재되었다. 깃급과 <u>화회 대상 재산에는 별급으로 받은 재산이 포함되지 않았다.</u>

→ 〈상황〉에서 경국대전의 규정에 때라 화회가 이루어졌다고 하였고, 마지막에 화회 대상 재산에는 별급으로 받은 재산은 포함되지 않는다고 하였으므로 별급과 관계없이 화회의 결과 값을 구하고 별급재산과 합하면 정답을 구할 수 있다.

└──────────────────────────────────────┘

제사를 지내지 않는 친자녀 한 사람이 받을 몫을 X라고 하고, 〈상황〉을 정리하면 아래와 같다.

- 과거급제 한 아들(제사): 6/5X
- 아들: X
- 친딸: X
- 양녀: 4/5X

따라서 6/5X + X + X + 4/5X = 100이며 4X = 100이므로 X = 25가 된다. 따라서 과거에 급제한 아들이 화회로 받을 밭은 6/5 × 25 = 30마지기가 되며 별급으로 받은 20마지기와 더하면 총 50마지기를 받았다.

## 문 2 <small>정답</small> ③          ≫ 수리추론 〉 비교 · 대입형

'주택보수비용에 관련된 문제'임을 파악하고 〈상황〉과 선지를 먼저 분석한다.

┌─────────────── 상 황 ───────────────┐

미란이는 현재 거주하고 있는 A주택의 소유자이며, <u>소득인정액이 중위소득 40%</u>에 해당한다.
A주택의 <u>노후도 평가 결과, 지붕의 수선이 필요한</u> 주택보수비용 지원 대상에 선정되었다.

└──────────────────────────────────────┘

• 주택을 소유하고 해당 주택에 거주하는 가구를 대상으로 주택 노후도 평가를 실시하여 그 결과(경·중·대보수)에 따라 아래와 같이 주택보수비용을 지원

〈주택보수비용 지원 내용〉

| 구분 | 경보수 | 중보수 | 대보수 |
|------|--------|--------|--------|
| 보수항목 | 도배 혹은 장판 | 수도시설 혹은 난방시설 | 지붕 혹은 기둥 |
| 주택당 보수비용 지원한도액 | 350만원 | 650만원 | 950만원 |

• 소득인정액에 따라 위 보수비용 지원한도액의 80~100%를 차등지원

| 구분 | 중위소득 25% 미만 | 중위소득 25% 이상 35% 미만 | 중위소득 35% 이상 43% 미만 |
|------|------------------|---------------------------|---------------------------|
| 지원률 | 100% | 90% | 80% |

미란이는 소득인정액이 중위소득 40%이므로 80%를 지원받을 수 있다. A주택은 지붕 수선이 필요하므로 대보수에 해당된다. 따라서 950만원의 80%인 760만원까지 지원받을 수 있다. 계산을 좀 더 빠르게 하려면 950 × 0.8을 하는 것보다 950의 10%는 95이므로 20%인 190을 950에서 빼는 것이 좋겠다.

표가 2개 등장한다고 해서 더 어려울 것이라고 겁먹지 말자, 표는 어떤 정보를 정리하기 위한 도구 이므로, 표를 2개나 준다는 것은 정보를 아주 보기 좋게 정리해서 주는 것이므로 쉽다고 생각하자. 빠르게 표를 보고 어떤 정보를 골라서 적용할지만 찾아내면 1분 안에 풀 수 있는 문제들이 많다.

## 문 3  정답 ③  ≫ 수리추론 〉 비교 · 대입형

'식물 재배온도와 상품가치에 대한 문제'라는 것을 파악하면 〈상황〉과 선지를 분석한다.

| | 가장 많은 식물을 재배할 수 있는 온도 | 상품가치의 총합이 가장 큰 온도 |
|---|---|---|
| ① | 15℃ | 15℃ |
| ② | 15℃ | 20℃ |
| ③ | 15℃ | 25℃ |
| ④ | ~~20℃~~ | ~~20℃~~ |
| ⑤ | ~~20℃~~ | ~~25℃~~ |

선지에서 좌측은 15℃와 20℃ 두 온도로 구성되어 있고 우측은 15℃, 20℃, 25℃의 세 온도로 구성되어 있다. 좌측 온도의 개수가 적을 뿐 아니라, 〈상황〉에서 주어진 표의 정보를 직관적으로 적용할 수 있으므로 재배가능 온도부터 분석함이 효율적이다.
**가장 많은 식물을 재배할 수 있는 온도는 〈상황〉의 표에서 보면 A, B, D, E를 재배 가능한 15℃임을 알 수 있다.** 20℃는 A, D, E만을 재배할 수 있으므로 ④, ⑤번은 더 이상 보지 않아도 된다.

---

┤ 상 황 ├

- 준석이는 같은 온실에서 5가지 식물(A~E)을 하나씩 동시에 재배하고자 한다.
- A~E의 재배가능 온도와 각각의 상품가치는 다음과 같다.

| 식물 종류 | 재배가능 온도(℃) | 상품가치(원) |
|---|---|---|
| A | 0 이상 20 이하 | 10,000 |
| B | 5 이상 15 이하 | 25,000 |
| C | 25 이상 55 이하 | 50,000 |
| D | 15 이상 30 이하 | 15,000 |
| E | 15 이상 25 이하 | 35,000 |

- 준석이는 온도만 조절할 수 있으며, 식물의 상품가치를 결정하는 유일한 것은 온도이다.
- 온실의 온도는 0℃를 기준으로 5℃간격으로 조절할 수 있고, 한 번 설정하면 변경할 수 없다.

---

다음으로 상품가치를 분석함에 있어서 필요한 것은 '극단적 사고'이다. 논리퀴즈의 문제 풀이 전략으로 사용되는데, 최대와 최소의 상황을 분석하여 빠르게 문제를 해결하는 방법이다. 상품가치의 총합이 가장 큰 온도를 묻고 있으므로 가장 상품가치가 높은 것을 포함한 경우 먼저 살펴보는 것이 효율적이다.

25℃일 때 상품가치가 50,000원으로 가장 큰 C를 재배할 수 있으므로 25℃에서 재배 가능한 식물을 먼저 보면, D와 E가 있다. 25℃에서 재배 가능한 식물의 상품가치 총합은 50,000원 + 15,000원 + 35,000원 = 100,000원이다.

다음으로 15℃와 20℃ 중에서 무엇을 먼저 보아야 할까? 20℃에서 재배 가능한 식물은 A, D, E이며, 15℃에서 재배 가능한 식물은 A, B, D, E이다. 20℃와 비교했을 때 B를 추가적으로 재배할 수 있는 15℃와 25℃를 비교하면 된다는 것을 알 수 있다. 15℃일 때 상품가치의 총합은 10,000원 + 25,000원 + 15,000원 + 35,000원 = 85,000원 이므로 **상품가치의 총합이 가장 큰 온도는 25℃**이다.

**문 4** **정답** ⑤                            ≫ 수리추론 〉복합형

'**버스 수송과 관련된 문제**'임을 파악하고 〈상황〉과 〈보기〉를 분석한다. 직접적으로 계산이 필요한 문제는 아니지만, 글과 표로 이루어진 〈상황〉을 파악하여 〈보기〉와 빠르게 비교하며 최솟값 찾는 연습을 하는데 좋은 문제라고 판단되어 선정하였다.

┤ 상 황 ├

- 甲회사는 <u>A기차역에 도착한 전체 관객을 B공연장까지 버스로 수송</u>해야 한다.
- 이때 甲회사는 아래 표와 같이 <u>콘서트 시작 4시간 전부터 1시간 단위로 전체 관객 대비 A기차역에 도착하는 관객의 비율</u>을 예측하여 버스를 운행하고자 한다. 단, 콘서트 시작 시간까지 관객을 모두 수송해야 한다.
- → 콘서트 시작 전까지 버스를 40회 이상 운행할 수 있음을 파악할 수 있다.

| 시각 | 전체 관객 대비 비율(%) |
|---|---|
| 콘서트 시작 4시간 전 | a |
| 콘서트 시작 3시간 전 | b |
| 콘서트 시작 2시간 전 | c |
| 콘서트 시작 1시간 전 | d |
| 계 | 100 |

- 전체 관객 수는 40,000명이다.
- → 시간당 평균 10,000명을 수송 해야하며, 시간당 평균 25대의 버스가 필요하다.
- 버스는 한 번에 대당 최대 40명의 관객을 수송한다.
- → 버스 1대로 1시간에 400명을 수송할 수 있다.
- 버스가 A기차역과 B공연장 사이를 왕복하는 데 걸리는 시간은 6분이다.
- → 1시간에 버스를 10회 운행할 수 있다.

〈상황〉의 조건이 다소 파편적으로 흩어져 있는데, 이를 각 조건끼리 유기적으로 연결하면서 정리할 수 있어야 한다. 정리한 것을 토대로 보기의 정오를 판단해보자.

ㄱ. a = b = c = d = 25라면, 甲회사가 전체 관객을 A기차역에서 B공연장으로 수송하는 데 필요한 버스는 최소 20대이다.
→ 시간당 수송해야 하는 관객의 비율이 동일하다면 우리가 〈상황〉에서 파악한 버스의 최소 대수는 25대이므로 오선지이다. (X)

ㄴ. a = 10, b = 20, c = 30, d = 40이라면, 甲회사가 전체 관객을 A기차역에서 B공연장으로 수송하는 데 필요한 버스는 최소 40대이다.
→ 가장 많은 관객을 수송하는 시간대의 관객 비율이 d = 40%이므로 16,000명을 수송해야 한다.
버스 1대당 1시간에 400명을 운송할 수 있으므로 따라서 버스는 최소 40대가 필요하다. (O)

ㄷ. 만일 콘서트가 끝난 후 2시간 이내에 전체 관객을 B공연장에서 A기차역까지 버스로 수송해야 한다면, 이때 甲회사에게 필요한 버스는 최소 50대이다.
→ 시간당 20,000명을 수송해야 하며, 버스 1대로 1시간에 400명을 수송할 수 있으므로 50대의 버스가 필요하다. (O)

## 문 5  정답 ③

» 수리추론 〉 복합형

'5,000만원의 포상금 사용 문제'임을 파악하고 선지를 보면 우수부서의 수와 기념품 구입 개수를 구해야 함을 알 수 있다. 간단하지만 연립 방정식을 사용하여 미지수를 구하는 문제다. 제시문에서 선정기준을 정리하고 방정식을 이용하여 문제를 해결해보자.

A기관은 탁월한 업무 성과로 포상금 5,000만원을 지급받았다. 〈포상금 사용기준〉은 다음과 같다.

〈포상금 사용기준〉
- 포상금의 40% 이상은 반드시 각 부서에 현금으로 배분한다.
- → 최소 2,000만원 이상은 현금으로 배분한다.
- 전체 15개 부서를 우수부서와 보통부서 두 그룹으로 나누어 우수부서에 150만원, 보통부서에 100만원을 현금으로 배분한다.
- 우수부서는 최소한으로 선정한다.
- → 우수부서를 최소한으로 하려면 40%인 2,000만원만을 배분하여야 한다.
  우수부서를 X, 보통부서를 Y로 설정하면, X + Y = 15이며, 150X + 100Y = 2,000이므로
  방정식을 풀면 X = 10, Y = 5가 된다. 따라서 우수부서의 최소 개수는 10개이다.
- 포상금 중 2,900만원은 직원 복지 시설을 확충하는 데 사용한다.
- → 15개 부서에 현금으로 배분할 수 있는 금액은 2,100만원임을 알 수 있다.
- 직원 복지 시설을 확충하고 부서별로 현금을 배분한 후 남은 금액을 모두 사용하여 개당 1만의 기념품을 구입한다.
- → 2,000만원을 현금으로 배분하고 2,900만원으로 직원복지시설을 확충하면 100만원이 남는다. 기념품은 100개를 구입할 수 있다.

실전 최적화
# PSAT
상황판단의 비결

# CHAPTER 07

# 논리퀴즈

## 1 유형의 이해

논리퀴즈는 2021년 7급 PSAT 상황판단에서 25문항 중 8문항이 출제되었다. 특별한 함정도 없고 복잡한 계산이 필요한 문제도 없어 평이한 난이도였다. 따라서 2분 이내에 빠르고 정확하게 해결하는 것이 중요했다. 단순하게 대입해보는 방법으로도 답을 구할 수 있었지만 이 같은 전략으로는 시간 관리가 어려웠을 것이다. 향후 논리퀴즈의 난도는 수험생들의 실력 향상과 함께 다소 상향될 것으로 예상된다.

논리퀴즈를 크게 분류해보면, ① 일정한 규칙과 조건들을 통해 경우의 수를 찾는 유형, ② 문제에서 제시된 규칙과 조건에 맞춘 배치와 배열을 찾는 유형, ③ 제시된 여러 규칙들을 적용하여 정답을 찾는 유형, ④ 다양한 추론과 계산을 요구하는 복합형의 4개 유형으로 분류할 수 있다.

논리퀴즈는 오직 상황판단에만 출제되는 유형으로 꾸준히 출제될 것이다. 새롭고 다양한 유형으로 출제될 수 있는 분야이므로 실제 시험장에서 다 맞추기는 어렵겠지만 4~5문제 정도는 맞도록 해야 한다. 논리퀴즈에 취약한 수험생이라도 빈출 패턴을 익히고 문제 접근 방법을 학습하면 4문제 이상 맞출 수 있으므로, 오답정리를 꼼꼼하게 하여 반드시 극복하도록 하자.

## 2 문제 풀이 전략

### (1) 과감한 Skip

논리퀴즈 유형은 문제를 푸는 관점이나 생각하는 방식은 유사하지만, 새로운 유형의 문제들이 계속 등장해서 어렵게 느끼는 경우가 많다. 2~3문항 정도는 생소한 형식의 문제, 복잡한 경우의 수를 따져야 하는 문제, 숨어있는 규칙을 찾기 어려운 문제들이 출제되는데 여기에서 과감한 Skip을 통해 시간을 관리하고, 시간이 남으면 마지막에 돌아와서 푸는 것이 효율적이다.

### (2) 전체와 부분의 관계를 보는 관점

논리퀴즈 유형은 제시문에서 문제해결에 필요한 여러 조건들을 준다. 그런데 이 조건들은 부분적인 정보만 주기 때문에, 이를 조합해야 정답을 알아낼 수 있다. 아래 〈상황〉을 보자.

┤ 상 황 ├

남자는 갑, 을, 병 그리고 여자는 A, B, C가 모임에 나왔다.
결과적으로 각각 일대 일 만남이 주선되었다는 사실은 알려졌다.
한편 '갑과 을'이 'A와 B'와 만나게 된 것은 확실한데, 누가 누구를 만났는지는 정확하지 않다.

위의 조건을 통해 나올 수 있는 경우의 수는 2가지이다. (갑-A, 을-B)과 (갑-B, 을-A)인데, 여기서 한 가지를 더 추론할 수 있다. '병과 C가 만났다.'는 것이다. 조건에서는 갑과 을. 그리고 A와 B만을 언급했지만, 우리는 위 조건들을 통해 병과 C의 만남까지 추론할 수 있어야 한다. 다음 예제를 보면서 질문에 답해보자.

예제 **다음 제시문을 읽고 질문에 답해 보시오.**

---

갑, 을, 병이 탁구경기를 하였다. 방법은 다음과 같다.

〈경기 방법〉

- 둘이 경기를 하면 나머지 한명은 대기를 한다.
- 이전 경기의 승자와 대기한 사람이 다음 경기를 한다.
- 7승을 한 사람이 최종 우승한 것으로 한다.
- 최종 우승자가 나올 때까지 경기를 진행한다.

제일 첫 경기는 갑과 병이 하였다. 총 15경기를 하였는데 마지막 경기는 갑과 을이 하여 갑이 이겼다. 한편 갑은 총 게임 가운데 4번 대기를 했고 2번 게임에서 패했다.

---

문 1. **갑은 몇 승을 하였는가?**

문 2. **을과 병은 서로 몇 번 경기를 하였는가?**

문 3. **을과 병이 이긴 경기의 수를 더하면 몇 경기인가?**

---

## 정답 및 해설

문 1: 갑이 마지막에 경기를 하여 이겼다는 것은 갑이 우승했다는 것이므로 갑은 7승을 하였다.

문 2: 을과 병이 서로 게임을 하는 동안 갑은 대기를 했다. 갑이 4번 대기 하였으므로 을과 병은 4번 경기를 하였다.

문 3: 총 15경기 중 갑이 7승을 한 것이므로 나머지 8승을 을과 병이 하였다.

---

### (3) 극단적 사고

여러 조건들을 어떻게 조합할 것인지, 어느 조건부터 분석해야 하는지를 찾는 것이 논리퀴즈 풀이의 핵심인데, 이는 극단적 사고를 통해 찾을 수 있다. 극단적 사고란, 가장 많이 적용되는 조건이 무엇인지, 최댓값 또는 최솟값을 도출하는 조건이 무엇인지, 여러 가지 경우의 수를 따져야 할 때 반례가 되는 하나의 경우가 무엇인지 찾는 사고방식을 의미한다. 예제를 통해 알아보자.

**예제** | 다음 글을 근거로 판단할 때, B구역 청소를 하는 요일은?    19년 5, 7급 민경채

> 甲레스토랑은 매주 1회 휴업일(수요일)을 제외하고 매일 영업한다. 甲레스토랑의 청소시간은 영업일 저녁 9시부터 10시까지이다. 이 시간에 A구역, B구역, C구역 중 하나를 청소한다. 청소의 효율성을 위하여 청소를 한 구역은 바로 다음 영업일에는 하지 않는다. 각 구역은 매주 다음과 같이 청소한다.
> • A구역 청소는 일주일에 1회 한다.
> • B구역 청소는 일주일에 2회 하되, B구역 청소를 한 후 영업일과 휴업일을 가리지 않고 이틀간은 B구역 청소를 하지 않는다.
> • C구역 청소는 일주일에 3회 하되, 그중 1회는 일요일에 한다.

① 월요일과 목요일                    ② 월요일과 금요일

③ 월요일과 토요일                    ④ 화요일과 금요일

⑤ 화요일과 토요일

## 정답 및 해설

제시문에서 주어진 조건에 맞게 요일을 배치하여 B구역 청소를 하는 요일을 찾아내야 한다. 어떤 조건부터 적용할지를 찾는 것이 핵심인데, 가장 청소횟수가 많은 C구역을 기준으로 요일을 배치한 후 다른 조건들을 적용하는 것이 극단적 사고를 적용한 접근방법이다.

C구역의 청소 조건을 살펴보면, 일주일에 3회 청소하되, 그중 1회는 일요일에 한다. 여기에 매주 휴업하는 수요일을 제외하고, 매일 청소한 구역은 다음 영업일에는 청소하지 않는다는 조건을 적용하면, C구역은 화, 금, 일요일에 청소하게 된다.

| 월 | 화 | 수 | 목 | 금 | 토 | 일 |
|---|---|---|---|---|---|---|
|  | C | 휴업일 |  | C |  | C |

이렇게 가장 많은 자리를 차지하는 C를 먼저 배치하고 나면, 그 다음으로 조건이 많은 B의 청소조건을 살펴보는 것이 효율적이다. B구역은 일주일에 2회 청소하되, 청소 후 영업일과 휴업일을 가리지 않고, 2일간 B구역 청소를 하지 않으므로 B구역은 월. 목요일에 청소할 것이다.

| 월 | 화 | 수 | 목 | 금 | 토 | 일 |
|---|---|---|---|---|---|---|
| B | C | 휴업일 | B | C |  | C |

따라서 정답은 ① **월요일과 목요일** 이다. 이렇게 극단적 사고를 통해 어떤 조건을 먼저 적용할지 빠르게 찾는 연습을 통해 논리퀴즈 문제를 조금 더 수월하게 해결할 수 있다.

## (1) 경우의 수의 유형

논리퀴즈에서는 단편적으로 주어진 규칙과 조건을 〈상황〉에 적용하고, 숨겨진 부분을 추론하여 정답을 찾는 문제들이 많이 출제되는데, 문제에서 주어진 조건만으로는 더 이상 추론을 진행하지 못하게 되었을 때 경우의 수를 이용한다. 경우의 수를 따진다는 것은 주어진 규칙과 조건에 부합하는 것과 부합하지 않는 것을 구분하여 경우의 수를 줄이는 것을 의미한다.

경우의 수를 이용하는 유형은 대부분 시간을 많이 사용해야 하거나 난도가 다소 어려운 편이기 때문에 취약하거나 익숙하지 않다면 Skip하고 마지막에 푸는 것을 추천한다. 그러나 논리퀴즈 문제를 해결하는데 경우의 수는 필수 요소이므로 반드시 익숙해져야 한다.

경우의 수는 아래의 세 유형으로 분류할 수 있다.

| 유형 1 | 유형 2 | 유형 3 |
|---|---|---|
| case1 − A | case1 − A | case1 − A |
| case2 − (×) | case2 − A | case2 − B |
| case3 − (×) | case3 − A | case3 − C |

유형1은 외견상 경우의 수로 나뉘는 것으로 보이나, 실제로는 case2와 case3이 조건에 부합하지 않으므로 case1의 A가 답으로 결정되는 유형이다. 경우의 수를 나눈 후에 각 경우가 제시문의 조건에 부합하는지 검토하면 바로 답을 찾을 수 있어 상대적으로 쉬운 유형이다.

유형2는 둘 이상의 경우의 수로 나누었는데, 모두 답이 동일하게 나오는 유형이다. 이런 유형에서 모든 경우를 끝까지 계산해서는 안 된다. 출제자의 의도는 수험생이 시간을 지체하도록 만드는 데에 있기 때문이다. 항상 계산을 최소화 한다는 자세로 임해야 한다.

유형3은 경우의 수를 이용할 때 가장 많이 등장하는 유형이다. 제시문이나 선지에서 추가적인 조건을 주어 A, B, C중에 하나를 답으로 선택할 수 있도록 출제된다.

## (2) 표로 정리하기

표를 제시해주는 문제도 있지만, 상황과 조건을 글로 제시하고 수험생에게 정리하도록 출제된 문제도 있다. 조건이 간단하여 머릿속에서 정리가 되면 좋겠지만, 실수를 방지하고 문제를 정확하게 풀기 위하여 표로 정리하는 습관을 들이면 좋다. 다음 예제를 표를 이용하여 풀어보자.

예제 | **제시문의 내용을 표로 정리해 보시오.**  2회 법학적성시험 변형

대테러 협상팀은 '위협적 언동 약화', '범인 간 유대 약화', '협상 빈도 증가', '요구 수준 저하', '합의 사항 이행'이라는 5개 징후를 통해 테러범과의 협상 진전 여부를 판단한다.
이 5개 징후 사이에는 다음과 같은 〈관계〉가 있다. 인질사건 A, B, C, D, E에서 아래 〈상황〉이 나타났다.

─── 관 계 ───

- '위협적 언동 약화'와 '협상 빈도 증가'는 동시에 나타난다.
- '요구 수준 저하'가 나타나면 '범인 간 유대 약화'가 나타난다.
- '합의 사항 이행'이 나타나면 '범인 간 유대 약화'와 '협상 빈도 증가'가 나타난다.

─── 상 황 ───

- '위협적 언동 약화'가 A 사건에서 나타났다.
- '범인 간 유대 약화'가 B 사건에서 나타났고 C 사건에서는 나타나지 않았다.
- '협상 빈도 증가'가 C 사건과 D 사건에서 나타났다.
- '요구 수준 저하'가 E 사건에서 나타났고 A 사건에서는 나타나지 않았다.
- '합의 사항 이행'이 D 사건에서 나타나지 않았다.

※ 각 징후는 1개 이상 3개 이하의 사건에서 나타났다.

|   | 위협 | 유대 | 협상 | 요구 | 합의 |
|---|------|------|------|------|------|
| A |      |      |      |      |      |
| B |      |      |      |      |      |
| C |      |      |      |      |      |
| D |      |      |      |      |      |
| E |      |      |      |      |      |

제시된 〈상황〉을 1차적으로 정리하면 다음과 같다.

| | 위협 | 유대 | 협상 | 요구 | 합의 |
|---|---|---|---|---|---|
| A | ○ | | | × | |
| B | | ○ | | | |
| C | | × | ○ | | |
| D | | | ○ | | × |
| E | | | | ○ | |

나머지 빈 칸을 〈관계〉와 〈상황〉에 따라 정리해보면 다음과 같다.

| | 위협 | 유대 | 협상 | 요구 | 합의 |
|---|---|---|---|---|---|
| A | ○ | ○<br>합의하면 유대 | ○<br>위협-협상 동시 | × | ○<br>각 징후 1개 이상 |
| B | ×<br>각 징후 3개 이하 | ○ | ×<br>각 징후 3개 이하 | ? | ×<br>합의하면 협상 |
| C | ○<br>위협-협상 동시 | × | ○ | ×<br>요구하면 유대 | ×<br>합의하면 유대 |
| D | ○<br>위협-협상 동시 | ×<br>각 징후 3개 이하 | ○ | ×<br>요구하면 유대 | × |
| E | ×<br>각 징후 3개 이하 | ○<br>요구하면 유대 | ×<br>각 징후 3개 이하 | ○ | ×<br>합의하면 협상 |

다소 복잡할 수 있지만, 이렇게 표를 그려 정리하면 경우의 수를 따지는데 도움이 된다. 표를 이용하는데 어려움을 겪는 수험생이라면, PSAT 기출 문제뿐 아니라 타 직역 시험에서 표를 이용하여 해결하는 문제만 집중적으로 풀어보는 것을 추천하고 싶다.

# 4 배치·배열

주어진 상황과 조건을 이용하여 새로운 정보를 추론하는 유형이다. 제시문에 주어지는 조건은 보통 두 가지로 나눌 수 있다. ① 배치/배열되려면 충족해야 하는 조건과 ② 일정한 위치에 배치/배열되지 못 하도록 배제시키는 조건이다. 아래 예제를 통해 연습해보자.

예제 **다음 글을 근거로 추론할 때 언급된 작품 중 완성시점이 두 번째로 빠른 것은?** `15년 5급 공채`

---

반 고흐가 여동생 윌에게

재작년 누에넨에서 완성한 감자 먹는 사람들이 내가 그린 그림 중 제일 낫다고 생각해. 그 후로는 알맞은 모델을 구할 수 없었어. 그 대신 색채 문제를 고민할 기회를 가질 수 있었지.

작년에는 장미와 해바라기가 있는 정물을 완성하면서 분홍색, 노란색, 주황색, 찬란한 빨간색에 익숙해질 수 있었단다. 그 덕에 올 여름 아시니에르의 음식점을 완성하면서 과거보다 더 많은 색을 볼 수 있었어.

- 1887년 여름 -

반 고흐가 베르나르에게

이제 막 다 그린 씨 뿌리는 사람을 보내네. 태양만큼이나 환한 그림일세. 별이 빛나는 밤은 언제쯤이면 완성할 수 있을까? 완벽한 자연의 아름다움 앞에서 아무리 큰 무력감을 느끼더라도 우선 노력은 해야겠다고 다짐하네.

- 1888년 6월 -

반 고흐가 동생 테오에게

근래 아프기는 했지만 수확하는 사람을 드디어 완성했어. 수확하느라 뙤약볕에서 온 힘을 다하고 있는 흐릿한 인물에서 나는 죽음의 이미지를 발견하곤 해. 그래서 씨 뿌리는 사람과는 반대의 그림이라 해야겠지.

- 1889년 9월 5일 -

테오가 형 반 고흐에게

앵데팡당 전(展)이 열렸어. 올 초에 받은 형의 두 작품 장미와 해바라기가 있는 정물과 별이 빛나는 밤도 그곳에 전시되었어. 멀리서도 시선을 확 잡아끄는 아름다운 그림이야.

- 1889년 9월 12일 -

---

※ 단, 반 고흐의 작품은 위 글에 언급된 작품 외에는 없는 것으로 가정한다.

① 감자 먹는 사람들
② 별이 빛나는 밤
③ 수확하는 사람
④ 씨 뿌리는 사람
⑤ 장미와 해바라기가 있는 정물

문제에서 요구하는 완성시점이 두 번째로 빠른 것을 찾기 위해서는 제시된 편지의 날짜와 내용을 토대로 작품의 완성시점을 추론하여 시간 순서로 배치하면 된다. 각 편지의 내용을 정리해보면

- 첫 번째 편지: 1887년 기준으로 재작년(1885년)에 '감자 먹는 사람들'을 완성, 작년(1886년)에 '장미와 해바라기가 있는 정물'을 완성, 1887년 여름 '아시니에르의 음식점' 완성
- 두 번째 편지: 1888년 6월 기준 '씨 뿌리는 사람들'은 이제 막 완성, '별이 빛나는 밤' 미완성
- 세 번째 편지: 1889년 9월 5일 '수확하는 사람들' 완성
- 네 번째 편지: 1889년 9월 12일 기준 그해 초에 '별이 빛나는 밤'을 받았음으로 1889년 초에는 '별이 빛나는 밤' 완성되어 있었을 것.

'별이 빛나는 밤'은 두 번째와 네 번째 편지의 내용을 종합하면 1888년 6월 ~ 1889년 초에 완성되었을 것이고, 제시된 작품들의 완성 시기를 표로 정리하면

| 1885년 | 감자 먹는 사람들 |
|---|---|
| 1886년 | 장미와 해바라기가 있는 정물 |
| 1887년 | 아시니에르의 음식점 |
| 1888년 6월 | 씨 뿌리는 사람 |
| 1888년 6월 ~ 1889년 초 | 별이 빛나는 밤 |
| 1889년 9월 | 수확하는 사람 |

완성시점이 두 번째로 빠른 것은 ⑤ 장미와 해바라기가 있는 정물이다.

예제 다음 그림과 같이 각 층에 1인 1실의 방이 4개 있는 3층 호텔에 A~I 총 9명이 투숙해 있다. 주어진 〈조건〉하에서 반드시 옳은 것은?

08년 5급 공채

| | 301호 | 302호 | 303호 | 304호 | |
|---|---|---|---|---|---|
| 좌 | 201호 | 202호 | 203호 | 204호 | 우 |
| | 101호 | 102호 | 103호 | 104호 | |

───── 조 건 ─────

• 각 층에는 3명씩 투숙해 있다.
• A의 바로 위에는 C가 투숙해 있으며, A의 바로 오른쪽 방에는 아무도 투숙해 있지 않다.
• B의 바로 위의 방에는 아무도 투숙해 있지 않다.
• C의 바로 왼쪽에 있는 방에는 아무도 투숙해 있지 않으며, C는 D와 같은 층에 인접해 있다.
• D는 E의 바로 아래의 방에 투숙해 있다.
• E, F, G는 같은 층에 투숙해 있다.
• G의 옆방에는 아무도 투숙해 있지 않다.
• I는 H보다 위층에 투숙해 있다.

① B는 101호에 투숙해 있다.
② D는 204호에 투숙해 있다.
③ F는 304호에 투숙해 있다.
④ G는 301호에 투숙해 있다.
⑤ A, C, F는 같은 열에 투숙해 있다.

## 정답 및 해설

〈조건〉에 따라 A~I가 투숙해 있는 방을 1차적으로 정리해야 하는데, 어떤 조건을 먼저 적용할지 찾을 때 극단적 사고를 활용한다. 가장 덩어리가 큰 조건을 찾아야 하는데, 두 번째 조건이 가장 많은 정보를 주고 있으며, 또한 네 번째와 다섯 번째 조건과도 연결이 되므로 두 번째 조건을 먼저 적용해 본다.

• A의 바로 위에는 C가 투숙해 있으며, A의 바로 오른쪽 방에는 아무도 투숙해 있지 않다.
→ 적어도 A는 3층은 아니며, 맨 오른쪽 방이 아니라는 것을 알 수 있다.
• C의 바로 왼쪽에 있는 방에는 아무도 투숙해 있지 않으며, C는 D와 같은 층에 인접해 있다.
→ C는 맨 왼쪽 방은 아니므로, C와 A는 2,3호에 투숙했음을 알 수 있다.
• D는 E의 바로 아래의 방에 투숙해 있다.
→ C와 D가 같은 층에 투숙해있는데, E가 D의 윗방에 투숙하고 있으므로 C는 2층, A는 1층에 투숙했다는 것을 알 수 있다.

| | | | | E | |
|---|---|---|---|---|---|
| 좌 | X | | C | D | 우 |
| | | | A | X | |

| 좌 | | | | | 우 |
|---|---|---|---|---|---|
| | | | E | |
| | X | C | D | |
| | | A | X | |

- E, F, G는 같은 층에 투숙해 있다.
- 각 층에는 3명씩 투숙해 있다.
→ E, F, G이외에는 3층에 투숙할 수 없음을 알 수 있다.
- G의 옆방에는 아무도 투숙해 있지 않다.
→ G의 좌측 방 또는 우측 방은 비어있어야 한다. G는 301호에 투숙한다. 정답은 ④번이다.
- I는 H보다 위층에 투숙해 있다.
→ 3층은 모두 자리가 채워졌으므로 I는 2층 H는 1층임을 알 수 있다. 2층도 모두 채워졌다.
- B의 바로 위의 방에는 아무도 투숙해 있지 않다.
→ B는 101호나 102호에 투숙해야 한다.

가장 많이 적용되는 조건을 찾아 연결되는 조건들을 이어 적용하면 2개의 표가 완성된다. 이렇게 조건에 부합하는 경우의 수가 2가지 이상 나오는 경우도 있으므로 주의해야 한다. 실제 시험에서 표를 완성하기 전에 ④번이 답임을 알았다면 다음 문제로 넘어가야 함은 물론이다.

| 좌 | G | X | E | F | 우 |
|---|---|---|---|---|---|
| | X | C | D | I | |
| | B | A | X | H | |

| 좌 | G | X | F | E | 우 |
|---|---|---|---|---|---|
| | I | X | C | D | |
| | H | B | A | X | |

155

# 5 규칙 적용

게임이나 운동경기의 규칙을 제시한 후 〈상황〉과 〈조건〉에 적용하여 각 선지의 정오를 판단하는 유형이다. 규칙과 상황만 주어지는 경우도 있으나, 난도가 높아지면 규칙과 상황을 파악한 후 경우의 수를 따져서 선지의 정오를 판단해야 하는 문제도 출제되기 때문에, 연습해두지 않으면 실제 시험에서는 상당한 시간을 소모하게 되는 유형이다. 패턴을 익히고 나면 생각보다 수월하게 해결되는 문제들도 많으므로 다양한 문제를 풀어보는 것을 추천한다.

예제 **甲과 乙이 가위바위보 경기를 했다. 다음 〈규칙〉과 〈상황〉을 근거로 판단할 때, 〈보기〉에서 옳은 것만을 모두 고르면?**　　　15년 5급 공채

─────── 규 칙 ───────

· A규칙은 일반적인 가위바위보 규칙과 같다.
· B규칙은 가위, 바위, 보를 숫자에 대응시켜 더 큰 숫자 쪽이 이기며, 숫자가 같으면 비긴다. 이 때 가위는 2, 바위는 0, 보는 5를 나타낸다.
· C규칙은 가위, 바위, 보를 숫자에 대응시켜 더 작은 숫자 쪽이 이기며, 숫자가 같으면 비긴다. 이 때 가위는 2, 바위는 0, 보는 5를 나타낸다.

─────── 상 황 ───────

· 甲과 乙은 총 3번 경기를 하였고, 3번의 경기가 모두 끝날 때까지는 각 경기에 어떤 규칙이 적용되었는지 알 수 없었다.
· 모든 경기가 종료된 후에 각 규칙이 한 번씩 적용되었음을 알 수 있었다.
· 甲은 보를 3번 냈으며, 乙은 가위-바위-보를 순서대로 냈다.

─────── 보 기 ───────

ㄱ. 甲이 1승 1무 1패를 한 경우, 첫 번째 경기에 A규칙 또는 C규칙이 적용되었다.
ㄴ. 甲이 2승 1무를 한 경우, 두 번째 경기에 A규칙이 적용되었다.
ㄷ. 甲은 3번의 경기 중 최소한 1승은 할 수 있다.
ㄹ. 만약 乙이 세 번째 경기에서 보가 아닌 가위나 바위를 낸다고 해도 甲은 3승을 할 수 없다.

① ㄱ, ㄷ　　　　　　　　　　② ㄴ, ㄷ
③ ㄴ, ㄹ　　　　　　　　　　④ ㄱ, ㄴ, ㄹ
⑤ ㄱ, ㄷ, ㄹ

〈규칙〉을 〈상황〉에 적용하면 다음과 같은 표가 완성된다.

| 갑 | 보 (5) | 보 (5) | 보(5) |
|---|---|---|---|
| 을 | 가위 (2) | 바위 (0) | 보(5) |

|  | 1 경기 | 2 경기 | 3 경기 |
|---|---|---|---|
| A 규칙 승자 | 을 | 갑 | 무승부 |
| B 규칙 승자 | 갑 | 갑 | 무승부 |
| C 규칙 승자 | 을 | 을 | 무승부 |

ㄱ. 甲이 1승 1무 1패를 한 경우, 첫 번째 경기에 A규칙 또는 C규칙이 적용되었다.

→ 첫 번째 경기에서 B에 따라 갑이 승리하고, 다음은 C에 따라 갑이 패하고 다음은 A에 따라 갑이 무승부를 하는 경우가 있기 때문에 ㄱ은 오선지가 된다. 주의할 점은 갑이 1승 1무 1패를 했다고 하여 꼭 순서대로 1승 1무 1패를 한 것은 아니라는 점이다. (X)

ㄴ. 甲이 2승 1무를 한 경우, 두 번째 경기에 A규칙이 적용되었다.

→ 갑이 2승을 하기 위해서는 1경기와 2경기에서 승리해야 한다. 따라서 1경기는 B규칙이 2경기에서는 A규칙이 적용되는 것이 옳다. (O) 실제 시험에서 보기 ㄱ이 오선지라는 것을 파악했다면, ㄴ은 가장 마지막에 정오를 판단하고 ㄷ과 ㄹ을 먼저 보는 것이 시간 관리에 효율적이다.

ㄷ. 甲은 3번의 경기 중 최소한 1승은 할 수 있다.

→ 1경기에서 A규칙, 2경기에서 C규칙, 3경기에서 B규칙이 사용되면 갑은 1승도 할 수 없게 된다. (X)
실제 시험에서 ㄷ이 오선지임을 파악했다면 ③ ㄴ, ㄹ을 정답으로 체크하고 다음문제로 넘어갈 수 있어야 한다.

ㄹ. 만약 乙이 세 번째 경기에서 보가 아닌 가위나 바위를 낸다고 해도 甲은 3승을 할 수 없다.

→ 을이 가위를 내는 경우

|  | 1 경기 | 2 경기 | 3 경기 |
|---|---|---|---|
| A 규칙 승자 | 을 | 갑 | 을 |
| B 규칙 승자 | 갑 | 갑 | 갑 |
| C 규칙 승자 | 을 | 을 | 을 |

→ 을이 바위를 내는 경우

|  | 1 경기 | 2 경기 | 3 경기 |
|---|---|---|---|
| A 규칙 승자 | 을 | 갑 | 갑 |
| B 규칙 승자 | 갑 | 갑 | 갑 |
| C 규칙 승자 | 을 | 을 | 을 |

C규칙에 따르면 어떤 경우든 을이 승리를 하므로 갑은 3승을 할 수 없다. (O)
따라서 ③ ㄴ, ㄹ이 정답이다.

## 6 복합형

다양한 추론과 계산을 요구하는 유형으로 앞에서 학습했던 경우의 수, 배치·배열, 규칙 적용이 복합적으로 활용되는 문제의 유형이다. 고난도의 문제로 1~2문항 정도가 출제되는데, 실제 시험장에서는 반드시 Skip해야 하는 유형이다. 문제를 읽고 15초 이내에 어떻게 풀어야 할지 전략 수립이 되지 않는다면, 미련 없이 다음문제로 넘어갈 수 있는 선구안을 길러야 한다. 익숙해지면 수월하게 해결되는 문제들도 있으므로 25번까지 완주한 후에 시간이 허락한다면 복합형 문제도 해결할 수 있도록 연습해둘 필요가 있다.

---

예제 | 다음 글을 근거로 판단할 때, 〈보기〉에서 옳은 것만을 모두 고르면?　　　　16년 5급 공채

> • 9명의 참가자는 1번부터 9번까지의 번호 중 하나를 부여 받고, 동시에 제비를 뽑아 3명은 범인, 6명은 시민이 된다.
> • '1번의 오른쪽은 2번, 2번의 오른쪽은 3번, …, 8번의 오른쪽은 9번, 9번의 오른쪽은 1번'과 같이 번호 순서대로 동그랗게 앉는다.
> • 참가자는 본인과 바로 양 옆에 앉은 사람이 범인인지 시민인지 알 수 있다.
> • "옆에 범인이 있다"라는 말은 바로 양 옆에 앉은 2명중 1명 혹은 2명이 범인이라는 뜻이다.
> • "옆에 범인이 없다"라는 말은 바로 양 옆에 앉은 2명 모두 범인이 아니라는 뜻이다.
> • 범인은 거짓말만 하고, 시민은 참말만 한다.

┤ 보 기 ├

ㄱ. 1, 4, 6, 7, 8번의 진술이 "옆에 범인이 있다"이고, 2, 3, 5, 9번의 진술이 "옆에 범인이 없다"일 때, 8번이 시민임을 알면 범인들을 모두 찾아낼 수 있다.
ㄴ. 만약 모두가 "옆에 범인이 있다"라고 진술한 경우, 범인이 부여 받은 번호의 조합은 (1, 4, 7) / (2, 5, 8) / (3, 6, 9) 3가지이다.
ㄷ. 한 명만이 "옆에 범인이 없다"라고 진술할 경우는 없다.

① ㄴ　　　　　　　　　　　　　　② ㄷ
③ ㄱ, ㄴ　　　　　　　　　　　　④ ㄱ, ㄷ
⑤ ㄱ, ㄴ, ㄷ

〈보기〉를 먼저 살펴보면, 새로운 조건을 부여하고 해당 선지의 정오를 판단하도록 하고 있다. 따라서 제시문을 파악한 후 〈보기〉로 돌아와서 조건을 적용하는 순서로 풀어야 한다. 먼저 제시문의 내용대로 표를 그려보면 다음과 같다.

| 9 | 1 | 2 |
|---|---|---|
| 8 | | 3 |
| 7 | | 4 |
| 6 | | 5 |

ㄱ. 1, 4, 6, 7, 8번의 진술이 "옆에 범인이 있다"이고, 2, 3, 5, 9번의 진술이 "옆에 범인이 없다"일 때, 8번이 시민임을 알면 범인들을 모두 찾아낼 수 있다.

→ 8번이 시민이라면 참말만을 하므로, 7번과 9번 중 적어도 하나는 범인이다.

• 7번만 범인인 경우: 6번은 시민이다. 9번이 시민이므로 1번도 시민이 되며, 1번의 진술에 따라 2번은 범인이다. 2번의 진술이 거짓이므로 3번도 범인이 된다. 그렇다면 4번은 시민이며, 이미 범인 3명이 모두 결정 되었으므로 5번과 6번도 시민이 된다.

• 9번만 범인인 경우: 9번의 진술이 거짓이므로 1번도 범인이다. 7번은 시민으로 참말만 하므로, 6번이 범인이다. 그렇다면 나머지는 모두 시민이라는 것인데, 4번이 시민이라면 모순이 생긴다. 3번과 5번도 시민이어야 하기 때문이다.

• 7번과 9번 모두 범인인 경우: 9번의 말이 거짓이므로 1번도 범인이다. 3명의 범인이 모두 결정되었으므로, 나머지는 시민이어야 하는데 마찬가지로 4번의 진술에 모순이 생긴다.

• 8번이 시민인 경우, 모순되지 않는 경우는 하나뿐이므로 범인들을 모두 찾아낼 수 있다. (O)

ㄴ. 만약 모두가 "옆에 범인이 있다"라고 진술한 경우, 범인이 부여 받은 번호의 조합은 (1, 4, 7)/(2, 5, 8)/(3, 6, 9) 3가지이다.

→ 모두가 옆에 범인이 있다고 진술하려면 범인의 양 옆에는 반드시 시민이 있어야 한다. 따라서 범인들이 시민 2명을 사이에 두고 있도록 자리를 배치하면 위 3가지 경우의 수가 나온다. (O)

ㄷ. 한 명만이 "옆에 범인이 없다"라고 진술할 경우는 없다.

→ 예를 들어 범인이 1, 5, 8번인 경우 양 옆이 모두 시민인 3번 참가자만 "옆에 범인이 없다."고 진술한다. 따라서 오선지이다. (X)

정답은 ③ ㄱ, ㄴ 이다.

159

## 7 실전 연습 ///

⏱ 10분

**문 1.** 다음 〈복약설명서〉에 따라 甲이 두 약을 복용할 때 옳은 것은?

17년 5급 공채

┤ 복약설명서 ├

1. 약품명: 가나다정
2. 복용법 및 주의사항
  • 식전 15분에 복용하는 것이 가장 좋으나 식전 30분부터 식사 직전까지 복용이 가능합니다.
  • 식사를 거르게 될 경우에 복용을 거릅니다.
  • 식이요법과 운동요법을 계속하고, 정기적으로 혈당(혈액 속에 섞여 있는 당분)을 측정해야 합니다.
  • 야뇨(夜尿)를 피하기 위해 최종 복용시간은 오후 6시까지로 합니다.
  • 저혈당을 예방하기 위해 사탕 등 혈당을 상승시킬 수 있는 것을 가지고 다닙니다.

1. 약품명: ABC정
2. 복용법 및 주의사항
  • 매 식사 도중 또는 식사 직후에 복용합니다.
  • 복용을 잊은 경우 식사 후 1시간 이내에 생각이 났다면 즉시 약을 복용하도록 합니다. 식사 후 1시간이 초과되었다면 다음 식사에 다음 번 분량만을 복용합니다.
  • 씹지 말고 그대로 삼켜서 복용합니다.
  • 정기적인 혈액검사를 통해서 혈중 칼슘, 인의 농도를 확인해야 합니다.

① 식사를 거르게 될 경우 가나다정만 복용한다.
② 두 약을 복용하는 기간 동안 정기적으로 혈액검사를 할 필요는 없다.
③ 저녁식사 전 가나다정을 복용하려면 저녁식사는 늦어도 오후 6시 30분에는 시작해야 한다.
④ ABC정은 식사 중에 다른 음식과 함께 씹어 복용할 수 있다.
⑤ 식사를 30분 동안 한다고 할 때, 두 약의 복용시간은 최대 1시간 30분 차이가 날 수 있다.

[ 스스로 작성해보는 해설 ]☞

문 2. 다음 글과 〈조건〉을 근거로 판단할 때, A부에서 3인 4각 선수로 참가해야 하는 사람만을 모두 고르면?

15년 5급 공채

---

甲사에서는 부서 대항 체육대회를 개최한다. 甲사의 A부는 종목별로 아래 인원이 참가하기로 했다.

| 오래달리기 | 팔씨름 | 3인 4각 | 공굴리기 |
|---|---|---|---|
| 1명 | 4명 | 3명 | 4명 |

A부는 종목별 선수 명단을 확정하려고 한다. 선수 후보는 가영, 나리, 다솜, 라임, 마야, 바다, 사랑이며, 개인별 참가 가능 종목은 아래와 같다.

| 종목 \ 선수후보 | 가영 | 나리 | 다솜 | 라임 | 마야 | 바다 | 사랑 |
|---|---|---|---|---|---|---|---|
| 오래달리기 | ○ | × | ○ | × | × | × | × |
| 팔씨름 | ○ | × | ○ | ○ | ○ | × | × |
| 3인 4각 | × | ○ | ○ | ○ | ○ | × | ○ |
| 공굴리기 | ○ | × | ○ | × | ○ | ○ | ○ |

※ ○: 참가 가능, ×: 참가 불가능
※ 어떤 종목도 동시에 진행되지 않는다.

---

**─ 관 계 ─**

· 한 사람이 두 종목까지 참가할 수 있다.
· 모든 사람이 한 종목 이상 참가해야 한다

---

① 가영, 나리, 바다
② 나리, 다솜, 마야
③ 나리, 다솜, 사랑
④ 나리, 라임, 사랑
⑤ 다솜, 마야, 사랑

---

[ 스스로 작성해보는 해설 ]

161

문 3. 다음 〈조건〉에 따라 ○○대회 예선이 진행된다. 甲이 심사위원장을 알아내고자 할 때, 〈보기〉에서 옳은 것만을 모두 고르면?

14년 5급 공채

┤ 조 건 ├

• 예선의 심사위원은 심사위원장 1인을 포함하여 총 4인이며, 그중 누가 심사위원장인지 참가자에게 공개되지 않는다.
• 심사위원은 참가자의 노래를 들은 후 동시에 O 또는 X의 결정을 내리며, 다수결에 의해 예선 통과 여부가 결정된다.
• 만약 O와 X를 결정한 심사위원의 수가 같다면, 심사위원장이 O 결정을 한 경우 통과, X 결정을 한 경우 탈락한다.
• 4명의 참가자들은 어떤 심사위원이 자신에게 O 또는 X 결정을 내렸는지와 통과 또는 탈락 여부를 정확히 기억하여 甲에게 알려주었다.

┤ 보 기 ├

ㄱ. 4명의 참가자가 모두 심사위원 3인의 O 결정으로 통과했다면, 甲은 심사위원장을 알아낼 수 없다.
ㄴ. 4명의 참가자가 모두 같은 2인의 심사위원에게만 O 결정을 받아 탈락했다면, 甲은 심사위원장을 알아낼 수 있다.
ㄷ. 4명의 참가자가 모두 2인의 심사위원에게만 O 결정을 받았고, O 결정을 한 심사위원의 구성이 모두 다르다면, 甲은 심사위원장을 알아낼 수 있다.

① ㄱ
② ㄴ
③ ㄱ, ㄷ
④ ㄴ, ㄷ
⑤ ㄱ, ㄴ, ㄷ

[ 스스로 작성해보는 해설 ]

**다음 글을 근거로 판단할 때, 2015년 9월 15일이 화요일이라면 2020년 이후 A국 ○○축제가 처음으로 18일 동안 개최되는 해는?(단, 모든 날짜는 양력 기준이다)** 16년 5급 공채

1년의 개념은 지구가 태양을 한 바퀴 도는 데에 걸리는 시간으로, 그 시간은 정확히 365일이 아니다. 실제 그 시간은 365일보다 조금 긴 약 365.2422일이다. 따라서 다음과 같은 규칙을 순서대로 적용하여 1년이 366일인 윤년을 정한다.

규칙 1: 연도가 4로 나누어 떨어지는 해는 윤년으로 한다.

      (2004년, 2008년, …)

규칙 2: '규칙 1'의 연도 중에서 100으로 나누어 떨어지는 해는 평년으로 한다.

      (2100년, 2200년, 2300년, …)

규칙 3: '규칙 2'의 연도 중에서 400으로 나누어 떨어지는 해는 윤년으로 한다.

      (1600년, 2000년, 2400년, …

※ 평년: 윤년이 아닌, 1년이 365일인 해

A국 ○○축제는 매년 9월 15일이 지나고 돌아오는 첫번째 토요일에 시작하여 10월 첫 번째 일요일에 끝나는 일정으로 개최한다. 다만 10월 1일 또는 2일이 일요일인 경우, 축제를 A국 국경일인 10월 3일까지 연장한다. 따라서 축제는 최단 16일에서 최장 18일 동안 열린다.

① 2021년          ② 2022년

③ 2023년          ④ 2025년

⑤ 2026년

[ 스스로 작성해보는 해설 ]

## 정답 및 해설

**문 1** 정답 ③　　　　　　　　　　　　　　　　　　　　　　　　　　　　**》논리퀴즈 〉복합형**

독특한 형태의 제시문이지만, 복합형으로서는 그다지 어렵지 않은 문제다.

① 식사를 거르게 될 경우 가나다정만 복용한다.
→ 가나다정 두 번째 주의사항에 따르면 식사를 거를 경우 가나다정 복용을 걸러야 한다. (X)
② 두 약을 복용하는 기간 동안 정기적으로 혈액검사를 할 필요는 없다.
→ 가나다정 세 번째 주의사항과 ABC정 네 번째 주의사항을 보면 가나다정을 복용하는 경우 정기적으로 혈당을 측정해야 하고, ABC정을 복용 시에도 정기적인 혈액검사가 필요하다. (X)
③ 저녁식사 전 가나다정을 복용하려면 저녁식사는 늦어도 오후 6시 30분에는 시작해야 한다.
→ 가나다정의 최종복용시간은 야뇨를 피하기 위해 오후 6시이다. 가나다정은 식전 15분에 복용하는 것이 좋으나, 식전 30분부터 식사 직전까지 복용이 가능하므로 오후 6시~오후 6시 30분에 식사가 가능하다. 그러므로 저녁식사 전에 가나다정을 복용하려면 늦어도 오후 6시 30분에는 저녁식사를 시작해야 한다. (O)
④ ABC정은 식사 중에 다른 음식과 함께 씹어 복용할 수 있다.
→ 첫 번째 주의사항에서 식사중 복용이 가능하다고 하였으나, 세 번째 주의사항에서 씹지 말고 복용하라고 되어있다. (X)
⑤ 식사를 30분 동안 한다고 할 때, 두 약의 복용시간은 최대 1시간 30분 차이가 날 수 있다.
→ 가나다정의 첫 번째 주의사항에 따르면 가나다정은 식사 30분 전까지 복용할 수 있다. ABC정의 두 번째 주의사항에 따르면 ABC정은 식사 후 1시간 이내에 복용이 가능하므로 가장 늦게는 식사 후 1시간 뒤에 복용할 수 있다. 따라서 두 약의 복용시간은 최대 2시간이 차이날 수 있다. 식사 30분 전에 가나다정을 복용하고 30분 동안 식사한 후 식사 후 1시간이 되는 때에 ABC정을 복용할 수 있기 때문이다. (X)

**문 2** 정답 ⑤　　　　　　　　　　　　　　　　　　　　　　　　　　　　**》논리퀴즈 〉배치·배열**

2개의 표가 주어진 배치·배열 유형의 문제로 표에서 주어진 정보와 〈관계〉를 토대로 3인 4각에 출전할 선수명단을 확정해야 한다. 앞에서 설명했듯이 표가 여러 개 주어지면 정리된 정보가 많이 주어졌다고 생각하면 된다.

甲사에서는 부서 대항 체육대회를 개최한다. 甲사의 A부는 종목별로 아래 인원이 참가하기로 했다.

| 오래달리기 | 팔씨름 | 3인 4각 | 공굴리기 |
|---|---|---|---|
| 1명 | 4명 | 3명 | 4명 |

→ 극단적 사고를 적용, 가장 많은 인원이 참가하는 팔씨름과 공굴리기 종목 출전자부터 정리한다. 아래 표를 보면 팔씨름 참가 가능자는 가영, 다솜, 라임, 마야로 딱 4명이므로, 이들은 모두 팔씨름에 참가한다.

A부는 종목별 선수 명단을 확정하려고 한다. 선수 후보는 가영, 나리, 다솜, 라임, 마야, 바다, 사랑이며, 개인별 참가 가능 종목은 아래와 같다.

| 종목 ＼ 선수후보 | 가영 | 나리 | 다솜 | 라임 | 마야 | 바다 | 사랑 |
|---|---|---|---|---|---|---|---|
| 오래달리기 | ○ | × | ○ | × | × | × | × |
| 팔씨름 | <u>○</u> | × | <u>○</u> | <u>○</u> | <u>○</u> | × | × |
| 3인 4각 | × | <u>○</u> | ○ | ○ | ○ | × | ○ |
| 공굴리기 | ○ | × | ○ | × | ○ | <u>○</u> | ○ |

→ 극단적 사고를 적용하면 가장 참가 가능 종목이 적은 사람은 3인 4각에 참가 가능한 나리와 공굴리기에 참가 가능한 바다인데, ※와 〈관계〉를 종합하여 보면 모든 사람이 한 종목 이상 참가해야 하므로 나리는 3인 4각, 바다는 공굴리기에 무조건 참가한다.

→ 공굴리기도 4명이 참가하는데 바다는 무조건 참가하므로 가영, 다솜, 라임, 마야, 사랑 중에서 3명은 참가해야 한다. 다솜과 마야가 3인 4각에 참가하면 가영, 바다, 사랑 3명만 남아서 안 되고, 다솜, 사랑이 3인 4각에 참가하는데 사랑이가 3인 4각 한 종목만 참가한다면 마찬가지로 공굴리기 참가 인원이 부족해서 안 된다.

→ 따라서 3인 4각은 나리, 공굴리기와 무관한 라임, 2종목에 참가할 수 있는 사랑이가 참가하는 것이 가능하다. 정답은 ④ 나리, 라임, 사랑 이다.

※ ○: 참가 가능, ×: 참가 불가능

※ 어떤 종목도 동시에 진행되지 않는다.

→ 여러 경기에 출전이 가능함을 알 수 있다.

---

| 관 계 |

- 한 사람이 두 종목까지 참가할 수 있다.
- 모든 사람이 한 종목 이상 참가해야 한다.

---

**문 3** 정답 ③           》논리퀴즈 〉 경우의 수

〈보기〉를 먼저 보면, 각 선지마다 상황을 가정하고 그에 따른 결과가 옳은지를 묻고 있다. 따라서 〈조건〉을 파악한 후에 각 선지의 가정에 따른 결과를 판단하는 순서로 문제를 해결하면 되겠다.

| 조 건 |

- 예선의 심사위원은 심사위원장 1인을 포함하여 총 4인이며, 그 중 누가 심사위원장인지 참가자에게 공개되지 않는다.
- 심사위원은 참가자의 노래를 들은 후 동시에 O 또는 X의 결정을 내리며, 다수결에 의해 예선 통과 여부가 결정된다.
- 만약 O와 X를 결정한 심사위원의 수가 같다면, 심사위원장이 O 결정을 한 경우 통과, X 결정을 한 경우 탈락한다.
- 4명의 참가자들은 어떤 심사위원이 자신에게 O 또는 X 결정을 내렸는지와 통과 또는 탈락 여부를 정확히 기억하여 甲에게 알려주었다.

ㄱ. 4명의 참가자가 모두 심사위원 3인의 O 결정으로 통과했다면, 甲은 심사위원장을 알아낼 수 없다.

→ 4명 중에 3명의 심사위원이 모두 O 결정을 한 경우, 심사위원장이 예선 통과 여부에 영향을 미치지 않으므로 심사위원장을 알아낼 수 없다. (O)

ㄴ. 4명의 참가자가 모두 같은 2인의 심사위원에게만 O 결정을 받아 탈락했다면, 甲은 심사위원장을 알아낼 수 있다.

→ 이 경우 심사위원장이 O 결정을 한 것이 아님을 알 수 있고, X 결정을 한 심사위원 둘 중 하나가 심사위원장임을 알 수는 있지만, 그중에 누가 심사위원장인지 알 수 없다. (X)

ㄷ. 4명의 참가자가 모두 2인의 심사위원에게만 O 결정을 받았고, O 결정을 한 심사위원의 구성이 모두 다르다면, 甲은 심사위원장을 알아낼 수 있다.

→ 일단 임의로 서로 다른 2인의 심사위원에게 O 결정을 받은 경우를 표로 정리해보면

| | 심사위원 A | 심사위원 B | 심사위원 C | 심사위원 D |
|---|---|---|---|---|
| 참가자 1 | O | O | | |
| 참가자 2 | | | O | O |
| 참가자 3 | O | | O | |
| 참가자 4 | | O | | O |

하나의 경우의 수가 나온다. 여러 가지 경우의 수가 있겠지만, 이 경우에서 갑이 심사위원장을 알아낼 수 있다면 옳은 선지임을 판단할 수 있다. 만약 A, B와 A, C에게서 O 결정을 받은 참가자 1과 참가자3이 예선을 통과하였다면 겹치는 A가 심사위원장임을 알 수 있고, 참가자2와 참가자 3이 예선을 통과하였다면 겹치는 C가 심사위원장임을 알 수 있다. (O) 정답은 ③ ㄱ, ㄷ 이다.

**문 4** 정답 ③        ≫ 논리퀴즈 〉 규칙 적용

A국 ○○축제는 매년 9월 15일이 지나고 돌아오는 첫번째 토요일에 시작하여 10월 첫 번째 일요일에 끝나는 일정으로 개최한다. 다만 10월 1일 또는 2일이 일요일인 경우, 축제를 A국 국경일인 10월 3일까지 연장한다. 따라서 축제는 최단 16일에서 최장 18일 동안 열린다.

| 월 | 화 | 수 | 목 | 금 | 토 | 일 |
|---|---|---|---|---|---|---|
| | | | | | 9월 16일 | 17 |
| 18 | 19 | 20 | 21 | 22 | 23 | 24 |
| 25 | 26 | 27 | 28 | 29 | 30 | 10월 1일 |
| 2 | 3 | | | | | |

위 제시문에 따라 축제가 최장 18일이 되는 경우를 달력으로 정리해보았다. 10월 1일이 일요일이면 3일까지 축제가 연장되고, 15일 다음날인 16일이 토요일이 되기 때문이다. 현재는 2015년인데 2020년까지 중에서 윤년은 2016년, 2020년 두 번이고 이때는 366일이 된다.

한편 1년인 365일을 한주 단위인 7로 나누면 나머지가 1이 된다. 이는 매년 1년이 지날 때 마다 특정한 날의 요일은 하루씩 밀리게 됨을 의미한다. 예를 들어 올해 1월 1일이 월요일이라 한다면 365일 째 날은 7일씩 한주를 52주 채우고 하루 더한 날이다. 그러면 내년 1월 1일은 화요일이다.

2015년 9월 16일은 수요일이므로 이를 정리하면 다음과 같다. 따라서 2020년 이후 축제가 제일 긴 해는 ③ 2023년이다.

| 연도 | 요일 |
|---|---|
| 2015 | 수요일 |
| 2016(윤년) | 금요일 |
| 2017 | 토요일 |
| 2018 | 일요일 |
| 2019 | 월요일 |
| 2020(윤년) | 수요일 |
| 2021 | 목요일 |
| 2022 | 금요일 |
| 2023 | 토요일 |

실전 최적화
PSAT
상황판단의 비결

# CHAPTER 08

# 실전 기출문제 풀이

# 실전 기출문제 풀이

### (본 서 마지막 페이지 OMR 답안지 제공)

※ 해설은 기출문제 풀이 특강으로 제공, 실전과 같이 OMR답안을 반드시 작성하며 풀 것.

## 1 2020년 7급 PSAT 모의평가 문제　　　　　(제한시간: 60분)

문 1. 다음 글과 〈상황〉을 근거로 판단할 때 옳은 것은?

> 제00조(적용범위) 이 규정은 중앙행정기관, 광역자치단체(광역자치단체와 기초자치단체 공동주관 포함)가 국제행사를 개최하기 위하여 10억원 이상의 국고지원을 요청하는 경우에 적용한다.
> 제00조(정의) "국제행사"라 함은 5개국 이상의 국가에서 외국인이 참여하고, 총 참여자 중 외국인 비율이 5% 이상(총 참여자 200만명 이상은 3% 이상)인 국제회의・체육행사・박람회・전시회・문화행사・관광행사 등을 말한다.
> 제00조(국고지원의 제외) 국제행사 중 다음 각 호에 해당하는 행사는 국고지원의 대상에서 제외된다. 이 경우 제외되는 시기는 다음 각 호 이후 최초 개최되는 행사의 해당 연도부터로 한다.
> 1. 매년 1회 정기적으로 개최하는 국제행사로서 국고지원을 7회 받은 경우
> 2. 그 밖의 주기로 개최하는 국제행사로서 국고지원을 3회 받은 경우
> 제00조(타당성조사, 전문위원회 검토의 대상 등) ① 국고지원의 타당성조사 대상은 국제행사의 개최에 소요되는 총 사업비가 50억원 이상인 국제행사로 한다.
> ② 국고지원의 전문위원회 검토 대상은 국제행사의 개최에 소요되는 총 사업비가 50억원 미만인 국제행사로 한다.
> ③ 제1항에도 불구하고 국고지원 비율이 총 사업비의 20% 이내인 경우 타당성조사를 전문위원회 검토로 대체할 수 있다.

── 상 황 ──

> 甲광역자치단체는 2021년에 제6회 A박람회를 국고지원을 받아 개최할 예정이다. A박람회는 매년 1회 총 250만명이 참여하는 행사로서 20여 개국에서 8만명 이상의 외국인들이 참여해 왔다. 2021년에도 동일한 규모의 행사가 예정되어 있다. 한편 2020년에 5번째로 국고지원을 받은 A박람회의 총 사업비는 40억원이었으며, 이 중 국고지원 비율은 25%였다.

① 2021년에 총 250만명의 참여자 중 외국인 참여자가 감소하여 6만명이 되더라도 A박람회는 국제행사에 해당된다.

② 2021년에 A박람회가 예정대로 개최된다면, A박람회는 2022년에 국고지원의 대상에서 제외된다.

③ 2021년 총 사업비가 52억원으로 증가하고 국고지원은 8억원을 요청한다면, A박람회는 타당성조사 대상이다.

④ 2021년 총 사업비가 60억원으로 증가하고 국고지원은 전년과 동일한 금액을 요청한다면, A박람회는 전문위원회 검토를 받을 수 있다.

⑤ 2021년 甲광역자치단체와 乙기초자치단체가 공동주관하여 전년과 동일한 총 사업비로 A박람회를 개최한다면, A박람회는 타당성조사 대상이다.

문 2. 다음 글을 근거로 판단할 때 옳은 것은?

> 제○○조(진흥기금의 징수) ① 영화위원회(이하 "위원회"라 한다)는 영화의 발전 및 영화·비디오물산업의 진흥을 위하여 영화상영관에 입장하는 관람객에 대하여 입장권 가액의 100분의 5의 진흥기금을 징수한다. 다만, 직전 연도에 제△△조 제1호에 해당하는 영화를 연간 상영일수의 100분의 60 이상 상영한 영화상영관에 입장하는 관람객에 대해서는 그러하지 아니하다.
> ② 영화상영관 경영자는 관람객으로부터 제1항의 규정에 따른 진흥기금을 매월 말일까지 징수하여 해당 금액을 다음 달 20일까지 위원회에 납부하여야 한다.
> ③ 위원회는 영화상영관 경영자가 제2항에 따라 관람객으로부터 수납한 진흥기금을 납부기한까지 납부하지 아니하였을 때에는 체납된 금액의 100분의 3에 해당하는 금액을 가산금으로 부과한다.
> ④ 위원회는 제2항에 따른 진흥기금 수납에 대한 위탁 수수료를 영화상영관 경영자에게 지급한다. 이 경우 수수료는 제1항에 따른 진흥기금 징수액의 100분의 3을 초과할 수 없다.
> 제△△조(전용상영관에 대한 지원) 위원회는 청소년 관객의 보호와 영화예술의 확산 등을 위하여 다음 각 호의 어느 하나에 해당하는 영화를 연간 상영일수의 100분의 60 이상 상영하는 영화상영관을 지원할 수 있다.
> 1. 애니메이션영화·단편영화·예술영화·독립영화
> 2. 제1호에 해당하지 않는 청소년관람가영화
> 3. 제1호 및 제2호에 해당하지 않는 국내영화

① 영화상영관 A에서 직전 연도에 연간 상영일수의 100분의 60 이상 청소년관람가 애니메이션영화를 상영한 경우 진흥기금을 징수한다.

② 영화상영관 경영자 B가 8월분 진흥기금 60만원을 같은 해 9월 18일에 납부하는 경우, 가산금을 포함하여 총 61만 8천원을 납부하여야 한다.

③ 관람객 C가 입장권 가액과 그 진흥기금을 합하여 영화상영관에 지불하는 금액이 12,000원이라고 할 때, 지불 금액 중 진흥기금은 600원이다.

④ 연간 상영일수가 매년 200일인 영화상영관 D에서 직전 연도에 단편영화를 40일, 독립영화를 60일 상영했다면 진흥기금을 징수하지 않는다.

⑤ 영화상영관 경영자 E가 7월분 진흥기금과 그 가산금을 합한 금액인 103만원을 같은 해 8월 30일에 납부한 경우, 위원회는 E에게 최대 3만원의 수수료를 지급할 수 있다.

## 문 3. 다음 글과 〈상황〉을 근거로 판단할 때 옳은 것은?

민사소송의 1심을 담당하는 법원으로는 지방법원과 지방법원지원(이하 "그 지원"이라 한다)이 있다. 지방법원과 그 지원이 재판을 담당하는 관할구역은 지역별로 정해져 있는데, 피고의 주소지를 관할하는 지방법원 또는 그 지원이 재판을 담당한다. 다만 금전지급청구소송은 원고의 주소지를 관할하는 지방법원 또는 그 지원도 재판할 수 있다.

한편, 지방법원이나 그 지원의 재판사무의 일부를 처리하기 위해서 그 관할구역 안에 시법원 또는 군법원(이하 "시·군법원"이라 한다)이 설치되어 있는 경우가 있다. 시·군법원은 지방법원 또는 그 지원이 재판하는 사건 중에서 소송물가액이 3,000만원 이하인 금전지급청구소송을 전담하여 재판한다. 즉, 이러한 소송의 경우 원고 또는 피고의 주소지를 관할하는 시·군법원이 있으면 지방법원과 그 지원은 재판할 수 없고 시·군법원만이 재판한다.

※ 소송물가액: 원고가 승소하면 얻게 될 경제적 이익을 화폐 단위로 평가한 것

─┤ 상 황 ├─

- 甲은 乙에게 빌려준 돈을 돌려받기 위해 소송물가액 3,000만원의 금전지급청구의 소(이하 "A청구"라 한다)와 乙에게서 구입한 소송물가액 1억원의 고려청자 인도청구의 소(이하 "B청구"라 한다)를 각각 1심 법원에 제기하려고 한다.
- 甲의 주소지는 김포시이고 乙의 주소지는 양산시이다. 이들 주소지와 관련된 법원명과 그 관할구역은 다음과 같다.

| 법원명 | 관할구역 |
|---|---|
| 인천지방법원 | 인천광역시 |
| 인천지방법원 부천지원 | 부천시, 김포시 |
| 김포시법원 | 김포시 |
| 울산지방법원 | 울산광역시, 양산시 |
| 양산시법원 | 양산시 |

① 인천지방법원 부천지원은 A청구를 재판할 수 있다.
② 인천지방법원은 A청구를 재판할 수 있다.
③ 양산시법원은 B청구를 재판할 수 있다.
④ 김포시법원은 B청구를 재판할 수 있다.
⑤ 울산지방법원은 B청구를 재판할 수 있다.

## 문 4. 다음 글과 〈상황〉을 근거로 판단할 때 옳은 것은?

발명에 대해 특허권이 부여되기 위해서는 다음의 두 가지 요건 모두를 충족해야 한다.

첫째, 발명은 지금까지 세상에 없는 새로운 것, 즉 신규성이 있는 발명이어야 한다. 이미 누구나 알고 있는 발명에 대해서 독점권인 특허권을 부여하는 것은 부당하기 때문이다. 이때 발명이 신규인지 여부는 특허청에의 특허출원 시점을 기준으로 판단한다. 따라서 신규의 발명이라도 그에 대한 특허출원 전에 발명 내용이 널리 알려진 경우라든지, 반포된 간행물에 게재된 경우에는 특허출원 시점에는 신규성이 상실되었기 때문에 특허권이 부여되지 않는다. 그러나 발명자가 자발적으로 위와 같은 신규성을 상실시키는 행위를 하고 그날로부터 12개월 이내에 특허를 출원하면 신규성이 상실되지 않은 것으로 취급된다. 이를 '신규성의 간주'라고 하는데, 신규성을 상실시킨 행위를 한 발명자가 특허출원한 경우에만 신규성이 있는 것으로 간주된다.

둘째, 여러 명의 발명자가 독자적인 연구를 하던 중 우연히 동일한 발명을 완성하였다면, 발명의 완성 시기에 관계없이 가장 먼저 특허청에 특허출원한 발명자에게만 특허권이 부여된다. 이처럼 가장 먼저 출원한 발명자에게만 특허권이 부여되는 것을 '선출원주의'라고 한다. 따라서 특허청에 선출원된 어떤 발명이 신규성 상실로 특허권이 부여되지 못한 경우, 동일한 발명에 대한 후출원은 선출원주의로 인해 특허권이 부여되지 않는다.

─── 상 황 ───

- 발명자 甲, 乙, 丙은 각각 독자적인 연구개발을 수행하여 동일한 A발명을 완성하였다.
- 甲은 2020. 3. 1. A발명을 완성하였지만 그 발명 내용을 비밀로 유지하다가 2020. 9. 2. 특허출원을 하였다.
- 乙은 2020. 4. 1. A발명을 완성하자 2020. 6. 1. 간행되어 반포된 학술지에 그 발명 내용을 논문으로 게재한 후, 2020. 8. 1. 특허출원을 하였다.
- 丙은 2020. 7. 1. A발명을 완성하자마자 바로 당일에 특허출원을 하였다.

① 甲이 특허권을 부여받는다.
② 乙이 특허권을 부여받는다.
③ 丙이 특허권을 부여받는다.
④ 甲, 乙, 丙이 모두 특허권을 부여받는다.
⑤ 甲, 乙, 丙 중 어느 누구도 특허권을 부여받지 못한다.

문 5. 다음 글과 〈상황〉을 근거로 판단할 때, 〈보기〉에서 옳은 것만을 모두 고르면?

---

제00조 ① "주택담보노후연금보증"이란 주택소유자가 주택에 저당권을 설정하고 금융기관으로부터 제2항에서 정하는 연금 방식으로 노후생활자금을 대출(이하 "주택담보노후연금대출"이라 한다)받음으로써 부담하는 금전채무를 주택금융공사가 보증하는 행위를 말한다. 이 경우 주택소유자 또는 주택소유자의 배우자는 60세 이상이어야 한다.

② 제1항의 연금 방식이란 다음 각 호의 어느 하나에 해당하는 방식을 말한다.

1. 주택소유자가 생존해 있는 동안 노후생활자금을 매월 지급받는 방식

2. 주택소유자가 선택하는 일정한 기간 동안 노후생활자금을 매월 지급받는 방식

3. 제1호 또는 제2호의 어느 하나의 방식과, 주택소유자가 다음 각 목의 어느 하나의 용도로 사용하기 위하여 일정한 금액(단, 주택담보노후연금대출 한도의 100분의 50 이내의 금액으로 한다)을 지급받는 방식을 결합한 방식

　가. 해당 주택을 담보로 대출받은 금액 중 잔액을 상환하는 용도

　나. 해당 주택의 임차인에게 임대차보증금을 반환하는 용도

---

### 상 황

A주택의 소유자 甲(61세)은 A주택에 저당권을 설정하여 주택담보노후연금보증을 통해 노후생활자금을 대출받고자 한다. 甲의 A주택에 대한 주택담보노후연금대출 한도액은 3억원이다.

---

### 보 기

ㄱ. 甲은 A주택의 임차인에게 임대차보증금을 반환하는 용도로 1억원을 지급받고, 생존해 있는 동안 노후생활자금을 매월 지급받을 수 있다.

ㄴ. 甲의 배우자의 연령이 60세 이상이어야 주택담보노후연금보증을 통해 노후생활자금을 대출받을 수 있다.

ㄷ. 甲은 A주택을 담보로 대출받은 금액 중 잔액을 상환하는 용도로 1억 5천만원을 지급받고, 향후 10년간 노후생활자금을 매월 지급받을 수 있다.

---

① ㄱ

② ㄴ

③ ㄱ, ㄷ

④ ㄴ, ㄷ

⑤ ㄱ, ㄴ, ㄷ

문 6. 다음 글과 〈상황〉을 근거로 판단할 때 옳은 것은?

제00조(지역개발 신청 동의 등) ① 지역개발 신청을 하기 위해서는 지역개발을 하고자 하는 지역의 총 토지면적의 3분의 2 이상에 해당하는 토지의 소유자의 동의 및 지역개발을 하고자 하는 지역의 토지의 소유자 총수의 2분의 1 이상의 동의를 받아야 한다.

② 지역개발 신청을 하기 위해서 필요한 동의자의 수는 다음 각 호의 기준에 따라 산정한다.

1. 토지는 지적도 상 1필의 토지를 1개의 토지로 한다.

2. 1개의 토지를 여러 명이 공동소유하는 경우에는 다른 공동소유자들을 대표하는 대표 공동소유자 1인만을 해당 토지의 소유자로 본다.

3. 1인이 여러 개의 토지를 소유하고 있는 경우에는 소유하는 토지의 수와 무관하게 1인으로 본다.

4. 지역개발을 하고자 하는 지역에 국유지가 있는 경우 국유지도 포함하여 토지면적을 산정하고, 그 토지의 재산관리청을 토지 소유자로 본다.

─── 상 황 ───

- X지역은 100개의 토지로 이루어져 있고, 토지면적 합계가 총 6km²이다.
- 동의자 수 산정 기준에 따라 산정된 X지역 토지의 소유자는 모두 82인(이하 "동의대상자"라 한다)이고, 이 중에는 국유지 재산관리청 2인이 포함되어 있다.
- 甲은 X지역에 토지 2개를 소유하고 있고, 해당 토지면적 합계는 X지역 총 토지면적의 4분의 1이다.
- 乙은 X지역에 토지 10개를 소유하고 있고, 해당 토지면적 합계는 총 2km²이다.
- 丙, 丁, 戊, 己는 X지역에 토지 1개를 공동소유하고 있고, 해당 토지면적은 1km²이다.

① 乙이 동의대상자 31인의 동의를 얻으면 지역개발 신청을 위한 X지역 토지의 소유자 총수의 2분의 1 이상의 동의 조건은 갖추게 된다.

② X지역에 대한 지역개발 신청에 甲~己 모두 동의한 경우, 나머지 동의대상자 중 38인의 동의를 얻으면 신청할 수 있다.

③ X지역에 토지 2개 이상을 소유하는 자는 甲, 乙뿐이다.

④ X지역의 1필의 토지면적은 0.06km²로 모두 동일하다.

⑤ X지역 안에 있는 국유지의 면적은 1.5km²이다.

문 7. 다음 글과 〈상황〉을 근거로 판단할 때, 甲~丁 가운데 근무계획이 승인될 수 있는 사람만을 모두 고르면?

〈유연근무제〉

□ 개념
 • 주 40시간을 근무하되, 근무시간을 유연하게 관리하여 1주일에 5일 이하로 근무하는 제도
□ 복무관리
 • 점심 및 저녁시간 운영
 • 근무 시작과 종료 시각에 관계없이 점심시간은 12:00~13:00, 저녁시간은 18:00~19:00의 각 1시간으로 하고 근무시간으로는 산정하지 않음
 • 근무시간 제약
 • 근무일의 경우, 1일 최대 근무시간은 12시간으로 하고 최소 근무시간은 4시간으로 함
 • 하루 중 근무시간으로 인정하는 시간대는 06:00~24:00로 한정함

─ 상 황 ─

다음은 甲~丁이 제출한 근무계획을 정리한 것이며 위의 〈유연근무제〉에 부합하는 근무계획만 승인된다.

| 직원 \ 요일 | 월 | 화 | 수 | 목 | 금 |
|---|---|---|---|---|---|
| 甲 | 08:00 ~ 18:00 | 08:00 ~ 18:00 | 09:00 ~ 13:00 | 08:00 ~ 18:00 | 08:00 ~ 18:00 |
| 乙 | 08:00 ~ 22:00 | 08:00 ~ 22:00 | - | 08:00 ~ 22:00 | 08:00 ~ 12:00 |
| 丙 | 08:00 ~ 24:00 | 08:00 ~ 24:00 | - | 08:00 ~ 22:00 | - |
| 丁 | 06:00 ~ 16:00 | 08:00 ~ 22:00 | - | 09:00 ~ 21:00 | 09:00 ~ 18:00 |

① 乙
② 甲, 丙
③ 甲, 丁
④ 乙, 丙
⑤ 乙, 丁

문 8. **다음 글을 근거로 판단할 때, ㉠과 ㉡에 들어갈 수를 옳게 짝지은 것은?**

올림픽은 원칙적으로 4년에 한 번씩 개최되는 세계 최대 규모의 스포츠 대회이다. 제1회 하계 올림픽은 1896년 그리스 아테네에서, 제1회 동계 올림픽은 1924년 프랑스 샤모니에서 개최되었다. 그런데 두 대회의 차수(次數)를 계산하는 방식은 서로 다르다.

올림픽 사이의 기간인 4년을 올림피아드(Olympiad)라 부르는데, 하계 올림픽의 차수는 올림피아드를 기준으로 계산한다. 이전 대회부터 하나의 올림피아드만큼 시간이 흐르면 올림픽 대회 차수가 하나씩 올라가게 된다. 대회가 개최되지 못해도 올림피아드가 사라지는 것은 아니기 때문에 대회 차수에는 영향을 미치지 않는다. 실제로 하계 올림픽은 제1·2차 세계대전으로 세 차례(1916년, 1940년, 1944년) 개최되지 못하였는데, 1912년 제5회 스톡홀름 올림픽 다음으로 1920년에 벨기에 안트베르펜에서 개최된 올림픽은 제7회 대회였다. 마찬가지로 1936년 제11회 베를린 올림픽 다음으로 개최된 1948년 런던 올림픽은 제( ㉠ )회 대회였다. 반면에 동계 올림픽의 차수는 실제로 열린 대회만으로 정해진다. 동계 올림픽은 제2차 세계대전으로 두 차례(1940년, 1944년) 열리지 못하였는데, 1936년 제4회 동계 올림픽 다음 대회인 1948년 동계 올림픽은 제5회 대회였다. 이후 2020년 전까지 올림픽이 개최되지 않은 적은 없다.

1992년까지 동계·하계 올림픽은 같은 해 치러졌으나 그 이후로는 IOC 결정에 따라 분리되어 2년 격차로 개최되었다. 1994년 노르웨이 릴레함메르에서 열린 동계 올림픽 대회는 이 결정에 따라 처음으로 하계 올림픽에 2년 앞서 치러진 대회였다. 이를 기점으로 동계 올림픽은 지금까지 4년 주기로 빠짐없이 개최되고 있다.

대한민국은 1948년 런던 하계 올림픽에 처음 출전하여, 1976년 제21회 몬트리올 하계 올림픽과 1992년 제( ㉡ )회 알베르빌 동계 올림픽에서 각각 최초로 금메달을 획득하였다.

| | ㉠ | ㉡ |
|---|---|---|
| ① | 12 | 16 |
| ② | 12 | 21 |
| ③ | 14 | 16 |
| ④ | 14 | 19 |
| ⑤ | 14 | 21 |

문 9. 다음 글을 근거로 판단할 때, 〈보기〉에서 옳은 것만을 모두 고르면?

기상예보는 일기예보와 기상특보로 구분할 수 있다. 일기예보는 단기예보, 중기예보, 장기예보 등 시간에 따른 것이고, 기상특보는 주의보, 경보 등 기상현상의 정도에 따른 것이다.

일기예보 중 가장 짧은 기간을 예보하는 단기예보는 3시간 예보와 일일예보로 나뉜다. 3시간 예보는 오늘과 내일의 날씨를 예보하며, 매일 0시 발표부터 시작하여 3시간 간격으로 1일 8회 발표한다. 일일예보는 오늘과 내일, 모레의 날씨를 1일 단위(0시~24시)로 예보하며 매일 5시, 11시, 17시, 23시에 발표한다. 다음으로 중기예보에는 주간예보와 1개월 예보가 있다. 주간예보는 일일예보를 포함하여 일일예보가 예보한 기간의 다음날부터 5일간의 날씨를 추가로 예보하며 매일 발표한다. 1개월 예보는 앞으로 한 달간의 기상전망을 발표한다. 마지막으로 장기예보는 계절예보로서 봄, 여름, 가을, 겨울의 각 계절별 기상전망을 발표한다.

기상특보는 주의보와 경보로 나뉜다. 주의보는 재해가 일어날 가능성이 있는 경우에, 경보는 중대한 재해가 예상될 때 발표하는 것이다. 주의보가 발표된 후 기상현상의 경과가 악화된다면 경보로 승격 발표되기도 한다. 또한 기상특보의 기준은 지역마다 다를 수도 있다. 대설주의보의 예보 기준은 24시간 신(新)적설량이 대도시일 때 5cm 이상, 일반지역일 때 10cm 이상, 울릉도일 때 20cm 이상이다. 대설경보의 예보 기준은 24시간 신적설량이 대도시일 때 20cm 이상, 일반지역일 때 30cm 이상, 울릉도일 때 50cm 이상이다.

┤ 보 기 ├

ㄱ. 월요일에 발표되는 주간예보에는 그 다음 주 월요일의 날씨가 포함된다.

ㄴ. 일일예보의 발표 시각과 3시간 예보의 발표 시각은 겹치지 않는다.

ㄷ. 오늘 23시에 발표된 일일예보는 오늘 5시에 발표된 일일예보보다 18시간 더 먼 미래의 날씨까지 예보한다.

ㄹ. 대도시 A의 대설경보 예보 기준은 울릉도의 대설주의보 예보 기준과 같다.

① ㄱ, ㄴ          ② ㄱ, ㄷ

③ ㄷ, ㄹ          ④ ㄱ, ㄴ, ㄹ

⑤ ㄴ, ㄷ, ㄹ

문 10. 다음 글과 〈사무용품 배분방법〉을 근거로 판단할 때, 11월 1일 현재 甲기관의 직원 수는?

> 甲기관은 사무용품 절약을 위해 〈사무용품 배분방법〉으로 한 달 동안 사용할 네 종류(A, B, C, D)의 사무용품을 매월 1일에 배분한다. 이에 따라 11월 1일에 네 종류의 사무용품을 모든 직원에게 배분하였다. 甲기관이 배분한 사무용품의 개수는 총 1,050개였다.

─────────── 사무용품 배분방법 ───────────

- A는 1인당 1개씩 배분한다.
- B는 2인당 1개씩 배분한다.
- C는 4인당 1개씩 배분한다.
- D는 8인당 1개씩 배분한다.

① 320명
② 400명
③ 480명
④ 560명
⑤ 640명

**문 11.** 다음 글을 근거로 판단할 때, 예약할 펜션과 워크숍 비용을 옳게 짝지은 것은?

> 甲은 팀 워크숍을 추진하기 위해 펜션을 예약하려 한다. 팀원은 총 8명으로 한 대의 렌터카로 모두 같이 이동하여 워크숍에 참석한다. 워크숍 기간은 1박 2일이며, 甲은 워크숍 비용을 최소화 하고자 한다.
>
> • 워크숍 비용은 아래와 같다.
>
> 워크숍 비용 = 왕복 교통비 + 숙박요금
>
> • 교통비는 렌터카 비용을 의미하며, 렌터카 비용은 거리 10km당 1,500원이다.
> • 甲은 다음 펜션 중 한 곳을 1박 예약한다.
>
> | 구분 | A 펜션 | B 펜션 | C 펜션 |
> |---|---|---|---|
> | 펜션까지 거리(km) | 100 | 150 | 200 |
> | 1박당 숙박요금(원) | 100,000 | 150,000 | 120,000 |
> | 숙박기준인원(인) | 4 | 6 | 8 |
>
> • 숙박인원이 숙박기준인원을 초과할 경우, A~C 펜션 모두 초과 인원 1인당 1박 기준 10,000원씩 요금이 추가된다.

|  | 예약할 펜션 | 워크숍 비용 |
|---|---|---|
| ① | A | 155,000원 |
| ② | A | 170,000원 |
| ③ | B | 215,000원 |
| ④ | C | 150,000원 |
| ⑤ | C | 180,000원 |

다음 글을 근거로 판단할 때, 〈보기〉에서 옳은 것만을 모두 고르면?

- 甲국은 매년 X를 100톤 수입한다. 甲국이 X를 수입할 수 있는 국가는 A국, B국, C국 3개국이며, 甲국은 이 중 한 국가로부터 X를 전량 수입한다.
- X의 거래조건은 다음과 같다.

| 국가 | 1톤당 단가 | 관세율 | 1톤당 물류비 |
|---|---|---|---|
| A국 | 12달러 | 0% | 3달러 |
| B국 | 10달러 | 50% | 5달러 |
| C국 | 20달러 | 20% | 1달러 |

- 1톤당 수입비용은 다음과 같다.

  1톤당 수입비용 = 1톤당 단가 + (1톤당 단가 × 관세율) + 1톤당 물류비
- 특정 국가와 FTA를 체결하면 그 국가에서 수입하는 X에 대한 관세율이 0%가 된다.
- 甲국은 지금까지 FTA를 체결한 A국으로부터만 X를 수입했다. 그러나 최근 A국으로부터 X의 수입이 일시 중단되었다.

─────────── 보 기 ───────────

ㄱ. 甲국이 B국과도 FTA를 체결한다면, 기존에 A국에서 수입하던 것과 동일한 비용으로 X를 수입할 수 있다.

ㄴ. C국이 A국과 동일한 1톤당 단가를 제시하였다면, 甲국은 기존에 A국에서 수입하던 것보다 저렴한 비용으로 C국으로부터 X를 수입할 수 있다.

ㄷ. A국으로부터 X의 수입이 다시 가능해졌으나 1톤당 6달러의 보험료가 A국으로부터의 수입비용에 추가된다면, 甲국은 A국보다 B국에서 X를 수입하는 것이 수입비용 측면에서 더 유리하다.

① ㄱ
② ㄴ
③ ㄷ
④ ㄱ, ㄴ
⑤ ㄱ, ㄷ

**문 13. 다음 글을 근거로 판단할 때, 올바른 우편번호의 첫자리와 끝자리 숫자의 합은?**

다섯 자리 자연수로 된 우편번호가 있다. 甲과 乙은 실수로 '올바른 우편번호'에 숫자 2를 하나 추가하여 여섯 자리로 표기하였다. 甲은 올바른 우편번호의 끝자리 뒤에 2를 추가하였고, 乙은 올바른 우편번호의 첫 자리 앞에 2를 추가하였다. 그 결과 甲이 잘못 표기한 우편번호 여섯 자리 수는 乙이 잘못 표기한 우편번호 여섯 자리 수의 3배가 되었다.

올바른 우편번호와 甲과 乙이 잘못 표기한 우편번호는 아래와 같다.

- 올바른 우편번호: □□□□□
- 甲이 잘못 표기한 우편번호: □□□□□②
- 乙이 잘못 표기한 우편번호: ②□□□□□

① 11
② 12
③ 13
④ 14
⑤ 15

**문 14. 다음 글을 근거로 판단할 때, 甲의 승패 결과는?**

甲과 乙이 10회 실시한 가위바위보에 대해 다음과 같은 사실이 알려져 있다.

- 甲은 가위 6회, 바위 1회, 보 3회를 냈다.
- 乙은 가위 4회, 바위 3회, 보 3회를 냈다.
- 甲과 乙이 서로 같은 것을 낸 적은 10회 동안 한 번도 없었다.

① 7승 3패
② 6승 4패
③ 5승 5패
④ 4승 6패
⑤ 3승 7패

문 15. 다음 글을 근거로 판단할 때, 甲과 인사교류를 할 수 있는 사람만을 모두 고르면?

- 甲은 인사교류를 통해 ○○기관에서 타 기관으로 전출하고자 한다. 인사교류란 동일 직급간 신청자끼리 1 : 1로 교류하는 제도로서, 각 신청자가 속한 두 기관의 교류 승인 조건을 모두 충족해야 한다.
- 기관별로 교류를 승인하는 조건은 다음과 같다.
  - ○○기관: 신청자간 현직급임용년월은 3년 이상 차이나지 않고, 연령은 7세 이상 차이나지 않는 경우
  - □□기관: 신청자간 최초임용년월은 5년 이상 차이나지 않고, 연령은 3세 이상 차이나지 않는 경우
  - △△기관: 신청자간 최초임용년월은 2년 이상 차이나지 않고, 연령은 5세 이상 차이나지 않는 경우
- 甲(32세)의 최초임용년월과 현직급임용년월은 2015년 9월로 동일하다.
- 甲과 동일 직급인 인사교류 신청자(A~E)의 인사 정보는 다음과 같다.

| 신청자 | 연령(세) | 현 소속 기관 | 최초임용년월 | 현직급임용년월 |
|---|---|---|---|---|
| A | 30 | □□ | 2016년 5월 | 2019년 5월 |
| B | 37 | □□ | 2009년 12월 | 2017년 3월 |
| C | 32 | □□ | 2015년 12월 | 2015년 12월 |
| D | 31 | △△ | 2014년 1월 | 2014년 1월 |
| E | 35 | △△ | 2017년 10월 | 2017년 10월 |

① A, B
② B, E
③ C, D
④ A, B, D
⑤ C, D, E

문 16. 다음 글을 근거로 판단할 때 옳지 않은 것은?

1에서부터 5까지 적힌 카드가 각 2장씩 10장이 있다. 5가 적힌 카드 중 하나를 맨 왼쪽에 놓고, 나머지 9장의 카드를 일렬로 배열하려고 한다. 카드는 왼쪽부터 1장씩 놓는데, 각 카드에 적혀 있는 수는 바로 왼쪽 카드에 적혀 있는 수보다 작거나, 같거나, 1만큼 커야 한다.

이 규칙에 따라 카드를 다음과 같이 배열하였다.

| 5 | 1 | 2 | 3 | A | 3 | B | C | D | E |

① A로 가능한 수는 2가지이다.
② B는 4이다.
③ C는 5가 아니다.
④ D가 2라면 A, B, C, E를 모두 알 수 있다.
⑤ E는 1이나 2이다.

문 17. 다음 글과 〈상황〉을 근거로 판단할 때, 2021년 포획·채취 금지 고시의 대상이 되는 수산자원은?

매년 A~H 지역에서 포획·채취 금지가 고시되는 수산자원은 아래 〈기준〉에 따른다.

〈기 준〉

| | | | | |
|---|---|---|---|---|
| 대구 | 5월 1일 | ~ | 7월 31일 | A, B |
| 전어 | 9월 1일 | ~ | 12월 31일 | E, F, G |
| 꽃게 | 6월 1일 | ~ | 7월 31일 | A, B, C |
| 소라 | 3월 1일 | ~ | 5월 31일 | E, F |
| | 5월 1일 | ~ | 6월 30일 | D, G |
| 새조개 | 3월 1일 | ~ | 3월 31일 | H |

─┤ 상 황 ├─

정부는 경제상황을 고려해서 2021년에 한하여 다음 중 어느 하나에 해당하는 경우, 〈기준〉에 따른 포획·채취 금지 고시의 대상에서 제외한다.
· 소비장려 수산자원: 전어
· 소비촉진 기간: 4월 1일~7월 31일
· 지역경제활성화 지역: C, D, E, F

① 대구
② 전어
③ 꽃게
④ 소라
⑤ 새조개

다음 글과 〈상황〉을 근거로 판단할 때, A~C 자동차 구매 시 지불 금액을 비교한 것으로 옳은 것은?

- 甲국은 전기차 및 하이브리드 자동차 보급을 장려하기 위해 다음과 같이 보조금과 세제 혜택을 제공한다.
  - 정부는 차종을 고려하여 자동차 1대 당 보조금을 정액 지급한다. 중형 전기차에 대해서는 1,500만원, 소형 전기차에 대해서는 1,000만원, 하이브리드차에 대해서는 500만원을 지급한다.
  - 정부는 차종을 고려하여 아래 〈기준〉에 따라 세제 혜택을 제공한다. 자동차 구입 시 발생하는 세금은 개별소비세, 교육세, 취득세뿐이며, 개별소비세는 자동차 가격의 10%, 교육세는 2%, 취득세는 5%의 금액이 책정된다.

〈기 준〉

| 구분 | 개별소비세 | 교육세 | 취득세 |
|---|---|---|---|
| 중형 전기차 | 비감면 | 전액감면 | 전액감면 |
| 소형 전기차 | 전액감면 | | 전액감면 |
| 하이브리드차 | 전액감면 | | 비감면 |

- 자동차 구매 시 지불 금액은 다음과 같다.
  지불 금액 = 자동차 가격 - 보조금 + 세금

─── 상 황 ───

(단위: 만원)

| 자동차 | 차종 | 자동차 가격 |
|---|---|---|
| A | 중형 전기차 | 4,000 |
| B | 소형 전기차 | 3,500 |
| C | 하이브리드차 | 3,500 |

① A 〈 B 〈 C      ② B 〈 A 〈 C
③ B 〈 C 〈 A      ④ C 〈 A 〈 B
⑤ C 〈 B 〈 A

문 19. 다음 글을 근거로 판단할 때, △△부가 2021년에 국가인증 농가로 선정할 곳만을 모두 고르면?

- △△부에서는 2021년 고품질·안전 농식품 생산을 선도하는 국가인증 농가를 3곳 선정하려고 한다. 선정 기준은 다음과 같다.
  - 친환경인증을 받으면 30점, 전통식품인증을 받으면 40점을 부여한다. 단, 두 인증을 모두 받은 경우 전통식품인증 점수만을 인정한다.
  - (나)와 (다) 지역 농가에는 친환경인증 또는 전통식품인증 유무에 의한 점수와 도농교류 활성화 점수 합의 10%를 가산점으로 부여한다.
  - 친환경인증 또는 전통식품인증 유무에 의한 점수, 도농교류 활성화 점수, 가산점을 합산하여 점수가 높은 순으로 선정한다.
  - 도농교류 활성화 점수가 50점 미만인 농가는 선정하지 않는다.
  - 동일 지역의 농가를 2곳 이상 선정할 수 없다.
- 2021년 선정후보 농가(A~F) 현황은 다음과 같다.

| 농가 | 친환경 인증 유무 | 전통식품 인증 유무 | 도농교류 활성화 점수 | 지역 |
|---|---|---|---|---|
| A | ○ | ○ | 80 | (가) |
| B | × | ○ | 60 | (가) |
| C | × | ○ | 55 | (나) |
| D | ○ | ○ | 40 | (다) |
| E | ○ | × | 75 | (라) |
| F | ○ | ○ | 70 | (라) |

① A, C, F
② A, D, E
③ A, E, F
④ B, C, E
⑤ B, D, F

문 20. 다음 글을 근거로 판단할 때, 〈보기〉에서 옳은 것만을 모두 고르면?

- 甲주무관은 A법률 개정안으로 (가), (나), (다) 총 세 가지를 준비하고 있다.
- 이해관계자, 관계부처, 입법부의 수용가능성 및 국정과제 관련도의 4개 평가항목에 따라 평가점수를 부여하고 평가점수 총합이 가장 높은 개정안을 채택한다. 단, 다음의 사항을 고려한다.
  - 평가점수 총합이 동일한 경우, 국정과제 관련도 점수가 가장 높은 개정안을 채택한다.
  - 개정안의 개별 평가항목 점수 중 어느 하나라도 2점 미만인 경우, 해당 개정안은 채택하지 않는다.
- 수용가능성 평가점수를 높일 수 있는 추가 절차는 아래와 같다. 단, 각 절차는 개정안마다 최대 2회 진행할 수 있다.
  - 이해관계자 수용가능성: 관계자간담회 1회당 1점 추가
  - 관계부처 수용가능성: 부처간회의 1회당 2점 추가
  - 입법부 수용가능성: 국회설명회 1회당 0.5점 추가
- 수용가능성 평가항목별 점수를 높일 수 있는 추가 절차를 진행하지 않은 상태에서 개정안별 평가점수는 아래와 같다.

〈A법률 개정안 평가점수〉

| 개정안 | 수용가능성 | | | 국정과제 관련도 | 총합 |
|---|---|---|---|---|---|
| | 이해관계자 | 관계부처 | 입법부 | | |
| (가) | 5 | 3 | 1 | 4 | 13 |
| (나) | 3 | 4 | 3 | 3 | 13 |
| (다) | 4 | 3 | 3 | 2 | 12 |

─┤ 보 기 ├─

ㄱ. 추가 절차를 진행하지 않는 경우, (나)가 채택된다.
ㄴ. 3개 개정안 모두를 대상으로 입법부 수용가능성을 높이는 절차를 최대한 진행하는 경우, (가)가 채택된다.
ㄷ. (나)에 대한 부처간회의를 1회 진행하고 (다)에 대한 관계자간담회를 2회 진행하는 경우, (다)가 채택된다.

① ㄱ
② ㄷ
③ ㄱ, ㄴ
④ ㄴ, ㄷ
⑤ ㄱ, ㄴ, ㄷ

문 21. 다음 글을 근거로 판단할 때, 〈보기〉에서 옳은 것만을 모두 고르면?

- △△부는 적극행정 UCC 공모전에 참가한 甲~戊의 영상을 심사한다.
- 총 점수는 UCC 조회수 등급에 따른 점수와 심사위원 평가점수의 합이고, 총 점수가 높은 순위에 따라 3위까지 수상한다.
- UCC 조회수 등급에 따른 점수는 조회수에 따라 5등급(A, B, C, D, E)으로 나누어 부여된다. 최상위 A를 10점으로 하며 인접 등급 간의 점수 차이는 0.3점이다.
- 심사위원 평가점수는 심사위원 (가)~(마)가 각각 부여한 점수(1~10의 자연수)에서 최고점 및 최저점을 제외한 3개 점수의 평균으로 계산한다. 이때 최고점이 복수인 경우에는 그 중 한 점수만 제외하여 계산한다. 최저점이 복수인 경우에도 이와 동일하다.
- 심사 결과는 다음과 같다.

| 참가자 | 조회수 등급 | 심사위원별 평가점수 | | | | |
|---|---|---|---|---|---|---|
| | | (가) | (나) | (다) | (라) | (마) |
| 甲 | B | 9 | ( ㉠ ) | 7 | 8 | 7 |
| 乙 | B | 9 | 8 | 7 | 7 | 7 |
| 丙 | A | 8 | 7 | ( ㉡ ) | 10 | 5 |
| 丁 | B | 5 | 6 | 7 | 7 | 7 |
| 戊 | C | 6 | 10 | 10 | 7 | 7 |

┤ 보 기 ├

ㄱ. ㉠이 5점이라면 乙의 총 점수가 甲의 총 점수보다 높다.
ㄴ. 丁은 ㉠과 ㉡에 상관없이 수상하지 못한다.
ㄷ. 戊는 조회수 등급을 D로 받았더라도 수상한다.
ㄹ. ㉠ 〉 ㉡이면 甲의 총 점수가 丙의 총 점수보다 높다.

① ㄱ, ㄴ　　　　　　　　　② ㄱ, ㄷ
③ ㄴ, ㄷ　　　　　　　　　④ ㄴ, ㄹ
⑤ ㄷ, ㄹ

문 22. 다음 글과 〈상황〉을 근거로 판단할 때, 〈보기〉에서 옳은 것만을 모두 고르면?

甲국에서는 4개 기관(A ~ D)에 대해 전기, 후기 두 번의 평가를 실시하고 있다. 전기평가에서 낮은 점수를 받은 기관이 후기평가를 포기하는 것을 막기 위해 다음과 같은 최종평가점수 산정 방식을 사용하고 있다.

최종평가점수 = Max[0.5 × 전기평가점수 + 0.5 × 후기평가점수, 0.2 × 전기평가점수 + 0.8 × 후기평가점수]

여기서 사용한 Max[X, Y]는 X와 Y 중 큰 값을 의미한다. 즉, 전기평가점수와 후기평가점수의 가중치를 50 : 50으로 하여 산정한 점수와 20 : 80으로 하여 산정한 점수 중 더 높은 것이 해당 기관의 최종평가점수이다.

───┤ 상 황 ├───

4개 기관의 전기평가점수(100점 만점)는 다음과 같다.

| 기관 | A | B | C | D |
|------|-----|-----|-----|-----|
| 전기평가점수 | 60 | 70 | 90 | 80 |

4개 기관의 후기평가점수(100점 만점)는 모두 자연수이고, C기관의 후기평가점수는 70점이다. 최종평가점수를 통해 확인된 기관 순위는 1등부터 4등까지 A – B – D – C 순이며 동점인 기관은 없다.

───┤ 보 기 ├───

ㄱ. A기관의 후기평가점수는 B기관의 후기평가점수보다 최소 3점 높다.
ㄴ. B기관의 후기평가점수는 83점일 수 있다.
ㄷ. A기관과 D기관의 후기평가점수 차이는 5점일 수 있다.

① ㄱ
② ㄴ
③ ㄱ, ㄴ
④ ㄱ, ㄷ
⑤ ㄴ, ㄷ

※ 다음 글을 읽고 물음에 답하시오. [문 23. ~ 문 24.]

> 독립운동가 김우전 선생은 일제강점기 광복군으로 활약한 인물로, 광복군의 무전통신을 위한 한글 암호를 만든 것으로 유명하다. 1922년 평안북도 정주 태생인 선생은 일본에서 대학에 다니던 중 재일학생 민족운동 비밀결사단체인 '조선민족 고유문화유지계몽단'에 가입했다. 1944년 1월 일본군에 징병돼 중국으로 파병됐지만 같은 해 5월 말 부대를 탈출해 광복군에 들어갔다.
>
> 1945년 3월 미 육군 전략정보처는 일본이 머지않아 패망할 것으로 보아 한반도 진공작전을 계획하고 중국에서 광복군과 함께 특수훈련을 하고 있었다. 이 시기에 선생은 한글 암호인 W-K(우전킴) 암호를 만들었다. W-K 암호는 한글의 자음과 모음, 받침을 구분하여 만들어진 암호체계이다. 자음과 모음을 각각 두 자리 숫자로, 받침은 자음을 나타내는 두 자리 숫자의 앞에 '00'을 붙여 네 자리로 표시한다.
>
> W-K 암호체계에서 자음은 '11 ~ 29'에, 모음은 '30 ~ 50'에 순서대로 대응된다. 받침은 자음 중 ㄱ ~ ㅎ을 이용하여 '0011'부터 '0024'에 순서대로 대응된다. 예를 들어 '김'은 W-K 암호로 변환하면 'ㄱ'은 11, 'ㅣ'는 39, 받침 'ㅁ'은 0015이므로 '11390015'가 된다. 같은 방식으로 '1334001114390016'은 '독립'으로, '1340243000121334001114390016153000121742'는 '대한독립만세'로 해독된다. 모든 숫자를 붙여 쓰기 때문에 상당히 길지만 네 자리씩 끊어 읽으면 된다.
>
> 하지만 어렵사리 만든 W-K 암호는 결국 쓰이지 못했다. 작전 준비가 한창이던 1945년 8월 일본이 갑자기 항복했기 때문이다. 이 암호에 대한 기록은 비밀에 부쳐져 미국 국가기록원에 소장되었다가 1988년 비밀이 해제되어 세상에 알려졌다.

※ W-K 암호체계에서 자음의 순서는 ㄱ, ㄴ, ㄷ, ㄹ, ㅁ, ㅂ, ㅅ, ㅇ, ㅈ, ㅊ, ㅋ, ㅌ, ㅍ, ㅎ, ㄲ, ㄸ, ㅃ, ㅆ, ㅉ 이고, 모음의 순서는 ㅏ, ㅑ, ㅓ, ㅕ, ㅗ, ㅛ, ㅜ, ㅠ, ㅡ, ㅣ, ㅐ, ㅒ, ㅔ, ㅖ, ㅘ, ㅙ, ㅚ, ㅝ, ㅞ, ㅟ, ㅢ 이다.

## 문 23. 윗글을 근거로 판단할 때, 〈보기〉에서 옳은 것만을 모두 고르면?

┤ 보 기 ├

ㄱ. 김우전 선생은 일본군에 징병되었을 때 무전통신을 위해 W-K 암호를 만들었다.

ㄴ. W-K 암호체계에서 한글 단어를 변환한 암호문의 자릿수는 4의 배수이다.

ㄷ. W-K 암호체계에서 '183000152400'은 한글 단어로 해독될 수 없다.

ㄹ. W-K 암호체계에서 한글 '궤'는 '11363239'로 변환된다.

① ㄱ, ㄴ            ② ㄴ, ㄷ

③ ㄷ, ㄹ            ④ ㄱ, ㄴ, ㄹ

⑤ ㄱ, ㄷ, ㄹ

─┤ 조 건 ├─

숫자와 기호를 표현하기 위하여 W-K 암호체계에 다음의 규칙이 추가되었다.

・1 ~ 9의 숫자는 차례대로 '51 ~ 59', 0은 '60'으로 변환하고, 끝에 '00'을 붙여 네 자리로 표시한다.

・온점(.)은 '70', 가운뎃점( · )은 '80', 느낌표(!)는 '66', 물음표(?)는 '77'로 변환하고, 끝에 '00'을 붙여 네 자리로 표시한다.

① 53008000510018360012133400186600
② 53008000510018360012133500186600
③ 53007000510018360012133400187700
④ 5370005118360012133400176600
⑤ 5380005118360012133500177700

문 25. 다음 글과 〈대화〉를 근거로 판단할 때, 乙 ~ 丁의 소속 과와 과 총원을 옳게 짝지은 것은?

- A부서는 제1과부터 제4과까지 4개 과, 총 35명으로 구성되어 있다.
- A부서 각 과 총원은 과장 1명을 포함하여 7명 이상이며, 그 수가 모두 다르다.
- A부서에 '부여'된 내선번호는 7001번부터 7045번이다.
- 제1과 ~ 제4과 순서대로 연속된 오름차순의 내선번호가 부여되는데, 각 과에는 해당 과 총원 이상의 내선번호가 부여된다.
- 모든 직원은 소속 과 내선번호 중 서로 다른 번호 하나를 각자 '배정'받는다.
- 각 과 과장에게 배정된 내선번호는 해당 과에 부여된 내선번호 중에 제일 앞선다.
- 甲 ~ 丁은 모두 A부서의 서로 다른 과 소속이다.

---

┤ 대 화 ├

甲: 홈페이지에 내선번호 알림을 새로 해야겠네요. 저희 과는 9명이고, 부여된 내선번호는 7016 ~ 7024번입니다.

乙: 甲주무관님 과는 총원과 내선번호 개수가 같네요. 저희 과 총원이 제일 많은데, 내선번호는 그보다 4개 더 있어요.

丙: 저희 과는 총원보다 내선번호가 3개 더 많아요. 아, 丁주무관님! 제 내선번호는 7034번이고, 저희 과장님 내선번호는 7025번이에요.

丁: 저희 과장님 내선번호 끝자리와 丙주무관님 과의 과장님 내선번호 끝자리가 동일하네요.

|  | 직원 | 소속 과 | 과 총원 |
|---|---|---|---|
| ① | 乙 | 제1과 | 10명 |
| ② | 乙 | 제4과 | 11명 |
| ③ | 丙 | 제3과 | 8명 |
| ④ | 丁 | 제1과 | 7명 |
| ⑤ | 丁 | 제4과 | 8명 |

# 2020년 7급 PSAT 모의평가 상황판단 영역 정답

| 문 번 | 정 답 | 오답 체크 | 풀이 시간 |
|:---:|:---:|:---:|:---:|
| 1 | ④ | | 분    초 |
| 2 | ⑤ | | 분    초 |
| 3 | ⑤ | | 분    초 |
| 4 | ⑤ | | 분    초 |
| 5 | ③ | | 분    초 |
| 6 | ② | | 분    초 |
| 7 | ① | | 분    초 |
| 8 | ③ | | 분    초 |
| 9 | ④ | | 분    초 |
| 10 | ④ | | 분    초 |
| 11 | ② | | 분    초 |
| 12 | ⑤ | | 분    초 |
| 13 | ② | | 분    초 |
| 14 | ④ | | 분    초 |
| 15 | ③ | | 분    초 |
| 16 | ③ | | 분    초 |
| 17 | ⑤ | | 분    초 |
| 18 | ② | | 분    초 |
| 19 | ① | | 분    초 |
| 20 | ③ | | 분    초 |
| 21 | ③ | | 분    초 |
| 22 | ① | | 분    초 |
| 23 | ② | | 분    초 |
| 24 | ① | | 분    초 |
| 25 | ⑤ | | 분    초 |

# 2 2021년 7급 공채 PSAT 기출문제　　　　　　(제한시간: 60분)

## 문 1. 다음 글과 〈상황〉을 근거로 판단할 때 옳은 것은?

> 제00조 ① 다음 각 호의 어느 하나에 해당하는 사람은 주민등록지의 시장(특별시장·광역시장은 제외하고 특별자치도지사는 포함한다. 이하 같다)·군수 또는 구청장에게 주민등록번호(이하 '번호'라 한다)의 변경을 신청할 수 있다.
>
> 1. 유출된 번호로 인하여 생명·신체에 위해를 입거나 입을 우려가 있다고 인정되는 사람
>
> 2. 유출된 번호로 인하여 재산에 피해를 입거나 입을 우려가 있다고 인정되는 사람
>
> 3. 성폭력피해자, 성매매피해자, 가정폭력피해자로서 유출된 번호로 인하여 피해를 입거나 입을 우려가 있다고 인정되는 사람
>
> ② 제1항의 신청 또는 제5항의 이의신청을 받은 주민등록지의 시장·군수·구청장(이하 '시장 등'이라 한다)은 ○○부의 주민등록번호변경위원회(이하 '변경위원회'라 한다)에 번호변경 여부에 관한 결정을 청구해야 한다.
>
> ③ 주민등록지의 시장 등은 변경위원회로부터 번호변경 인용결정을 통보받은 경우에는 신청인의 번호를 다음 각 호의 기준에 따라 지체 없이 변경하고 이를 신청인에게 통지해야 한다.
>
> 1. 번호의 앞 6자리(생년월일) 및 뒤 7자리 중 첫째 자리는 변경할 수 없음
>
> 2. 제1호 이외의 나머지 6자리는 임의의 숫자로 변경함
>
> ④ 제3항의 번호변경 통지를 받은 신청인은 주민등록증, 운전면허증, 여권, 장애인등록증 등에 기재된 번호의 변경을 위해서는 그 번호의 변경을 신청해야 한다.
>
> ⑤ 주민등록지의 시장 등은 변경위원회로부터 번호변경 기각결정을 통보받은 경우에는 그 사실을 신청인에게 통지해야 하며, 신청인은 통지를 받은 날부터 30일 이내에 그 시장 등에게 이의신청을 할 수 있다.

─── 상 황 ───

甲은 주민등록번호 유출로 인해 재산상 피해를 입게 되자 주민등록번호 변경신청을 하였다. 甲의 주민등록지는 A광역시 B구이고, 주민등록번호는 980101-23456□□이다.

① A광역시장이 주민등록번호변경위원회에 甲의 주민등록번호 변경 여부에 관한 결정을 청구해야 한다.

② 주민등록번호변경위원회는 번호변경 인용결정을 하면서 甲주민등록번호를 다른 번호로 변경할 수 있다.

③ 주민등록번호변경위원회의 번호변경 인용결정이 있는 경우, 甲의 주민등록번호는 980101-45678□□으로 변경될 수 있다.

④ 甲의 주민등록번호가 변경된 경우, 甲이 운전면허증에 기재된 주민등록번호를 변경하기 위해서는 변경신청을 해야 한다.

⑤ 甲은 번호변경 기각결정을 통지받은 날부터 30일 이내에 주민등록번호변경위원회에 이의신청을 할 수 있다.

**다음 글을 근거로 판단할 때 옳은 것은?**

> 제00조 ① 각 중앙관서의 장은 그 소관 물품관리에 관한 사무를 소속 공무원에게 위임할 수 있고, 필요하면 다른 중앙관서의 소속 공무원에게 위임할 수 있다.
> ② 제1항에 따라 각 중앙관서의 장으로부터 물품관리에 관한 사무를 위임받은 공무원을 물품관리관이라 한다.
> 제00조 ① 물품관리관은 물품수급관리계획에 정하여진 물품에 대하여는 그 계획의 범위에서, 그 밖의 물품에 대하여는 필요할 때마다 계약담당공무원에게 물품의 취득에 관한 필요한 조치를 할 것을 청구하여야 한다.
> ② 계약담당공무원은 제1항에 따른 청구가 있으면 예산의 범위에서 해당 물품을 취득하기 위한 필요한 조치를 하여야 한다.
> 제00조 물품은 국가의 시설에 보관하여야 한다. 다만 물품관리관이 국가의 시설에 보관하는 것이 물품의 사용이나 처분에 부적당하다고 인정하거나 그 밖에 특별한 사유가 있으면 국가 외의 자의 시설에 보관할 수 있다.
> 제00조 ① 물품관리관은 물품을 출납하게 하려면 물품출납공무원에게 출납하여야 할 물품의 분류를 명백히 하여 그 출납을 명하여야 한다.
> ② 물품출납공무원은 제1항에 따른 명령이 없으면 물품을 출납할 수 없다.
> 제00조 ① 물품출납공무원은 보관 중인 물품 중 사용할 수 없거나 수선 또는 개조가 필요한 물품이 있다고 인정하면 그 사실을 물품관리관에게 보고하여야 한다.
> ② 물품관리관은 제1항에 따른 보고에 의하여 수선이나 개조가 필요한 물품이 있다고 인정하면 계약담당공무원이나 그 밖의 관계 공무원에게 그 수선이나 개조를 위한 필요한 조치를 할 것을 청구하여야 한다.

① 물품출납공무원은 물품관리관의 명령이 없으면 자신의 재량으로 물품을 출납할 수 없다.

② A중앙관서의 장이 그 소관 물품관리에 관한 사무를 위임하고자 할 경우, B중앙관서의 소속 공무원에게는 위임할 수 없다.

③ 계약담당공무원은 물품을 국가의 시설에 보관하는 것이 그 사용이나 처분에 부적당하다고 인정하는 경우, 그 물품을 국가 외의 자의 시설에 보관할 수 있다.

④ 물품수급관리계획에 정해진 물품 이외의 물품이 필요한 경우, 물품관리관은 필요할 때마다 물품출납공무원에게 물품의 취득에 관한 필요한 조치를 할 것을 청구해야 한다.

⑤ 물품출납공무원은 보관 중인 물품 중 수선이 필요한 물품이 있다고 인정하는 경우, 계약담당공무원에게 수선에 필요한 조치를 할 것을 청구해야 한다.

## 문 3. 다음 글을 근거로 판단할 때 옳은 것은?

> 제○○조 ① 누구든지 법률에 의하지 아니하고는 우편물의 검열·전기통신의 감청 또는 통신사실확인자료의 제공을 하거나 공개되지 아니한 타인 상호간의 대화를 녹음 또는 청취하지 못한다.
> ② 다음 각 호의 어느 하나에 해당하는 자는 1년 이상 10년 이하의 징역과 5년 이하의 자격정지에 처한다.
> 1. 제1항에 위반하여 우편물의 검열 또는 전기통신의 감청을 하거나 공개되지 아니한 타인 상호간의 대화를 녹음 또는 청취한 자
> 2. 제1호에 따라 알게 된 통신 또는 대화의 내용을 공개하거나 누설한 자
> ③ 누구든지 단말기기 고유번호를 제공하거나 제공받아서는 안 된다. 다만 이동전화단말기 제조업체 또는 이동통신사업자가 단말기의 개통처리 및 수리 등 정당한 업무의 이행을 위하여 제공하거나 제공받는 경우에는 그러하지 아니하다.
> ④ 제3항을 위반하여 단말기기 고유번호를 제공하거나 제공받은 자는 3년 이하의 징역 또는 1천만원 이하의 벌금에 처한다.
> 제□□조 제○○조의 규정에 위반하여, 불법검열에 의하여 취득한 우편물이나 그 내용, 불법감청에 의하여 지득(知得) 또는 채록(採錄)된 전기통신의 내용, 공개되지 아니한 타인 상호간의 대화를 녹음 또는 청취한 내용은 재판 또는 징계절차에서 증거로 사용할 수 없다.

① 甲이 불법검열에 의하여 취득한 乙의 우편물은 징계절차에서 증거로 사용할 수 있다.

② 甲이 乙과 정책용역을 수행하면서 乙과의 대화를 녹음한 내용은 재판에서 증거로 사용할 수 없다.

③ 甲이 乙과 丙 사이의 공개되지 않은 대화를 녹음하여 공개한 경우, 1천만원의 벌금에 처해질 수 있다.

④ 이동통신사업자 甲이 乙의 단말기를 개통하기 위하여 단말기기 고유번호를 제공받은 경우, 1년의 징역에 처해질 수 있다.

⑤ 甲이 乙과 丙 사이의 우편물을 불법으로 검열한 경우, 2년의 징역과 3년의 자격정지에 처해질 수 있다.

문 4. 다음 글과 〈지원대상 후보 현황〉을 근거로 판단할 때, 기업 F가 받는 지원금은?

□□부는 2021년도 중소기업 광고비 지원사업 예산 6억원을 기업에 지원하려 하며, 지원대상 선정 및 지원금 산정 방법은 다음과 같다.
· 2020년도 총매출이 500억원 미만인 기업만 지원하며, 우선 지원대상 사업분야는 백신, 비대면, 인공지능이다.
· 우선 지원대상 사업분야 내 또는 우선 지원대상이 아닌 사업분야 내에서는 '소요 광고비 × 2020년도 총매출'이 작은 기업부터 먼저 선정한다.
· 지원금 상한액은 1억 2,000만원이나, 해당 기업의 2020년도 총매출이 100억원 이하인 경우 상한액의 2배까지 지원할 수 있다. 단, 지원금은 소요 광고비의 2분의 1을 초과할 수 없다.
· 위의 지원금 산정 방법에 따라 예산 범위 내에서 지급 가능한 최대 금액을 예산이 소진될 때까지 지원대상 기업에 순차로 배정한다.

┌─ 지원대상 후보 현황 ─┐

| 기업 | 2020년도<br>총매출(억원) | 소요 광고비<br>(억원) | 사업분야 |
|---|---|---|---|
| A | 600 | 1 | 백신 |
| B | 500 | 2 | 비대면 |
| C | 400 | 3 | 농산물 |
| D | 300 | 4 | 인공지능 |
| E | 200 | 5 | 비대면 |
| F | 100 | 6 | 의류 |
| G | 30 | 4 | 백신 |

① 없음
② 8,000만원
③ 1억 2,000만원
④ 1억 6,000만원
⑤ 2억 4,000만원

문 5. 다음 글의 ⊙과 ⓒ에 해당하는 수를 옳게 짝지은 것은?

> 甲담당관: 우리 부서 전 직원 57명으로 구성되는 혁신조직을 출범시켰으면 합니다.
>
> 乙주무관: 조직은 어떻게 구성할까요?
>
> 甲담당관: 5∼7명으로 구성된 10개의 소조직을 만들되, 5명, 6명, 7명 소조직이 각각 하나 이상 있었으면 합니다. 단, 각 직원은 하나의 소조직에만 소속되어야 합니다.
>
> 乙주무관: 그렇게 할 경우 5명으로 구성되는 소조직은 최소 ( ⊙ )개, 최대 ( ⓒ )개가 가능합니다.

|   | ⊙ | ⓒ |
|---|---|---|
| ① | 1 | 5 |
| ② | 3 | 5 |
| ③ | 3 | 6 |
| ④ | 4 | 6 |
| ⑤ | 4 | 7 |

문 6. 다음 글을 근거로 판단할 때, 甲이 통합력에 투입해야 하는 노력의 최솟값은?

> • 업무역량은 기획력, 창의력, 추진력, 통합력의 4가지 부문으로 나뉜다.
> • 부문별 업무역량 값을 수식으로 나타내면 다음과 같다.
>
> > **부문별 업무역량 값**
> > = (해당 업무역량 재능 × 4) + (해당 업무역량 노력 × 3)
> > ※ 재능과 노력의 값은 음이 아닌 정수이다.
>
> • 甲의 부문별 업무역량의 재능은 다음과 같다.
>
> | 기획력 | 창의력 | 추진력 | 통합력 |
> |---|---|---|---|
> | 90 | 100 | 110 | 60 |
>
> • 甲은 통합력의 업무역량 값을 다른 어떤 부문의 값보다 크게 만들고자 한다. 단, 甲이 투입 가능한 노력은 총 100이며 甲은 가능한 노력을 남김없이 투입한다.

① 67  ② 68

③ 69  ④ 70

⑤ 71

문 7. 다음 글을 근거로 판단할 때, 마지막에 송편을 먹었다면 그 직전에 먹은 떡은?

> 원 쟁반의 둘레를 따라 쑥떡, 인절미, 송편, 무지개떡, 팥떡, 호박떡이 순서대로 한 개씩 시계방향으로 놓여 있다. 이 떡을 먹는 순서는 다음과 같은 규칙에 따른다. 특정한 떡을 시작점(첫 번째)으로 하여 시계방향으로 떡을 세다가 여섯 번째에 해당하는 떡을 먹는다. 떡을 먹고 나면 시계방향으로 이어지는 바로 다음 떡이 새로운 시작점이 된다. 이 과정을 반복하여 떡이 한 개 남게 되면 마지막으로 그 떡을 먹는다.

① 무지개떡  
③ 인절미  
⑤ 호박떡

② 쑥떡  
④ 팥떡

문 8. 다음 글을 근거로 판단할 때, 甲이 구매하려는 두 상품의 무게로 옳은 것은?

> ○○마트에서는 쌀 상품 A~D를 판매하고 있다. 상품 무게는 A가 가장 무겁고, B, C, D 순서대로 무게가 가볍다. 무게 측정을 위해 서로 다른 두 상품을 저울에 올린 결과, 각각 35kg, 39kg, 44kg, 45kg, 50kg, 54kg으로 측정되었다. 甲은 가장 무거운 상품과 가장 가벼운 상품을 제외하고 두 상품을 구매하기로 하였다.

※ 상품 무게(kg)의 값은 정수이다.

① 19kg, 25kg  
③ 20kg, 24kg  
⑤ 22kg, 26kg

② 19kg, 26kg  
④ 21kg, 25kg

**문 9.** 다음 글을 근거로 판단할 때, A 괘종시계가 11시 정각을 알리기 위한 마지막 종을 치는 시각은?

> A 괘종시계는 매시 정각을 알리기 위해 매시 정각부터 일정한 시간 간격으로 해당 시의 수만큼 종을 친다. 예를 들어 7시 정각을 알리기 위해서는 7시 정각에 첫 종을 치기 시작하여 일정한 시간 간격으로 총 7번의 종을 치는 것이다. 이 괘종시계가 정각을 알리기 위해 2번 이상 종을 칠 때, 종을 치는 시간 간격은 몇 시 정각을 알리기 위한 것이든 동일하다. A 괘종시계가 6시 정각을 알리기 위한 마지막 6번째 종을 치는 시각은 6시 6초이다.

① 11시 11초  ② 11시 12초
③ 11시 13초  ④ 11시 14초
⑤ 11시 15초

**문 10.** 다음 글을 근거로 판단할 때, 현재 시점에서 두 번째로 많은 양의 일을 한 사람은?

> A부서 주무관 5명(甲 ~ 戊)은 오늘 해야 하는 일의 양이 같다. 오늘 업무 개시 후 현재까지 한 일을 비교해 보면 다음과 같다.
> 甲은 丙이 아직 하지 못한 일의 절반에 해당하는 양의 일을 했다. 乙은 丁이 남겨 놓고 있는 일의 2배에 해당하는 양의 일을 했다. 丙은 자신이 현재까지 했던 일의 절반에 해당하는 일을 남겨 놓고 있다. 丁은 甲이 남겨 놓고 있는 일과 동일한 양의 일을 했다. 戊는 乙이 남겨 놓은 일의 절반에 해당하는 양의 일을 했다.

① 甲  ② 乙
③ 丙  ④ 丁
⑤ 戊

다음 글과 〈대화〉를 근거로 판단할 때, 丙이 받을 수 있는 최대 성과점수는?

- A과는 과장 1명과 주무관 4명(甲 ~ 丁)으로 구성되어 있으며, 주무관의 직급은 甲이 가장 높고, 乙, 丙, 丁 순으로 낮아진다.
- A과는 프로젝트를 성공적으로 마친 보상으로 성과점수 30점을 부여받았다. 과장은 A과에 부여된 30점을 자신을 제외한 주무관들에게 분배할 계획을 세우고 있다.
- 과장은 주무관들의 요구를 모두 반영하여 성과점수를 분배하려 한다.
- 주무관들이 받는 성과점수는 모두 다른 자연수이다.

─────────────── 대 화 ───────────────

甲: 과장님이 주시는 대로 받아야죠. 아! 그렇지만 丁보다는 제가 높아야 합니다.
乙: 이번 프로젝트 성공에는 제가 가장 큰 기여를 했으니, 제가 가장 높은 성과점수를 받아야 합니다.
丙: 기여도를 고려했을 때, 제 경우에는 상급자보다는 낮게 받고 하급자보다는 높게 받아야 합니다.
丁: 저는 내년 승진에 필요한 최소 성과점수인 4점만 받겠습니다.

① 6  ② 7
③ 8  ④ 9
⑤ 10

**문 12.** 다음 글을 근거로 판단할 때, 아기 돼지 삼형제와 각각의 집을 옳게 짝지은 것은?

- 아기 돼지 삼형제는 엄마 돼지로부터 독립하여 벽돌집, 나무집, 지푸라기집 중 각각 다른 한 채씩 선택하여 짓는다.
- 벽돌집을 지을 때에는 벽돌만 필요하지만, 나무집은 나무와 지지대가, 지푸라기집은 지푸라기와 지지대가 재료로 필요하다. 지지대에 소요되는 비용은 집의 면적과 상관없이 나무집의 경우 20만원, 지푸라기집의 경우 5만원이다.
- 재료의 1개당 가격 및 집의 면적 $1m^2$당 필요 개수는 아래와 같다.

| 구 분 | 벽돌 | 나무 | 지푸라기 |
|---|---|---|---|
| 1개당 가격(원) | 6,000 | 3,000 | 1,000 |
| $1m^2$당 필요 개수 | 15 | 20 | 30 |

- 첫째 돼지 집의 면적은 둘째 돼지 집의 2배이고, 셋째 돼지 집의 3배이다. 삼형제 집의 면적의 총합은 $11m^2$이다.
- 모두 집을 짓고 나니, 둘째 돼지 집을 짓는 재료비용이 가장 많이 들었다.

|   | 첫째 | 둘째 | 셋째 |
|---|---|---|---|
| ① | 벽돌집 | 나무집 | 지푸라기집 |
| ② | 벽돌집 | 지푸라기집 | 나무집 |
| ③ | 나무집 | 벽돌집 | 지푸라기집 |
| ④ | 지푸라기집 | 벽돌집 | 나무집 |
| ⑤ | 지푸라기집 | 나무집 | 벽돌집 |

다음 〈A기관 특허대리인 보수 지급 기준〉과 〈상황〉을 근거로 판단할 때, 甲과 乙이 지급받는 보수의 차이는?

---

**── A기관 특허대리인 보수 지급 기준 ──**

- A기관은 특허출원을 특허대리인(이하 '대리인')에게 의뢰하고, 이에 따라 특허출원 건을 수임한 대리인에게 보수를 지급한다.
- 보수는 착수금과 사례금의 합이다.
- 착수금은 대리인이 작성한 출원서의 내용에 따라 〈착수금 산정 기준〉의 세부항목을 합산하여 산정한다. (단, 세부항목을 합산한 금액이 140만원을 초과할 경우 착수금은 140만원으로 한다.)

〈착수금 산정 기준〉

| 세부항목 | 금액(원) |
|---|---|
| 기본료 | 1,200,000 |
| 독립항 1개 초과분(1개당) | 100,000 |
| 종속항(1개당) | 35,000 |
| 명세서 20면 초과분(1면당) | 9,000 |
| 도면(1도당) | 15,000 |

※ 독립항 1개 또는 명세서 20면 이하는 해당 항목에 대한 착수금을 산정하지 않는다.

- 사례금은 출원한 특허가 '등록결정'된 경우 착수금과 동일한 금액으로 지급하고, '거절결정'된 경우 0원으로 한다.

---

**── 상 황 ──**

- 특허대리인 甲과 乙은 A기관이 의뢰한 특허출원을 각각 1건씩 수임하였다.
- 甲은 독립항 1개, 종속항 2개, 명세서 14면, 도면 3도로 출원서를 작성하여 특허를 출원하였고, '등록결정' 되었다.
- 乙은 독립항 5개, 종속항 16개, 명세서 50면, 도면 12도로 출원서를 작성하여 특허를 출원하였고, '거절결 정'되었다.

---

① 2만원
② 8만 5천원
③ 123만원
④ 129만 5천원
⑤ 259만원

**문 14.** 다음 글과 〈상황〉을 근거로 판단할 때, 〈보기〉에서 옳은 것만을 모두 고르면?

> ㅁㅁ부서는 매년 △△사업에 대해 사업자 자격 요건 재허가 심사를 실시한다.
> - 기본심사 점수에서 감점 점수를 뺀 최종심사 점수가 70점 이상이면 '재허가', 60점 이상 70점 미만이면 '허가 정지', 60점 미만이면 '허가 취소'로 판정한다.
>   - 기본심사 점수: 100점 만점으로, ㉮ ~ ㉱의 4가지 항목(각 25점 만점) 점수의 합으로 한다. 단, 점수는 자연수이다.
>   - 감점 점수: 과태료 부과의 경우 1회당 2점, 제재 조치의 경우 경고 1회당 3점, 주의 1회당 1.5점, 권고 1회당 0.5점으로 한다.

───────── 상 황 ─────────

2020년 사업자 A ~ C의 기본심사 점수 및 감점 사항은 아래와 같다.

| 사업자 | 기본심사 항목별 점수 | | | |
|---|---|---|---|---|
| | ㉮ | ㉯ | ㉰ | ㉱ |
| A | 20 | 23 | 17 | ? |
| B | 18 | 21 | 18 | ? |
| C | 23 | 18 | 21 | 16 |

| 사업자 | 과태료 부과횟수 | 제재 조치 횟수 | | |
|---|---|---|---|---|
| | | 경고 | 주의 | 권고 |
| A | 3 | – | – | 6 |
| B | 5 | – | 3 | 2 |
| C | 4 | 1 | 2 | – |

───────── 보 기 ─────────

ㄱ. A의 ㉱ 항목 점수가 15점이라면 A는 재허가를 받을 수 있다.
ㄴ. B의 허가가 취소되지 않으려면 B의 ㉱ 항목 점수가 19점 이상이어야 한다.
ㄷ. C가 2020년에 과태료를 부과받은 적이 없다면 판정 결과가 달라진다.
ㄹ. 기본심사 점수와 최종심사 점수 간의 차이가 가장 큰 사업자는 C이다.

① ㄱ      ② ㄴ
③ ㄱ, ㄴ      ④ ㄴ, ㄷ
⑤ ㄷ, ㄹ

**다음 글과 〈상황〉을 근거로 판단할 때, 수질검사빈도와 수질기준을 둘 다 충족한 검사지점만을 모두 고르면?**

□□법 제00조(수질검사빈도와 수질기준) ① 기초자치단체의 장인 시장·군수·구청장은 다음 각 호의 구분에 따라 지방상수도의 수질검사를 실시하여야 한다.
1. 정수장에서의 검사
  가. 냄새, 맛, 색도, 탁도(濁度), 잔류염소에 관한 검사: 매일 1회 이상
  나. 일반세균, 대장균, 암모니아성 질소, 질산성 질소, 과망간산칼륨 소비량 및 증발잔류물에 관한 검사: 매주 1회 이상
    단, 일반세균, 대장균을 제외한 항목 중 지난 1년간 검사를 실시한 결과, 수질기준의 10퍼센트를 초과한 적이 없는 항목에 대하여는 매월 1회 이상
2. 수도꼭지에서의 검사
  가. 일반세균, 대장균, 잔류염소에 관한 검사: 매월 1회 이상
  나. 정수장별 수도관 노후지역에 대한 일반세균, 대장균, 암모니아성 질소, 동, 아연, 철, 망간, 잔류염소에 관한 검사: 매월 1회 이상
3. 수돗물 급수과정별 시설(배수지 등)에서의 검사
  일반세균, 대장균, 암모니아성 질소, 동, 수소이온 농도, 아연, 철, 잔류염소에 관한 검사: 매 분기 1회 이상
② 수질기준은 아래와 같다.

| 항목 | 기준 | 항목 | 기준 |
|---|---|---|---|
| 대장균 | 불검출/100 mL | 일반세균 | 100 CFU/mL 이하 |
| 잔류염소 | 4 mg/L 이하 | 질산성 질소 | 10 mg/L 이하 |

── 상 황 ──

甲시장은 □□법 제00조에 따라 수질검사를 실시하고 있다. 甲시 관할의 검사지점(A ~ E)은 이전 검사에서 매번 수질기준을 충족하였고, 이번 수질검사에서 아래와 같은 결과를 보였다.

| 검사지점 | 검사대상 | 검사결과 | 검사빈도 |
|---|---|---|---|
| 정수장 A | 잔류염소 | 2 mg/L | 매일 1회 |
| 정수장 B | 질산성 질소 | 11 mg/L | 매일 1회 |
| 정수장 C | 일반세균 | 70 CFU/mL | 매월 1회 |
| 수도꼭지 D | 대장균 | 불검출/100 mL | 매주 1회 |
| 배수지 E | 잔류염소 | 2 mg/L | 매주 1회 |

※ 제시된 검사대상 외의 수질검사빈도와 수질기준은 모두 충족한 것으로 본다.

① A, D
② B, D
③ A, D, E
④ A, B, C, E
⑤ A, C, D, E

문 16. 다음 글과 〈상황〉을 근거로 판단할 때 옳은 것은?

> • 민원의 종류
>  법정민원(인가·허가 등을 신청하거나 사실·법률관계에 관한 확인 또는 증명을 신청하는 민원), 질의민원(법령·제도 등에 관하여 행정기관의 설명·해석을 요구하는 민원), 건의민원(행정제도의 개선을 요구하는 민원), 기타민원(그 외 상담·설명 요구, 불편 해결을 요구하는 민원)으로 구분함
> • 민원의 신청
>  문서(전자문서를 포함, 이하 같음)로 해야 하나, 기타민원은 구술 또는 전화로 가능함
> • 민원의 접수
>  민원실에서 접수하고, 접수증을 교부하여야 함(단, 기타민원, 우편 및 전자문서로 신청한 민원은 접수증 교부를 생략할 수 있음)
> • 민원의 이송
>  접수한 민원이 다른 행정기관의 소관인 경우, 접수된 민원문서를 지체 없이 소관 기관에 이송하여야 함
> • 처리결과의 통지
>  접수된 민원에 대한 처리결과를 민원인에게 문서로 통지하여야 함(단, 기타민원의 경우와 통지에 신속을 요하거나 민원인이 요청하는 경우, 구술 또는 전화로 통지할 수 있음)
> • 반복 및 중복 민원의 처리
>  민원인이 동일한 내용의 민원(법정민원 제외)을 정당한 사유 없이 3회 이상 반복하여 제출한 경우, 2회 이상 그 처리결과를 통지하였다면 그 후 접수되는 민원에 대하여는 바로 종결 처리할 수 있음

─── 상 황 ───

> • 甲은 인근 공사장 소음으로 인한 불편 해결을 요구하는 민원을 A시에 제기하려고 한다.
> • 乙은 자신의 영업허가를 신청하는 민원을 A시에 제기하려고 한다.

① 甲은 구술 또는 전화로 민원을 신청할 수 없다.
② 乙은 전자문서로 민원을 신청할 수 없다.
③ 甲이 신청한 민원이 다른 행정기관 소관 사항인 경우라도, A시는 해당 민원을 이송 없이 처리할 수 있다.
④ A시는 甲이 신청한 민원에 대한 처리결과를 전화로 통지할 수 있다.
⑤ 乙이 동일한 내용의 민원을 이미 2번 제출하여 처리결과를 통지받았으나 정당한 사유 없이 다시 신청한 경우, A시는 해당 민원을 바로 종결 처리할 수 있다.

문 17. 다음 글과 〈상황〉을 근거로 판단할 때 옳지 않은 것은?

제00조 ① 건축물을 건축하거나 대수선하려는 자는 특별자치시장·특별자치도지사 또는 시장·군수·구청장의 허가를 받아야 한다. 다만 21층 이상의 건축물이나 연면적 합계 10만 제곱미터 이상인 건축물을 특별시나 광역시에 건축하려면 특별시장이나 광역시장의 허가를 받아야 한다.

② 허가권자는 제1항에 따른 허가를 받은 자가 다음 각 호의 어느 하나에 해당하면 허가를 취소하여야 한다. 다만 제1호에 해당하는 경우로서 정당한 사유가 있다고 인정되면 1년의 범위에서 공사의 착수기간을 연장할 수 있다.

    1. 허가를 받은 날부터 2년 이내에 공사에 착수하지 아니한 경우

    2. 제1호의 기간 이내에 공사에 착수하였으나 공사의 완료가 불가능하다고 인정되는 경우

제00조 ① ○○부 장관은 국토관리를 위하여 특히 필요하다고 인정하거나 주무부장관이 국방, 문화재보존, 환경보전 또는 국민경제를 위하여 특히 필요하다고 인정하여 요청하면 허가권자의 건축허가나 허가를 받은 건축물의 착공을 제한할 수 있다.

② 특별시장·광역시장·도지사(이하 '시·도지사'라 한다)는 지역계획이나 도시·군계획에 특히 필요하다고 인정하면 시장·군수·구청장의 건축허가나 허가를 받은 건축물의 착공을 제한할 수 있다.

③ ○○부 장관이나 시·도지사는 제1항이나 제2항에 따라 건축허가나 건축허가를 받은 건축물의 착공을 제한하려는 경우에는 주민의견을 청취한 후 건축위원회의 심의를 거쳐야 한다.

④ 제1항이나 제2항에 따라 건축허가나 건축물의 착공을 제한하는 경우 제한기간은 2년 이내로 한다. 다만 1회에 한하여 1년 이내의 범위에서 제한기간을 연장할 수 있다.

─ 상 황 ─

甲은 20층의 연면적 합계 5만 제곱미터인 건축물을, 乙은 연면적 합계 15만 제곱미터인 건축물을 각각 A광역시 B구에 신축하려고 한다.

① 甲은 B구청장에게 건축허가를 받아야 한다.

② 甲이 건축허가를 받은 경우에도 A광역시장은 지역계획에 특히 필요하다고 인정하면 일정한 절차를 거쳐 甲의 건축물 착공을 제한할 수 있다.

③ B구청장은 주민의견을 청취한 후 건축위원회의 심의를 거쳐 건축허가를 받은 乙의 건축물 착공을 제한할 수 있다.

④ 乙이 건축허가를 받은 날로부터 2년 이내에 정당한 사유 없이 공사에 착수하지 않은 경우, A광역시장은 건축허가를 취소하여야 한다.

⑤ 주무부장관이 문화재보존을 위하여 특히 필요하다고 인정하여 요청하는 경우, ○○부 장관은 건축허가를 받은 乙의 건축물에 대해 최대 3년간 착공을 제한할 수 있다.

**문 18. 다음 글을 근거로 판단할 때 옳지 않은 것은?**

> 제00조 ① 정보공개심의회(이하 '심의회'라 한다)는 다음 각 호의 구분에 따라 10인 이내의 위원으로 구성한다.
> 1. 내부 위원: 위원장 1인(○○실장)과 각 부서의 정보공개담당관 중 지명된 3인
> 2. 외부 위원: 관련분야 전문가 중에서 총 위원수의 3분의 1 이상 위촉
> ② 위원은 특정 성별이 다른 성별의 2분의 1 이하가 되지 않도록 한다.
> ③ 위원장을 비롯한 내부 위원의 임기는 그 직위에 재직하는 기간으로 하며, 외부 위원의 임기는 2년으로 하되 2회에 한하여 연임할 수 있다.
> ④ 심의회는 위원장이 소집하고, 회의는 위원장을 포함한 재적위원 3분의 2 이상의 출석으로 개의하고 출석위원 3분의 2 이상의 찬성으로 의결한다.
> ⑤ 위원은 부득이한 이유로 참석할 수 없는 경우에는 서면으로 의견을 제출할 수 있다. 이 경우 해당 위원은 심의회에 출석한 것으로 본다.

① 외부 위원의 최대 임기는 6년이다.

② 정보공개심의회는 최소 6명의 위원으로 구성된다.

③ 정보공개심의회 내부 위원이 모두 여성일 경우, 정보공개심의회는 7명의 위원으로 구성될 수 있다.

④ 정보공개심의회가 8명의 위원으로 구성되면, 위원 3명의 찬성으로 의결되는 경우가 있다.

⑤ 위원장을 포함한 위원 5명이 직접 출석하여 이들 모두 안건에 찬성하고, 위원 2명이 부득이한 이유로 서면으로 의견을 제출한 경우, 제출된 서면 의견에 상관없이 해당 안건은 찬성으로 의결된다.

문 19. 다음 글을 근거로 판단할 때, 〈보기〉에서 옳은 것만을 모두 고르면?

2021년에 적용되는 ○○인재개발원의 분반 허용 기준은 아래와 같다.
- 분반 허용 기준
  - 일반강의: 직전 2년 수강인원의 평균이 100명 이상이거나, 그 2년 중 1년의 수강인원이 120명 이상
  - 토론강의: 직전 2년 수강인원의 평균이 60명 이상이거나, 그 2년 중 1년의 수강인원이 80명 이상
  - 영어강의: 직전 2년 수강인원의 평균이 30명 이상이거나, 그 2년 중 1년의 수강인원이 50명 이상
  - 실습강의: 직전 2년 수강인원의 평균이 20명 이상
- 이상의 기준에도 불구하고 직전년도 강의만족도 평가점수가 90점 이상이었던 강의는 위에서 기준으로 제시한 수강인원의 90% 이상이면 분반을 허용한다.

┤ 보 기 ├

ㄱ. 2019년과 2020년의 수강인원이 각각 100명과 80명이고 2020년 강의만족도 평가점수가 85점인 일반 강의 A는 분반이 허용된다.
ㄴ. 2019년과 2020년의 수강인원이 각각 10명과 45명인 영어강의 B의 분반이 허용되지 않는다면, 2020년 강의만족도 평가점수는 90점 미만이었을 것이다.
ㄷ. 2019년 수강인원이 20명이고 2020년 강의만족도 평가점수가 92점인 실습강의 C의 분반이 허용되지 않는다면, 2020년 강의의 수강인원은 15명을 넘지 않았을 것이다.

① ㄴ
② ㄷ
③ ㄱ, ㄴ
④ ㄱ, ㄷ
⑤ ㄴ, ㄷ

문 20. 다음 글과 〈상황〉을 근거로 판단할 때, 〈사업 공모 지침 수정안〉의 밑줄 친 ㉮~㉾ 중 '관계부처 협의 결과'에 부합한 것만을 모두 고르면?

• '대학 캠퍼스 혁신파크 사업'을 담당하는 A주무관은 신청 조건과 평가지표 및 배점을 포함한 〈사업 공모 지침 수정안〉을 작성하였다. 평가지표는 I~IV의 지표와 그 하위 지표로 구성되어 있다.

┤ 사업 공모 지침 수정안 ├

㉮ □ 신청 조건

최소 1만 m² 이상의 사업부지 확보. 단, 사업부지에는 건축물이 없어야 함

□ 평가지표 및 배점

| 평가지표 | 배점 | |
| --- | --- | --- |
| | 현행 | 수정 |
| ㉯ I. 개발 타당성 | 20 | 25 |
| • 개발계획의 합리성 | 10 | 10 |
| • 관련 정부사업과의 연계가능성 | 5 | 10 |
| • 학습여건 보호 가능성 | 5 | 5 |
| ㉰ II. 대학의 사업 추진 역량과 의지 | 10 | 15 |
| • 혁신파크 입주기업 지원 방안 | 5 | 5 |
| • 사업 전담조직 및 지원체계 | 5 | 5 |
| • 대학 내 주체 간 합의 정도 | – | 5 |
| ㉱ III. 기업 유치 가능성 | 10 | 10 |
| • 기업의 참여 가능성 | 7 | 3 |
| • 참여 기업의 재무건전성 | 3 | 7 |
| ㉲ IV. 시범사업 조기 활성화 가능성 | 10 | 삭제 |
| • 대학 내 주체 간 합의 정도 | 5 | 이동 |
| • 부지 조기 확보 가능성 | 5 | 삭제 |
| 합계 | 50 | 50 |

┤ 상 황 ├

A주무관은 〈사업 공모 지침 수정안〉을 작성한 후 뒤늦게 '관계부처 협의 결과'를 전달받았다. 그 내용은 다음과 같다.

• 대학이 부지를 확보하는 것이 쉽지 않으므로 신청 사업부지 안에 건축물이 포함되어 있어도 신청 허용
• 도시재생뉴딜사업, 창업선도대학 등 '관련 정부사업과의 연계가능성' 평가비중 확대
• 시범사업 기간이 종료되었으므로 시범사업 조기 활성화와 관련된 평가지표를 삭제하되 '대학 내 주체 간 합의 정도'는 타 지표로 이동하여 계속 평가
• 논의된 내용 이외의 하위 지표의 항목과 배점은 사업의 안정성을 위해 현행 유지

① ㉮, ㉯      ② ㉮, ㉱

③ ㉯, ㉱      ④ ㉰, ㉲

⑤ ㉯, ㉰, ㉲

**다음 글과 〈대화〉를 근거로 판단할 때, ㉠에 들어갈 丙의 대화내용으로 옳은 것은?**

---

주무관 丁은 다음과 같은 사실을 알고 있다.

• 이번 주 개업한 A식당은 평일 '점심(12시)'과 '저녁(18시)'으로만 구분해 운영되며, 해당 시각 이전에 예약할 수 있다.

• 주무관 甲 ~ 丙은 A식당에 이번 주 월요일부터 수요일까지 서로 겹치지 않게 예약하고 각자 한 번씩 다녀왔다.

---

───┤ 대 화 ├───

甲: 나는 이번 주 乙의 방문후기를 보고 예약했어. 음식이 정말 훌륭하더라!

乙: 그렇지? 나도 나중에 들었는데 丙은 점심 할인도 받았대. 나도 다음에는 점심에 가야겠어.

丙: 월요일은 개업일이라 사람이 많을 것 같아서 피했어.

┌──────────────────────────────────────┐
│                    ㉠                    │
└──────────────────────────────────────┘

丁: 너희 모두의 말을 다 들어보니, 각자 식당에 언제 갔는지를 정확하게 알겠다!

---

① 乙이 다녀온 바로 다음날 점심을 먹었지.

② 甲이 먼저 점심 할인을 받고 나에게 알려준 거야.

③ 甲이 우리 중 가장 늦게 갔었구나.

④ 월요일에 갔던 사람은 아무도 없구나.

⑤ 같이 가려고 했더니 이미 다들 먼저 다녀왔더군.

**문 22. 다음 글과 〈상황〉을 근거로 판단할 때, 날씨 예보 앱을 설치한 잠재 사용자의 총수는?**

내일 비가 오는지를 예측하는 날씨 예보시스템을 개발한 A청은 다음과 같은 날씨 예보 앱의 '사전테스트전략'을 수립하였다.
- 같은 날씨 변화를 경험하는 잠재 사용자의 전화번호를 개인의 동의를 얻어 확보한다.
- 첫째 날에는 잠재 사용자를 같은 수의 두 그룹으로 나누어, 한쪽은 "비가 온다"로 다른 한쪽에는 "비가 오지 않는다"로 메시지를 보낸다.
- 둘째 날에는 직전일에 보낸 메시지와 날씨가 일치한 그룹을 다시 같은 수의 두 그룹으로 나누어, 한쪽은 "비가 온다"로 다른 한쪽에는 "비가 오지 않는다"로 메시지를 보낸다.
- 이후 날에도 같은 작업을 계속 반복한다.
- 보낸 메시지와 날씨가 일치하지 않은 잠재 사용자를 대상으로도 같은 작업을 반복한다. 즉, 직전일에 보낸 메시지와 날씨가 일치하지 않은 잠재 사용자를 같은 수의 두 그룹으로 나누어, 한쪽은 "비가 온다"로 다른 한쪽에는 "비가 오지 않는다"로 메시지를 보낸다.

─── 상 황 ───

A청은 사전테스트전략대로 200,000명의 잠재 사용자에게 월요일부터 금요일까지 5일간 메시지를 보냈다. 받은 메시지와 날씨가 3일 연속 일치한 경우, 해당 잠재 사용자는 날씨 예보 앱을 그날 설치한 후 제거하지 않았다.

① 12,500명
② 25,000명
③ 37,500명
④ 43,750명
⑤ 50,000명

※ [문 23. ~ 문 24.] 다음 글을 읽고 물음에 답하시오.

> • 국가는 지방자치단체인 시·군·구의 인구, 지리적 여건, 생활권·경제권, 발전가능성 등을 고려하여 통합이 필요한 지역에 대하여는 지방자치단체 간 통합을 지원해야 한다.
>
> • △△위원회(이하 '위원회')는 통합대상 지방자치단체를 발굴하고 통합방안을 마련한다. 지방자치단체의 장, 지방의회 또는 주민은 인근 지방자치단체와의 통합을 위원회에 건의할 수 있다. 단, 주민이 건의하는 경우에는 해당 지방자치단체의 주민투표권자 총수의 50분의 1 이상의 연서(連書)가 있어야 한다. 지방자치단체의 장, 지방의회 또는 주민은 위원회에 통합을 건의할 때 통합대상 지방자치단체를 관할하는 특별시장·광역시장 또는 도지사(이하 '시·도지사')를 경유해야 한다. 이 경우 시·도지사는 접수받은 통합건의서에 의견을 첨부하여 지체 없이 위원회에 제출해야 한다. 위원회는 위의 건의를 참고하여 시·군·구 통합방안을 마련해야 한다.
>
> • □□부 장관은 위원회가 마련한 시·군·구 통합방안에 따라 지방자치단체 간 통합을 해당 지방자치단체의 장에게 권고할 수 있다. □□부 장관은 지방자치단체 간 통합권고안에 관하여 해당 지방의회의 의견을 들어야 한다. 그러나 □□부 장관이 필요하다고 인정하여 해당 지방자치단체의 장에게 주민투표를 요구하여 실시한 경우에는 그렇지 않다. 지방자치단체의 장은 시·군·구 통합과 관련하여 주민투표의 실시 요구를 받은 때에는 지체 없이 이를 공표하고 주민투표를 실시해야 한다.
>
> • 지방의회 의견청취 또는 주민투표를 통하여 지방자치단체의 통합의사가 확인되면 '관계지방자치단체(통합대상 지방자치단체 및 이를 관할하는 특별시·광역시 또는 도)'의 장은 명칭, 청사 소재지, 지방자치단체의 사무 등 통합에 관한 세부사항을 심의하기 위하여 공동으로 '통합추진공동위원회'를 설치해야 한다.
>
> • 통합추진공동위원회의 위원은 관계지방자치단체의 장 및 그 지방의회가 추천하는 자로 한다. 통합추진공동위원회를 구성하는 각각의 관계지방자치단체 위원 수는 다음에 따라 산정한다. 단, 그 결과값이 자연수가 아닌 경우에는 소수점 이하의 수를 올림한 값을 관계지방자치단체 위원 수로 한다.
>
> > 관계지방자치단체 위원 수 = [(통합대상 지방자치단체 수) × 6 + (통합대상 지방자치단체를 관할하는 특별시·광역시 또는 도의 수) × 2 + 1] ÷ (관계지방자치단체 수)
>
> • 통합추진공동위원회의 전체 위원 수는 위에 따라 산출된 관계지방자치단체 위원 수에 관계지방자치단체 수를 곱한 값이다.

문 23. 윗글을 근거로 판단할 때 옳은 것은?

① □□부 장관이 요구하여 지방자치단체의 통합과 관련한 주민투표가 실시된 경우에는 통합권고안에 대해 지방의회의 의견을 청취하지 않아도 된다.

② 지방의회가 의결을 통해 다른 지방자치단체와의 통합을 추진하고자 한다면 통합건의서는 시·도지사를 경유하지 않고 △△위원회에 직접 제출해야 한다.

③ 주민투표권자 총수가 10만명인 지방자치단체의 주민들이 다른 인근 지방자치단체와의 통합을 △△위원회에 건의하고자 할 때, 주민 200명의 연서가 있으면 가능하다.

④ 통합추진공동위원회의 위원은 □□부 장관과 관계지방자치단체의 장이 추천하는 자로 한다.

⑤ 지방자치단체의 장은 해당 지방자치단체의 통합을 △△위원회에 건의할 때, 지방의회의 의결 거쳐야 한다.

## 문 24. 윗글과 〈상황〉을 근거로 판단할 때, '통합추진공동위원회'의 전체 위원 수는?

─┤ 상 황 ├─

甲도가 관할하는 지방자치단체인 A군과 B군, 乙도가 관할하는 지방자치단체인 C군, 그리고 丙도가 관할하는 지방자치단체인 D군은 관련 절차를 거쳐 하나의 지방자치단체로 통합을 추진하고 있다. 현재 관계지방자치단체장은 공동으로 '통합추진공동위원회'를 설치하고자 한다.

① 42명         ② 35명

③ 32명         ④ 31명

⑤ 28명

문 25. 다음 글과 〈상황〉을 근거로 판단할 때, 괄호 안의 ㉠과 ㉡에 해당하는 것을 옳게 짝지은 것은?

---

- 행정구역분류코드는 다섯 자리 숫자로 구성되어 있다.
- 행정구역분류코드의 '처음 두 자리'는 광역자치단체인 시·도를 의미하는 고유한 값이다.
- '그 다음 두 자리'는 광역자치단체인 시·도에 속하는 기초자치단체인 시·군·구를 의미하는 고유한 값이다. 단, 광역자치단체인 시에 속하는 기초자치단체는 군·구이다.
- '마지막 자리'에는 해당 시·군·구가 기초자치단체인 경우 0, 자치단체가 아닌 경우 0이 아닌 임의의 숫자를 부여한다.
- 광역자치단체인 시에 속하는 구는 기초자치단체이며, 기초자치단체인 시에 속하는 구는 자치단체가 아니다.

---

상 황

○○시의 A구와 B구 중 B구의 행정구역분류코드의 첫 네 자리는 1003이며, 다섯 번째 자리는 알 수 없다. 甲은 ○○시가 광역자치단체인지 기초자치단체인지 모르는 상황에서, A구의 행정구역분류코드는 ○○시가 광역자치단체라면 ( ㉠ ), 기초자치단체라면 ( ㉡ )이/가 가능하다고 판단하였다.

---

| | ㉠ | ㉡ |
|---|---|---|
| ① | 10020 | 10021 |
| ② | 10020 | 10033 |
| ③ | 10033 | 10034 |
| ④ | 10050 | 10027 |
| ⑤ | 20030 | 10035 |

# 2021년 7급 공채 PSAT 상황판단 영역 정답

| 문 번 | 정 답 | 오답 체크 | 풀이 시간 |
|:---:|:---:|:---:|:---:|
| 1 | ④ | | 분    초 |
| 2 | ① | | 분    초 |
| 3 | ⑤ | | 분    초 |
| 4 | ④ | | 분    초 |
| 5 | ④ | | 분    초 |
| 6 | ① | | 분    초 |
| 7 | ① | | 분    초 |
| 8 | ③ | | 분    초 |
| 9 | ② | | 분    초 |
| 10 | ③ | | 분    초 |
| 11 | ② | | 분    초 |
| 12 | ⑤ | | 분    초 |
| 13 | ③ | | 분    초 |
| 14 | ④ | | 분    초 |
| 15 | ③ | | 분    초 |
| 16 | ④ | | 분    초 |
| 17 | ③ | | 분    초 |
| 18 | ④ | | 분    초 |
| 19 | ⑤ | | 분    초 |
| 20 | ⑤ | | 분    초 |
| 21 | ② | | 분    초 |
| 22 | ⑤ | | 분    초 |
| 23 | ① | | 분    초 |
| 24 | ② | | 분    초 |
| 25 | ② | | 분    초 |

# 국가공무원 7급 공개경쟁채용 제1차 시험 답안지

| [필적 감정용 기재]<br>아래 예시문을 옮겨 적으시오 | | |
|---|---|---|
| 본인은 OOO(응시자 성명)임을 확인함 | | |

| | |
|---|---|
| 성 명 | |
| 수험번호 | |
| 응시직렬 | |
| 응시일자 | |
| 응시과목 | |

**생년월일**

| | | | | | |
|---|---|---|---|---|---|
| ⓪ | ⓪ | ⓪ | ⓪ | ⓪ | ⓪ |
| ① | ① | ① | ① | ① | ① |
| ② | ② | | ② | ② | ② |
| ③ | ③ | | ③ | ③ | ③ |
| ④ | ④ | | ④ | | ④ |
| ⑤ | ⑤ | | ⑤ | | ⑤ |
| ⑥ | ⑥ | | ⑥ | | ⑥ |
| ⑦ | ⑦ | | ⑦ | | ⑦ |
| ⑧ | ⑧ | | ⑧ | | ⑧ |
| ⑨ | ⑨ | | ⑨ | | ⑨ |

| 문번 | 답란 | 문번 | 답란 | 문번 | 답란 |
|---|---|---|---|---|---|
| 1 | ① ② ③ ④ ⑤ | 11 | ① ② ③ ④ ⑤ | 21 | ① ② ③ ④ ⑤ |
| 2 | ① ② ③ ④ ⑤ | 12 | ① ② ③ ④ ⑤ | 22 | ① ② ③ ④ ⑤ |
| 3 | ① ② ③ ④ ⑤ | 13 | ① ② ③ ④ ⑤ | 23 | ① ② ③ ④ ⑤ |
| 4 | ① ② ③ ④ ⑤ | 14 | ① ② ③ ④ ⑤ | 24 | ① ② ③ ④ ⑤ |
| 5 | ① ② ③ ④ ⑤ | 15 | ① ② ③ ④ ⑤ | 25 | ① ② ③ ④ ⑤ |
| 6 | ① ② ③ ④ ⑤ | 16 | ① ② ③ ④ ⑤ | | |
| 7 | ① ② ③ ④ ⑤ | 17 | ① ② ③ ④ ⑤ | | |
| 8 | ① ② ③ ④ ⑤ | 18 | ① ② ③ ④ ⑤ | | |
| 9 | ① ② ③ ④ ⑤ | 19 | ① ② ③ ④ ⑤ | | |
| 10 | ① ② ③ ④ ⑤ | 20 | ① ② ③ ④ ⑤ | | |

# 국가공무원 7급 공개경쟁채용 제1차 시험 답안지

| [필적 감정용 기재]<br>아래 예시문을 옮겨 적으시오 | 성 명 | | 생년월일 | | | | | |
|---|---|---|---|---|---|---|---|---|
| 본인은 OOO(응시자 성명)임을 확인함 | 수험번호 | | ⓪①②③④⑤⑥⑦⑧⑨ | ⓪①②③④⑤⑥⑦⑧⑨ | ⓪① | ⓪①②③④⑤⑥⑦⑧⑨ | ⓪①②③ | ⓪①②③④⑤⑥⑦⑧⑨ |
| | 응시직렬 | | | | | | | |
| | 응시일자 | | | | | | | |
| | 응시과목 | | | | | | | |

| 문번 | 답란 | 문번 | 답란 | 문번 | 답란 |
|---|---|---|---|---|---|
| 1 | ① ② ③ ④ ⑤ | 11 | ① ② ③ ④ ⑤ | 21 | ① ② ③ ④ ⑤ |
| 2 | ① ② ③ ④ ⑤ | 12 | ① ② ③ ④ ⑤ | 22 | ① ② ③ ④ ⑤ |
| 3 | ① ② ③ ④ ⑤ | 13 | ① ② ③ ④ ⑤ | 23 | ① ② ③ ④ ⑤ |
| 4 | ① ② ③ ④ ⑤ | 14 | ① ② ③ ④ ⑤ | 24 | ① ② ③ ④ ⑤ |
| 5 | ① ② ③ ④ ⑤ | 15 | ① ② ③ ④ ⑤ | 25 | ① ② ③ ④ ⑤ |
| 6 | ① ② ③ ④ ⑤ | 16 | ① ② ③ ④ ⑤ | | |
| 7 | ① ② ③ ④ ⑤ | 17 | ① ② ③ ④ ⑤ | | |
| 8 | ① ② ③ ④ ⑤ | 18 | ① ② ③ ④ ⑤ | | |
| 9 | ① ② ③ ④ ⑤ | 19 | ① ② ③ ④ ⑤ | | |
| 10 | ① ② ③ ④ ⑤ | 20 | ① ② ③ ④ ⑤ | | |

# 실전 최적화 PSAT 상황판단

초판발행 | 2021년 12월 01일
편 저 자 | 최고운
발 행 처 | 오스틴북스
인    쇄 | 영피앤피
등록번호 | 제 396-2010-000009호
주    소 | 경기도 고양시 일산동구 백석동 1351번지
전    화 | 070-4123-5716
팩    스 | 031-902-5716

정    가 | 19,000원
I S B N | 979-11-88426-30-0(13320)